Eckhart Tolle este considerat unul dintre cei mai originali şi mai inspiraţi călăuzitori spirituali ai timpului nostru. S-a născut în Germania, unde şi-a petrecut primii 13 ani din viaţă. După ce a absolvit Universitatea din Londra, a obţinut o bursă de cercetare la Universitatea Cambridge. La 29 de ani, în urma unei transformări spirituale profunde, vechea sa identitate a fost literalmente dizolvată şi viaţa i s-a schimbat radical.

Următorii ani şi i-a dedicat înţelegerii, integrării şi aprofundării acestei transformări, care a marcat începutul unei intense călătorii interioare.

Eckhart Tolle nu s-a aliniat niciunei tradiţii sau religii, dar nici nu a respins vreuna. Învăţăturile sale transmit un mesaj simplu şi în acelaşi timp profund, cu claritatea şi simplitatea vechilor maeştri spirituali: există o cale către eliberarea de suferinţă şi dobândirea păcii interioare. În prezent, călătoreşte mult, răspândindu-şi învăţăturile în toată lumea. Din 1996, locuieşte în Vancouver, Canada.

De acelaşi autor, la Curtea Veche Publishing au mai apărut *Un pământ nou* (2008), *Puterea prezentului – Ghid practic* (2009) şi *Liniştea vorbeşte* (2009).

Eckhart **TOLLE**

Puterea PREZENTULUI

GHID DE DEZVOLTARE SPIRITUALĂ

Ediția a V-a

Traducere din limba engleză de
ALEXANDRA BORŞ

Curtea veche

BUCUREȘTI, 2012

Descrierea CIP a Bibliotecii Naţionale a României
TOLLE, ECKHART
Puterea prezentului: ghid de dezvoltare spirituală /
Eckhart Tolle ; trad. de Alexandra Borş. - Ed. a 5-a. -
Bucureşti: Curtea Veche Publishing, 2012
ISBN 978-606-588-301-7

I. Borş, Alexandra (trad.)

159.923.2

Coperta: GRIFFON AND SWANS
www.griffon.ro

ECKHART TOLLE
The Power of Now
A Guide to Spiritual Enlightenment

ISBN 978-606-588-301-7

Suntem aici pentru a-i permite scopului divin al universului să se îndeplinească. Aceasta este dimensiunea reală a importanței noastre!

Eckhart Tolle

PREFAȚA EDITORULUI

O carte ca *Puterea prezentului* apare probabil o dată la un deceniu sau chiar o dată la o generație. Este mai mult decât o carte; este energie pură, pe care probabil că o simțiți în timp ce țineți cartea în mână. Are puterea de a-i oferi cititorului o experiență cu totul specială și de a-i schimba viața în bine.

Puterea prezentului a fost publicată pentru prima dată în Canada, iar editorul canadian, Connie Kellough, mi-a spus că a auzit în repetate rânduri povești despre schimbări pozitive și chiar despre miracole care s-au produs după ce oamenii au început să citească această carte. „Cititorii telefonau la editură", mi-a spus ea. „Și foarte mulți mi-au povestit despre vindecări și transformări minunate, despre bucuria din ce în ce mai mare pe care au trăit-o în timp ce citeau această carte."

Cartea m-a făcut să conștientizez că fiecare moment al vieții mele este un miracol. Acest lucru este adevărat, indiferent dacă eu îl înțeleg sau nu. Și *Puterea prezentului* îmi arată tot mai mult cum să-l înțeleg.

Încă de la prima pagină este clar că Eckhart Tolle este un maestru contemporan. El nu aparține unei anumite religii sau doctrine, nu este un guru; învățăturile sale înglobează esența tuturor tradițiilor și nu intră în contradicție cu niciuna — fie creștină, hindusă, budistă, musulmană, indigenă sau oricare alta. El este capabil să facă ceea ce au făcut toți marii maeștri spirituali: să ne arate, într-un limbaj simplu și clar, că adevărul, lumina călăuzitoare, se află în noi.

Eckhart Tolle începe prin a ne introduce în povestea vieții sale — povestea unei depresii timpurii și a disperării, care a culminat cu o experiență teribilă de trezire a conștiinței, într-o noapte, la puțin timp după împlinirea a 29 de ani. În ultimii 20 de ani, a reflectat la această experiență, a meditat și și-a aprofundat înțelegerea.

În ultimul deceniu, a devenit un profesor de talie mondială, un suflet ales, cu un mesaj ales, unul pe care l-au împărtășit atât Cristos, cât și Buddha: iluminarea poate fi atinsă, aici și acum. Ne putem elibera de suferință, de anxietate și de nevroză. Pentru aceasta însă trebuie să ajungem să înțelegem rolul pe care îl jucăm în generarea propriei dureri; propria noastră minte ne creează problemele, nu alte persoane, nu „lumea exterioară". Mintea noastră, cu fluxul ei constant de gânduri despre trecut și griji în ce privește viitorul. Facem marea greșeală de a ne identifica propriei minți, gândindu-ne că acesta este eul nostru — când, de fapt, suntem ființe mult mai evoluate.

Eckhart Tolle ne arată în repetate rânduri cum să ne conectăm la ceea ce el numește Ființa noastră:

> Ființa este energia vitală unitară, eternă, mereu prezentă deasupra miliardelor de forme vii supuse nașterii și morții. Totuși, Ființa nu este numai deasupra, ci și în adâncul fiecărei forme de viață, ca esență interioară invizibilă și indestructibilă. Ceea ce înseamnă că ea ne este accesibilă în acest moment sub forma sinelui nostru profund, a naturii noastre adevărate. Dar nu căutați să puneți stăpânire pe ea prin puterea minții. Nu încercați să o înțelegeți. Nu puteți să o cunoașteți decât atunci când mintea este liniștită, când sunteți prezent, total și profund, în momentul actual... A regăsi conștiința Ființei și a menține această stare de „conștiință sensibilă" înseamnă a atinge iluminarea.

Puterea prezentului este aproape imposibil de citit fără întreruperi, de la început până la sfârşit — ea trebuie lăsată din mână din când în când pentru a putea medita la cele citite şi a le aplica propriei experienţe de viaţă. Este un adevărat ghid, un curs complet de meditaţie şi cunoaştere. Este o carte care merită citită şi recitită — şi de fiecare dată când o veţi reciti, veţi remarca un sens nou, mai profund. Este o carte pe care mulţi oameni, inclusiv eu, vor dori să o studieze o viaţă întreagă.

Puterea prezentului are un număr crescând de cititori devotaţi. Şi este deja numită o capodoperă; indiferent cum o veţi considera, indiferent cum o veţi descrie, este o carte care are puterea de a schimba vieţi, de a ne trezi la realitate şi de a ne manifesta pe deplin potenţialul.

Marc Allen
(autorul cărţii *Visionary Business and a Visionary Life*)
Novato, California SUA
august 1999

CUVÂNT ÎNAINTE

Pe fondul unui cer albastru-azuriu, razele portocalii ale soarelui la apus pot, în anumite momente, să ne ofere clipe de o asemenea frumusețe, încât ne surprindem absorbiți pe moment, privind captivați. Splendoarea clipei ne uimește atât de mult, încât mintea noastră, aflată de obicei într-o activitate instinctivă neîntreruptă, se oprește și nu ne mai transportă în alt loc, în afara lui „aici și acum". În acea lumină, pare să se deschidă o ușă spre o altă realitate, mereu prezentă și totuși rareori trăită.

Abraham Maslow a numit-o „experiență plenară", deoarece astfel de trăiri reprezintă cele mai înalte momente ale vieții, în care, fericiți, ne surprindem catapultați dincolo de granițele obișnuinței, ale cotidianului. Ar fi putut la fel de bine să le numească „experiențe efemere". În timpul acestor experiențe de expansiune a conștiinței, aruncăm o privire către domeniul etern al Ființei înseși. Chiar dacă este numai un moment, ne întoarcem la Sinele nostru Adevărat.

„Ah", ar putea ofta cineva, „este atât de grandios... ce bine ar fi dacă aș putea rămâne în această stare. Dar cum să rămân aici permanent?"

Ultimii zece ani i-am dedicat în întregime acestei descoperiri. În căutarea mea, am avut onoarea de a iniția un dialog cu unii dintre cei mai îndrăzneți, mai pătrunzători și mai intuitivi „pionieri ai paradigmelor" din epoca noastră: din medicină, știință, psihologie, afaceri, religie/spiritualitate și potențial uman. Acest grup atât de divers de indivizi este reunit de observaţia lor intuitivă comună că umanitatea face în acest moment un pas uriaş în evoluţia sa. Această schimbare este însoţită de o modificare de perspectivă — a imaginii mentale fundamentale despre „realitate". O perspectivă asupra lumii încearcă să răspundă la două întrebări fundamentale: „Cine suntem noi?" şi „Care este natura universului în care trăim?" Răspunsurile noastre la aceste întrebări dictează calitatea şi caracteristicile relaţiilor noastre personale cu familia, prietenii şi angajatorii/angajaţii. Privite la scară globală, ele sunt definitorii pentru o societate.

Ar trebui să nu mai fie o surpriză pentru nimeni faptul că apariţia unei noi perspective asupra lumii pune sub semnul întrebării multe dintre lucrurile pe care societatea occidentală le consideră adevărate:

MITUL NR. 1: Umanitatea a atins punctul culminant al dezvoltării sale.

Michael Murphy, cofondatorul Esalenului*, bazându-se pe studii de religie comparată, medicină, antropologie şi sport, a susţinut ideea provocatoare că dezvoltarea umană include stadii mai avansate. Când o persoană atinge acele niveluri

---

* Institutul Esalen din Big Sur, California, a fost fondat în 1962 de două personalităţi vizionare, Michael Murphy şi Richard Price. Este socotit unul dintre leagănele mişcării New Age. Institutul a fost conceput ca un centru educaţional alternativ, dedicat explorării a ceea ce Aldous Huxley numeşte „potenţialul uman", capacităţile umane neexplorate, aflate dincolo de imaginaţie. Esalenul a devenit repede cunoscut pentru îmbinarea filozofiilor estice cu cele vestice, pentru atelierele sale de lucru didactic şi experimental, pentru afluxul constant de filozofi, psihologi, artişti şi gânditori religioşi. Pe aici au trecut figuri de seamă ale „noii spiritualităţi", ca Fritz Perls, întemeietorul gestaltterapiei, Ida Rolf, cu a sa terapie *rolfing*, Roberto Assagioli, părintele psihosintezei, Rollo May, Carl Rogers, Alexander Lowen, Christina şi Stanislav Grof. Alături de aceştia, au mai fost prezente personalităţi politice ca M. Gorbaciov, Mark Satin şi cercetători ai noii fizici (Fritjof Capra, Gary Zukav). La cursurile organizate aici participă anual 5 000–7 000 de persoane; este vorba de psihologie transpersonală, psihologie budistă, şamanism, hipnoză, yoga, tantra, intuiţie practică, terapie gestalt, metodele *feldenkrais*, *rolfing* şi *Cursul miracolelor*. (*n. red.*)

avansate de maturitate spirituală, încep să înflorească unele capacităţi extraordinare — de iubire, vitalitate, umanism, conştientizare corporală, intuiţie, percepţie, comunicare şi voinţă. Primul pas: recunoaşterea existenţei lor. Cei mai mulţi oameni nu ajung aici. Abia după aceea pot fi aplicate în mod conştient diferite metode.

MITUL NR. 2: Suntem complet separaţi unii de alţii, de natură şi de cosmos.

Acest mit al universului „diferit de mine“ a fost responsabil pentru războaie, distrugerea planetei şi pentru toate formele şi manifestările de nedreptate umană. La urma urmei, care om cu mintea întreagă i-ar face vreun rău altuia dacă l-ar simţi pe celălalt ca pe o parte din sine? Stan Grof, în cercetările sale despre stările modificate de conştiinţă, rezumă acest lucru spunând că „spiritul şi conştiinţa fiecăruia dintre noi, în ultimă instanţă, sunt echivalente cu «Tot-Ceea-Ce-Este», pentru că nu există granițe absolute între corp/eu şi totalitatea existenţei“.

Teoria doctorului Larry Dossey despre medicina Erei a treia, în care gândurile, atitudinile şi intenţiile de a vindeca ale unei persoane pot influenţa fiziologia altei persoane (spre deosebire de Era a doua, în care dominantă era medicina corp–minte), este foarte bine susţinută de cercetările ştiinţifice despre puterea de vindecare a rugăciunii. Acest lucru nu este posibil potrivit principiilor cunoscute ale fizicii şi ale ştiinţei tradiţionale. Şi totuşi preponderenţa dovezilor contrare sugerează că este posibil.

MITUL NR. 3: Nu există nimic în afara lumii fizice.

Fiind legată de materie, ştiinţa tradiţională presupune că orice lucru care nu poate fi măsurat, testat în laborator sau investigat cu ajutorul celor cinci simţuri sau al extensiilor lor tehnologice pur şi simplu nu există. „Nu este real.“ Consecinţa: orice realitate a fost redusă la realitatea fizică. Dimensiunile spirituale, sau cele pe care eu le-aş numi non-fizice, au fost alungate din cetate.

Această poziţie vine în contradicţie cu „filozofia perenă", un consens filozofic care parcurge epoci, religii, tradiţii şi culturi ce descriu dimensiuni diferite, dar continue ale realităţii. Acestea pornesc de la dimensiunea cea mai densă şi mai puţin conştientă — pe care noi am numi-o „materie" — şi merg până la cea mai puţin densă şi mai conştientă, pe care noi am numi-o dimensiunea spirituală.

Destul de interesant, acest model extins, multidimensional al realităţii este sugerat de teoreticieni ai mecanicii cuantice, ca Jack Scarfetti, care descrie călătoria supraluminică. Alte dimensiuni ale realităţii sunt folosite pentru a explica o deplasare care se produce cu o viteză mai mare decât cea a luminii — limita ultimă a vitezei. Sau să luăm în considerare opera legendarului fizician David Bohm, cu modelul său multidimensional, explicit (fizic) şi implicit (non-fizic), al realităţii.

Nu este vorba de o simplă teorie — Experimentul Aspect care a avut loc în 1982 în Franţa a demonstrat că două particule cuantice care fuseseră la un moment dat conectate, odată separate de distanţe considerabile, continuau să rămână într-un fel conectate. Dacă una dintre particule suferea o transformare, atunci şi cu cealaltă se producea o schimbare — instantaneu. Cercetătorii nu cunosc mecanismul de producere a acestei călătorii supraluminice, deşi unii teoreticieni sugerează că această conexiune se realizează prin intermediul unor „porţi" către dimensiuni superioare.

Astfel, contrar gândirii celor care au jurat credinţă paradigmei tradiţionale, persoanele importante, cu o viziune de pionierat în ştiinţă, cu care am vorbit sunt de părere că nu am atins încă punctul maxim al dezvoltării umane, că suntem mai degrabă conectaţi, şi nu separaţi, cu orice formă de viaţă şi că spectrul complet al conştiinţei înglobează atât dimensiunea fizică, cât şi o multitudine de dimensiuni non-fizice ale realităţii.

În esenţă, această nouă perspectivă înseamnă să ne privim pe noi, pe ceilalţi şi toată lumea vie nu prin ochii sinelui nostru mărunt, pământesc, care trăieşte în timp şi se naşte în timp. Ci prin ochii sufletului, ai Ființei, ai sinelui autentic. Unul câte unul, oamenii fac saltul pe această orbită superioară.

Cu cartea de față, *Puterea prezentului*, Eckhart Tolle își ocupă locul pe care îl merită în acest grup special de maeștri mondiali. Mesajul lui Eckhart este următorul: problema umanității este adânc înrădăcinată în mintea însăși. Sau, mai curând, în identificarea noastră greșită cu mintea.

Conștiința noastră labilă, tendința de a alege calea minimei rezistențe, fără a conștientiza pe deplin momentul prezent, creează un gol. Iar mintea condiționată de timp, care a fost construită pentru a fi un servitor util, compensează golul proclamându-se ea însăși stăpână. Ca un fluture ce zboară din floare în floare, mintea retrăiește experiențe trecute sau, proiectându-și propriul său film, anticipează ceea ce va urma. Rareori ne surprindem odihnindu-ne în adâncimea oceanică a momentului, aici și acum. Pentru că aici — în clipa de Acum — se află Sinele Adevărat, ascuns îndărătul corpului fizic, al emoțiilor schimbătoare și al minții flecăritoare.

Gloria dezvoltării umane nu este dată de capacitatea noastră de a gândi și a analiza, deși aceasta este trăsătura care ne deosebește de animale. Intelectul, ca și instinctul, reprezintă numai un punct pe acest drum. Destinul nostru ultim este să ne reconectăm cu Ființa noastră esențială și să ne exprimăm realitatea divină, extraordinară, în lumea fizică, clipă de clipă. Ușor de spus și totuși cât de puțini sunt cei care au atins treptele superioare ale dezvoltării umane!

Din fericire, există ghizi și profesori care să ne ajute pe parcurs. În calitatea sa de ghid și profesor, formidabila putere a lui Eckhart nu stă în priceperea sa deosebită de a ne fermeca prin povești interesante, de a caracteriza abstractul sau de a ne oferi o tehnică folositoare. Magia sa vine mai curând din experiența personală, el fiind un adevărat *cunoscător*. Prin urmare, există în spatele cuvintelor sale o putere care poate fi întâlnită numai la cei mai mari maeștri spirituali. Trăind în profunzimea acestei Realități Superioare, Eckhart trasează o cale energetică pentru cei care doresc să-l urmeze.

Şi dacă aceştia chiar îl vor urma, lumea aşa cum o cunoaştem noi azi se va schimba în bine. Valorile actuale se vor transforma în epavele plutitoare ale temerilor pieritoare, prinse în vârtejul Ființei. O nouă civilizație va lua ființă.

„Unde sunt dovezile existenței acestei Realități Superioare?“, veți întreba. Nu vă pot oferi decât o analogie: un grup de oameni de ştiință se întâlnesc şi vă prezintă toate dovezile ştiințifice care atestă că bananele sunt amare. Însă tot ce trebuie să faceți este să gustați una, o singură dată, pentru a vă da seama că mai există o mulțime de alte aspecte legate de banane. În final, dovezile nu pot fi căutate printre argumentele intelectuale, ci în schimbarea pe care o produce în noi divinul dinăuntrul şi din afara noastră.

Eckhart Tolle ne oferă cu pricepere această posibilitate.

Russell E. DiCarlo
(autorul cărții *Towards a New World View: Conversations at the Leading Edge*)
Erie, Pennsylvania, SUA
ianuarie 1998

MULȚUMIRI

Îi sunt profund îndatorat lui Connie Kellough pentru sprijinul ei călduros și pentru rolul vital pe care l-a jucat în transformarea manuscrisului meu în această carte pe care a oferit-o lumii. Este o bucurie să lucrez cu ea.

Vreau să îmi exprim recunoștința și față de Corea Ladner și toți oamenii minunați care au contribuit la această carte, dându-mi *libertatea*, cel mai prețios dar — libertatea de a scrie și libertatea de a *trăi*. Vă mulțumesc, Adrienne Bradley din Vancouver, Margaret Miller din Londra, Angie Francesco din Glastonbury, Anglia, Richard din Menlo Park și Rennie Frumkin din Sausalito, California.

Îi sunt îndatorat și lui Shirley Spaxman și lui Howard Kellough pentru corectarea manuscrisului și impresiile lor utile pe marginea acestuia, ca și tuturor celor care au avut bunăvoința să revizuiască manuscrisul mai târziu și să ne ofere informații suplimentare. Îți mulțumesc, Rose Dendewich, pentru că ai tehnoredactat manuscrisul în maniera ta unică, plină de veselie și profesionalism.

În final, aș dori să îmi exprim iubirea și recunoștința pentru mama și tatăl meu, fără de care această carte nu ar fi existat, pentru maeștrii mei spirituali și pentru cel mai mare guru dintre toți: viața.

INTRODUCERE

Cum a apărut această carte

Trecutul nu-mi foloseşte prea mult şi rareori mă gândesc la el; cu toate acestea, aş vrea să vă spun pe scurt cum am ajuns să fiu un învăţător spiritual şi cum a apărut această carte.

Până la vârsta de 13 ani, am trăit într-o stare aproape continuă de anxietate, întreruptă de perioade de depresie suicidară. Acum am sentimentul că vorbesc despre o viaţă anterioară sau despre viaţa altei persoane.

Într-o noapte, la puţin timp după ce împlinisem 29 de ani, m-am trezit spre dimineaţă cuprins de un sentiment de panică totală. Mă mai trezisem de nenumărate ori înainte cu acest sentiment, dar de data asta era mai intens ca niciodată. Liniştea nopţii, contururile vagi ale mobilei în camera întunecată, zgomotul îndepărtat al trenului care trecea pe lângă casa mea — totul părea atât de străin, de ostil şi de lipsit de orice sens, încât mi-a produs o aversiune profundă faţă de lume. Cel mai odios lucru era, totuşi, propria mea existenţă. Ce rost avea să continui să trăiesc cu povara acestei nefericiri? De ce să continui această luptă permanentă? Simţeam cum o profundă dorinţă de autodistrugere, de non-existenţă devine mult mai puternică decât dorinţa instinctivă de a continua să trăiesc.

„Eu nu mă mai pot suporta pe mine însumi." Acesta era gândul care continua să se deruleze în mintea mea. Apoi, dintr-odată, am sesizat ciudăţenia lui. „Sunt eu o fiinţă sau două? Dacă eu nu mă mai pot suporta pe mine însumi, atunci trebuie să existe două ființe în mine: «eu» și «mine însumi», cu care «eu» nu mai pot trăi." „Poate că", m-am gândit eu, „numai una dintre ele este reală."

Am fost atât de uimit de această stranie descoperire, încât mintea mea s-a oprit în loc. Eram perfect conștient, dar nu mai aveam gânduri. Apoi m-am simțit atras în ceea ce semăna cu un vârtej de energie. La început a fost o mișcare lentă, care apoi s-a accelerat. Am fost cuprins de o frică intensă, și corpul meu a început să tremure. Am auzit cuvintele „nu te împotrivi" ca și cum ar fi venit de undeva din pieptul meu. Simțeam că sunt tras într-un gol. Mă simțeam ca și cum golul se afla mai degrabă în mine decât în afara mea. Dintr-odată, nu a mai existat nici urmă de frică și m-am lăsat să alunec în acel gol. Nu îmi amintesc ce s-a întâmplat după aceea.

Am fost trezit de ciripitul unei păsări din fața geamului meu. Nu mai auzisem până atunci un așa sunet. Aveam încă ochii închiși și am avut imaginea unui diamant prețios. Da, dacă un diamant ar putea scoate un sunet, așa ar suna. Am deschis ochii. Primele raze ale soarelui treceau prin draperii. Fără să mă gândesc, am simțit, am știut că este infinit mai multă lumină decât ne dăm noi seama. Acea lumină blândă filtrată de draperii era iubirea însăși. Ochii mi s-au umplut de lacrimi. M-am ridicat și m-am plimbat prin cameră. Am recunoscut camera și mi-am dat seama că niciodată nu o văzusem cu adevărat până atunci. Totul era proaspăt și pur, ca și cum tocmai ar fi fost creat. Am luat în mâini diferite lucruri, un creion, o sticlă goală, minunându-mă de frumusețea și viața care izvorau din ele.

În ziua aceea m-am plimbat prin oraș cuprins de o uimire profundă față de miracolul vieții pe Pământ, ca și cum tocmai aș fi venit pe lume.

În următoarele cinci luni, am trăit într-o stare de pace și fericire profunde și neîntrerupte. După aceea, ea s-a diminuat întru câtva în intensitate sau poate că așa mi s-a părut mie, pentru că a devenit starea mea naturală. Puteam să funcționez normal în lume, deşi mi-am dat seama că, orice aş fi făcut, nu aş mai fi putut adăuga nimic la ceea ce aveam deja.

Ştiam, desigur, că mi se întâmplase un lucru extrem de important, dar nu îl înţelegeam complet. Abia peste câţiva ani, după ce am citit texte de spiritualitate şi am petrecut mai mult timp cu o serie de maeştri spirituali, am realizat că toţi căutau ceea ce mie mi se întâmplase deja. Am înţeles faptul că presiunea intensă a suferinţei din noaptea aceea trebuie să fi forţat conştiinţa mea să se retragă din identificarea cu sinele nefericit şi extrem de anxios, care este, în ultimă instanţă, o ficţiune a minţii. Această retragere trebuie să fi fost atât de completă, încât acel sine fals, plin de suferinţă, s-a prăbuşit imediat, ca atunci când scoatem un dop dintr-o jucărie gonflabilă. Ceea ce a rămas a fost natura mea adevărată ca existenţă continuă: conştiinţa în starea ei cea mai pură, înainte de identificarea cu forma. Mai târziu am învăţat să mă cufund în acea lume interioară atemporală şi fără de moarte, pe care o percepusem iniţial ca pe un gol, şi să rămân complet conştient. Am trecut prin stări de o indescriptibilă fericire şi sfinţenie, faţă de care chiar şi experienţa iniţială pe care tocmai am descris-o păleşte. A venit un moment când, pentru o vreme, am rămas fără nimic în plan fizic. Nu aveam relaţii sociale, casă, loc de muncă, identitate socială definită. Am petrecut aproape doi ani stând în parc pe bănci, în beţia celei mai intense fericiri.

Dar chiar şi cele mai frumoase experienţe vin şi pleacă. Prin comparaţie cu orice experienţă, probabil că fundamental este sentimentul păcii, care nu m-a mai părăsit de atunci. Uneori este foarte puternic, aproape palpabil, încât îl pot simţi şi alţii. Alteori este undeva în fundal, ca o melodie îndepărtată.

Mai târziu, oamenii veneau din când în când la mine şi îmi spuneau: „Vreau şi eu ceea ce ai tu. Poţi să-mi dai şi mie sau să-mi arăţi cum să-l obţin şi eu?“ Iar eu răspundeam: „Ai deja acest lucru. Dar nu-l poţi simţi pentru că mintea ta face prea mult zgomot". Acest răspuns s-a transformat mai târziu în cartea pe care o ţineţi în mână.

Înainte să-mi dau seama, aveam din nou o identitate exterioară. Devenisem un învăţător spiritual.

Adevărul din noi

Această carte reprezintă esenţa activităţii mele, atât cât poate fi ea exprimată în cuvinte, cu indivizi şi grupuri mici de persoane interesate de dezvoltarea spirituală, din Europa şi America de Nord. Cu o profundă afecţiune şi apreciere aş vrea să le mulţumesc acelor fiinţe excepţionale pentru curajul şi disponibilitatea lor interioară de a îmbrăţişa schimbarea, pentru întrebările lor provocatoare şi dorinţa lor de a asculta. Această carte nu ar fi apărut fără ei. Aceşti oameni aparţin unei minorităţi norocoase de pionieri spirituali: oameni care ajung la un punct în care devin capabili să rupă tiparele mentale colective moştenite, tipare care i-au ţinut dintotdeauna pe oameni legaţi de suferinţă.

Cred că această carte îşi va găsi drumul către aceia care sunt pregătiţi pentru o transformare interioară radicală şi va acţiona ca un catalizator în acest scop. Sper că îi va îmbogăţi şi pe mulţi alţii, care vor considera conţinutul ei demn de luat în seamă, chiar dacă nu vor fi gata, poate, să îl trăiască sau să îl pună în practică în totalitate. Este posibil ca, mai târziu, sămânţa plantată la citirea acestei cărţi să fuzioneze cu sămânţa iluminării pe care fiecare fiinţă omenească o poartă în sine şi să germineze, ieşind brusc la lumină.

Cartea în forma ei actuală a luat naştere în urma întrebărilor spontane puse de diferite persoane la seminare, ore de meditaţie şi şedinţe de consiliere individuală şi din acest motiv am păstrat formatul întrebare-răspuns. La aceste ore şi seminare am învăţat şi am primit la fel de mult ca şi cei care mi-au pus întrebările. Unele întrebări şi răspunsuri le-am preluat aproape cuvânt cu cuvânt. Altele sunt mai generale, în sensul că am combinat anumite tipuri de întrebări cu care m-am întâlnit frecvent într-una singură şi am extras esenţa din mai multe răspunsuri, pentru a forma un răspuns general. Uneori, în timp ce scriam, îmi venea în minte un răspuns cu totul nou, mai profund sau mai intuitiv decât tot ceea ce spusesem până atunci. Unele întrebări au venit de la redactorul meu, care mi-a cerut explicaţii suplimentare în anumite locuri.

Veţi descoperi că, de la prima până la ultima pagină, dialogul alternează continuu între două niveluri diferite.

La un nivel, vă atrag atenţia asupra aspectelor *false.* Vă vorbesc despre natura inconştientului uman şi despre disfuncţiile sale, cum ar fi cel mai des întâlnite manifestări comportamentale, de la conflictele din relaţiile personale până la războaiele dintre triburi sau naţiuni. Aceste informaţii sunt vitale, pentru că, dacă nu învăţaţi să recunoaşteţi falsul drept fals — ca un lucru străin de dvs. — nu va putea să apară nicio transformare de durată şi veţi sfârşi întotdeauna fiind traşi înapoi în iluzie sau într-o anumită formă de durere. La acest nivel, vă arăt şi cum să nu faceţi din ceea ce este fals în sinea dvs. o caracteristică sau o problemă personală, pentru că tocmai acesta este modul în care se perpetuează falsul însuşi.

La un alt nivel, vă voi vorbi despre o transformare profundă a conştiinţei umane — nu ca posibilitate viitoare, îndepărtată, ci ca schimbare posibilă chiar în acest moment — indiferent cine sunteţi şi unde vă aflaţi. Vă voi arăta cum să vă eliberaţi din sclavia minţii şi să intraţi în această stare de iluminare a conştiinţei pe care să o prelungiţi şi în viaţa de zi cu zi.

La acest nivel, cuvintele nu urmăresc întotdeauna comunicarea de informaţii, şi de multe ori au scopul de a vă atrage în această nouă conştiinţă în timp ce citiţi. În mod repetat, voi încerca să vă iau cu mine în această stare atemporală de prezenţă conştientă intensă în clipa prezentă, pentru a vă face să simţiţi iluminarea. Până când veţi reuşi să trăiţi lucrurile despre care vă vorbesc, s-ar putea ca aceste pasaje să vi se pară întru câtva repetitive. Totuşi, imediat ce veţi reuşi acest lucru, cred că vă veţi da seama că ele conţin o mare putere spirituală şi pot deveni pentru dvs. cele mai plăcute părţi ale cărţii. Mai mult, deoarece fiecare om poartă în el sămânţa iluminării, de multe ori mă voi adresa cunoscătorului din sinea dvs. care se află în spatele gânditorului din sinea dvs., mă voi adresa sinelui mai profund, care recunoaşte imediat adevărul spiritual, rezonează cu el şi primeşte putere de la acesta.

Prin simbolul pentru pauză ∫ care apare după anumite pasaje vă sugerez că ar fi bine să vă opriţi un moment din lectură, să vă liniştiţi şi să simţiţi, să trăiţi experienţa adevărului care tocmai a fost exprimat. Este posibil ca şi în alte locuri din text să simţiţi spontan şi firesc nevoia de a vă opri pentru a medita.

Când veţi începe să citiţi această carte, sensul anumitor cuvinte, ca „Fiinţă“ sau „prezenţă“, vă va fi mai puţin clar. Citiţi mai departe. Întrebările sau obiecţiile care vă vor veni probabil în minte în timp ce citiţi vor primi un răspuns mai târziu, într-un paragraf ulterior sau poate că se vor dovedi lipsite de importanţă când veţi pătrunde mai adânc în această învăţătură — şi în sine.

Nu citiţi doar cu mintea. Observaţi dacă nu simţiţi vreo „reacţie de răspuns“ în timp ce citiţi sau un sentiment de recunoaştere din interior. Nu vă pot împărtăşi niciun adevăr spiritual pe care în adâncul sufletului să nu-l cunoaşteţi deja. Tot ce pot face este să vă amintesc ceea ce aţi uitat. Într-un asemenea moment, în fiecare celulă a corpului dvs. este activată şi eliberată cunoaşterea vie, veche şi totuşi mereu nouă.

Mintea vrea mereu să clasifice şi să compare, dar această carte vă va ajuta mai mult dacă nu veţi încerca să comparaţi termenii folosiţi aici cu cei întâlniţi în alte lucrări; altfel, probabil că veţi ajunge la o stare de confuzie. Eu folosesc cuvinte ca „fericire“, „minte“ şi „conştiinţă“ în moduri care nu corespund neapărat altor abordări. Nu vă fixaţi asupra cuvintelor. Ele sunt doar trepte ce trebuie lăsate în urmă cât de repede.

Când citez ocazional cuvintele lui Isus sau ale lui Buddha din *Cursul miracolelor* sau din alte lucrări, nu o fac pentru a compara, ci pentru a vă atrage atenţia că în *esenţă* există şi a existat întotdeauna un adevăr spiritual unic, deşi acesta ni se prezintă sub atâtea forme. Unele forme, ca, de exemplu, vechile religii, au acumulat atât de multe elemente străine, încât esenţa lor spirituală a fost aproape în întregime acoperită. De aceea, în mare măsură, sensul lor profund nu mai este recunoscut şi puterea lor de transformare s-a pierdut. Citez din vechile religii sau din alte învăţături pentru a vă revela înţelesul lor adânc şi pentru a restaura astfel puterea lor de transformare, mai ales pentru cititorii care aparţin acestor orientări religioase. Eu le spun: nu este nevoie să căutaţi adevărul în altă parte. Lăsaţi-mă să vă arăt cum să ajungeţi la un nivel mai profund al învăţăturilor pe care le aveţi deja.

Totuşi, în mare, m-am străduit să folosesc o terminologie cât se poate de neutră pentru ca mesajul meu să poată ajunge la cât mai mulţi oameni. Putem considera volumul de faţă o reformulare adecvată pentru epoca noastră a învăţăturilor spirituale perene ce formează esenţa tuturor religiilor. Ele nu derivă din surse externe, ci din singura sursă autentică, liberă de orice teorie sau speculaţie — sursa interioară. Vorbesc din experienţa proprie şi, dacă uneori devin prea categoric, fac aceasta pentru a răzbi prin învelişul dur al rezistenţei mentale şi pentru a ajunge la acel loc din interiorul dvs. în care *cunoaşteţi* cu adevărat, la fel de bine ca şi mine, şi în care adevărul este recunoscut atunci când este auzit. În acele momente apare un sentiment de exaltare şi de trăire intensă, ca şi cum ceva din dvs. ar spune: „Da, ştiu că este adevărat."

CAPITOLUL I

Nu suntem totuna cu mintea noastră

Cel mai mare obstacol în calea iluminării

Ce este iluminarea?

Un cerşetor stătea la marginea unui drum de mai bine de 30 de ani. Într-o zi, trecu pe acolo un străin. „Te înduri să-mi dai un ban?“ murmură mecanic cerşetorul, întinzându-i vechea lui şapcă de baseball. „Nu am nimic să-ţi dau“, spuse străinul. „Dar pe ce eşti aşezat?“ întrebă acesta. „Un gunoi“, răspunse cerşetorul. „E doar o cutie veche. Stau pe ea de când mă ştiu.“ „Te-ai uitat vreodată înăuntru?“ întrebă străinul. „Nu“, răspunse cerşetorul. „Ce rost are? Nu e nimic în ea.“ „Uită-te înăuntru“, insistă străinul. Cerşetorul reuşi să ridice puţin capacul. Şocat, nevenindu-i să creadă, văzu că toată cutia era plină cu aur.

Eu sunt străinul care nu are nimic să vă dea şi care vă spune să vă uitaţi înăuntru. Nu în interiorul unei cutii, ca în parabolă, ci undeva mai aproape: în interiorul dvs.

„Dar eu nu sunt un cerşetor“ — mi se pare că vă aud protestând.

Cei care nu şi-au găsit încă adevărata bogăţie, care este strălucitoarea fericire a Fiinţei şi sentimentul profund şi indestructibil de pace venit odată cu ea, sunt cerşetori, chiar dacă deţin cele mai mari bogăţii materiale. Ei caută în afara lor fărâme de plăcere sau de satisfacţie, de recunoaştere, de siguranţă sau de iubire, deşi au în sine o comoară care conține nu numai aceste lucruri, ci este infinit mai bogată decât orice le-ar putea oferi lumea.

Cuvântul „iluminare“ evocă într-un fel ideea unei realizări supraomenești, iar sinele fals vrea să perpetueze această idee; dar aceasta este pur și simplu starea dvs. naturală, *trăirea* identității cu Ființa. Este o stare de conectare la ceva incomensurabil și indestructibil, la ceva care, aproape paradoxal, sunteți în esență dvs., dar care, cu toate acestea, vă depășește cu mult. Înseamnă regăsirea naturii dvs. adevărate, dincolo de nume și de înfățișare. Incapacitatea de a simți această conectare dă naștere iluziei separării — separare de propria persoană și de lumea care vă înconjoară. Atunci vă percepeți, conștient sau inconștient, ca pe un fragment izolat. Apare frica, iar conflictul interior devine starea normală.

Îmi place foarte mult definiția extrem de simplă pe care Buddha o dă iluminării: „sfârșitul suferinței“. Nu este nimic supraomenesc în ea, nu-i așa? Desigur, ca definiție, este incompletă. Ne spune doar ce nu este iluminarea: nu este suferință. Dar ce rămâne atunci când nu mai există suferință? Buddha păstrează tăcerea asupra acestui subiect, iar tăcerea lui înseamnă că acest lucru trebuie descoperit pe cont propriu. El folosește o definiție negativă pentru ca mintea să nu o transforme într-o credință sau într-o realizare supraomenească, un obiectiv imposibil de atins. În ciuda acestei precauții, majoritatea budiștilor cred și azi că iluminarea este pentru Buddha, nu pentru ei, cel puțin nu în această viață.

Ați folosit cuvântul Ființă. *Puteți să ne explicați ce înțelegeți prin acest cuvânt?*

Ființa este energia vitală unitară, eternă, mereu prezentă deasupra miliardelor de forme vii supuse nașterii și morții. Totuși, Ființa nu este numai deasupra, ci și în adâncul fiecărei forme de viață, ca esență interioară invizibilă și indestructibilă. Ceea ce înseamnă că ea ne este accesibilă în acest moment sub forma sinelui nostru profund, a naturii noastre adevărate. Dar nu căutaţi să puneţi stăpânire pe ea prin puterea minţii. Nu încercaţi să o înţelegeţi. Nu puteţi să o cunoaşteţi decât atunci când mintea este liniştită. Când sunteţi prezent, când atenţia voastră se îndreaptă intens şi în întregime spre clipa de Acum, Fiinţa poate fi simţită, dar ea nu poate fi înţeleasă niciodată pe cale mentală. A regăsi conştiinţa Fiinţei şi a menţine această stare de „conştiinţă sensibilă“ înseamnă a atinge iluminarea.

Când spuneţi Fiinţă, vă referiţi la Dumnezeu? Dacă da, de ce nu spuneţi Dumnezeu?

Cuvântul *Dumnezeu* şi-a pierdut sensul pe parcursul miilor de ani de folosire greşită. Îl folosesc uneori şi eu, dar destul de rar. Prin „folosire greşită“ vreau să spun că oameni care nu au reuşit niciodată să arunce măcar o privire fugară în lumea sacrului, în vastitatea infinită din spatele acestui cuvânt, îl folosesc cu multă convingere, ca şi cum ar şti despre ce anume vorbesc. Sau aduc argumente împotriva sa, ca şi cum ar şti ce este lucrul pe care îl neagă. Această folosire greşită dă naştere unor credinţe, unor afirmaţii absurde şi unor iluzii egoiste, ca de exemplu: „Dumnezeul *meu* sau *al nostru* este singurul adevărat, iar Dumnezeul *tău* este fals“, sau faimoasei afirmaţii a lui Nietzsche: „Dumnezeu a murit.“

Cuvântul *Dumnezeu* a devenit un concept închis. În momentul când este rostit, apare o imagine mentală, poate că nu chiar aceea a unui bătrân cu barbă albă, totuşi o reprezentare mentală a unui lucru sau a unei persoane din afara noastră şi, desigur, aproape inevitabil, aceasta este o persoană sau un lucru de *sex masculin*.

Nici *Dumnezeu*, nici *Ființă* și nici vreun alt cuvânt nu poate defini sau explica realitatea inefabilă din spatele cuvântului, astfel că singura întrebare importantă este aceea dacă cuvântul este un sprijin sau o piedică pentru capacitatea noastră de a trăi realitatea la care se referă. Trimite el dincolo de sine, la o realitate transcendentă, sau se contaminează cu ușurință, devenind nimic altceva decât o idee din mintea dvs. în care credeți, un idol mental?

Cuvântul *Ființă* nu explică nimic, dar nici cuvântul *Dumnezeu* nu face acest lucru. Totuși, Ființa are avantajul de a fi un concept deschis. Nu reduce infinitatea invizibilă la o entitate finită. Este imposibil să ne formăm o imagine mentală despre ea. Nimeni nu poate să revendice exclusiv Ființa. Este însăși esența și vă este imediat accesibilă ca sentiment al propriei prezențe, drept conștientizare a lui „*eu sunt*", care este anterioară gândului că „eu sunt asta sau cealaltă". Așadar, este un pas foarte mic între cuvântul *Ființă* și experiența existenței.

Care este cel mai mare obstacol în calea trăirii acestei realități?

Identificarea cu mintea dvs., care face ca gândirea să devină un impuls permanent și repetitiv. Incapacitatea de a te opri să mai gândești este o boală groaznică, dar nu ne dăm seama de acest lucru pentru că aproape toată lumea suferă de ea, așa că o considerăm un lucru normal. Acest zgomot mental neîncetat ne împiedică să găsim acea lume a liniștii interioare, care este inseparabilă de Ființă. El creează și un sine fals, construit de minte, care aruncă o umbră de frică și suferință. Vom discuta mai mult despre acest lucru mai târziu.

Filozoful Descartes credea că a descoperit adevărul fundamental când a făcut afirmația: „Gândesc, deci exist". De fapt, el formulase eroarea fundamentală: echivalarea gândirii cu Ființa și a identității cu gândirea. Cel ce gândește compulsiv, adică aproape toată lumea, trăiește într-o stare de separare aparentă, într-o lume nebunesc de complexă, cu conflicte și probleme perpetue, o lume care reflectă fragmentarea din ce în ce mai mare a minții. Iluminarea este o stare de integritate, de a fi „unitar" și, din acest motiv, împăcat. A fi unitar cu viața în aspectul său manifest, lumea, ca și cu sinele dvs. profund și viața nemanifestată — a fi unitar cu Ființa. Iluminarea nu este numai sfârșitul suferinței și al conflictelor perpetue din interiorul și din afara noastră, ci și sfârșitul sclaviei noastre față de gândirea neîntreruptă. Ce sentiment incredibil de eliberare!

Identificarea cu mintea creează un ecran opac de concepte, etichete, imagini, cuvinte, judecăți și definiții ce blochează orice relație autentică. Se interpune între conștiința de sine și persoană, între dvs. și restul oamenilor, între dvs. și natură, între dvs. și Dumnezeu. Acest ecran de gânduri este cel care creează iluzia separării, impresia că existați complet separat de „celălalt". Atunci uitați faptul esențial că, în spatele nivelului aparenței fizice și al formelor diferite, sunteți unitar cu tot ceea ce *există*. Prin „uitați" vreau să spun că nu mai puteți *simți* această unitate ca realitate de sine evidentă. Puteți *crede* că acest lucru este adevărat, dar nu mai *știți* că este adevărat. O credință poate fi liniștitoare. Totuși numai prin experiența proprie devine eliberatoare.

Gândirea a devenit o boală. Bolile apar atunci când lucrurile nu mai sunt în echilibru. De exemplu, nu este nimic anormal în multiplicarea și diviziunea celulelor în corpul uman, dar, când acest proces continuă fără să țină cont de organismul ca întreg, celulele proliferează și apare o boală.

Notă: Mintea este un instrument minunat dacă este folosită corect. Totuși, folosită incorect, devine foarte distructivă. Pentru a exprima mai precis acest lucru, nu contează în ce măsură vă folosiţi incorect mintea — pentru că, de obicei, nu o folosiţi deloc. Ea vă foloseşte pe *dvs*. Aceasta este boala. Credeţi că *sunteţi* mintea dvs. Este o iluzie. Instrumentul a pus stăpânire pe dvs.

Nu sunt în totalitate de acord. Este adevărat că am multe gânduri care nu au un scop precis, ca majoritatea oamenilor, dar am totuşi capacitatea de a alege să-mi folosesc mintea pentru a obţine sau realiza diferite lucruri şi fac asta tot timpul.

Numai faptul că puteţi rezolva un careu de cuvinte încrucişate sau construi o bombă atomică nu înseamnă că vă folosiţi mintea. Aşa cum câinilor le place foarte mult să roadă oase, mintea adoră să se ocupe de probleme. Acesta este motivul pentru care rezolvă cuvinte încrucişate şi construieşte bombe atomice. *Dvs.* nu sunteţi interesat de aceste scopuri. Daţi-mi voie să vă pun o întrebare: vă puteţi elibera de mintea dvs. ori de câte ori doriţi? Aţi descoperit butonul de „închidere“?

Adică să nu mai gândesc deloc? Nu, nu pot. Poate numai o secundă sau două.

Atunci, mintea este cea care vă foloseşte pe dvs. Vă identificaţi inconştient cu ea, aşa că nici nu ştiţi că sunteţi sclavul ei. Este ca şi cum aţi fi posedat fără să ştiţi şi luaţi entitatea care vă posedă drept persoana dvs. Începutul libertăţii este să vă daţi seama de faptul că nu sunteţi entitatea care vă posedă — adică gânditorul din sinea dvs. Cunoscând acest lucru, aveţi ocazia să observaţi entitatea. În momentul în care începeţi *să observaţi gânditorul*, se activează un nivel superior al conştiinţei. Atunci începeţi să realizaţi că dincolo de lumea gândurilor există o arie vastă a inteligenţei, că gândul este numai un aspect mărunt al acesteia. Conştientizaţi de asemenea că toate lucrurile care contează — frumuseţea, iubirea, creativitatea, bucuria, pacea interioară — vin de dincolo de minte. Atunci începeţi să vă treziţi.

§

Eliberarea de mintea noastră

Ce vreți să spuneți prin „observarea gânditorului"?

Când o persoană se duce la doctor și spune: „Aud o voce în capul meu", probabil că va fi trimisă la psihiatru. Cert este că, într-un mod foarte asemănător, aproape toată lumea aude una sau mai multe voci în cap tot timpul: gândurile involuntare în legătură cu care nu vă dați seama că aveți puterea de a le opri. Monologuri și dialoguri continue.

Probabil că ați întâlnit pe stradă „nebuni" care vorbesc fără oprire, cu voce tare sau mormăind în barbă. Ei bine, acest lucru nu diferă foarte mult de ceea ce faceți dvs. înșivă și toți oamenii „normali", cu excepția faptului că nu vorbiți cu voce tare. Vocea comentează, speculează, compară, judecă, se plânge, acceptă sau respinge etc. Ea nu este neapărat relevantă pentru situația în care vă aflați în acel moment; poate evoca trecutul recent sau îndepărtat, poate repeta sau imagina posibile situații viitoare. Își imaginează deseori lucruri negative sau finaluri nedorite; acest lucru este numit „îngrijorare". Uneori, această bandă de magnetofon care zbârnâie în fundal este însoțită de imagini sau „filme mentale". Chiar dacă vocea este relevantă pentru situația curentă, ea va fi interpretată în termenii trecutului; pentru că vocea aparține minții noastre condiționate, care este rezultatul istoriei noastre de viață, dar și al cadrului mental cultural colectiv pe care l-am moștenit. Așa că dvs. priviți și evaluați prezentul prin prisma trecutului și obțineți o perspectivă total eronată asupra lui. Nu de puține ori, vocea este cel mai aprig dușman al dvs. Mulți oameni trăiesc având în minte un tiran care îi atacă și îi pedepsește continuu, acaparându-le mare parte din energia vitală. El este cauza nefericirii şi a suferinţei neexprimate, şi chiar a bolii.

Vestea bună este că vă *puteţi* elibera de mintea dvs. Aceasta este singura eliberare autentică. Puteţi face primul pas chiar acum. Începeţi să vă ascultaţi vocea care vorbeşte în capul dvs. cât puteţi de des. Acordaţi o atenţie deosebită gândurilor repetitive sau tiparelor de gândire; poate că aceste vechi discuri de gramofon vorbesc în capul dvs. de ani întregi. Iată ce înţeleg eu prin „observarea gânditorului" — este un alt fel de a spune: ascultă-ţi vocea minţii, *fii* acolo ca spectator, ca martor.

Când vă ascultaţi vocea minţii, încercaţi să fiţi imparţial. Adică nu o judecaţi. Nu judecaţi şi nu condamnaţi ceea ce auziţi, pentru că asta ar însemna că aceeaşi voce a intrat din nou pe uşa din spate. Vă veţi da repede seama: vocea e *acolo,* iar *eu sunt* aici, ascultând-o, urmărind-o. Conştientizarea faptului că *eu sunt* — acest sentiment al propriei prezenţe — nu este un gând. El vine de undeva de dincolo de minte.

Aşa că, atunci când ascultaţi un gând, conştientizaţi nu numai gândul, ci şi propria dvs. prezenţă ca martor al gândului. În felul acesta, a apărut o nouă dimensiune a conştiinţei. În timp ce vă ascultaţi gândul, simţiţi o prezenţă conştientă — sinele dvs. profund — ca şi cum s-ar afla dincolo de gând sau dedesubtul lui, orice-ar însemna asta. Atunci gândul îşi pierde puterea asupra dvs. şi începe cu repeziciune să slăbească în intensitate, în forţă, pentru că nu mai continuaţi să încărcaţi mintea cu energie prin identificarea cu el. Acesta este începutul sfârşitului gândirii involuntare şi compulsive.

Când un gând cedează, veţi resimţi o discontinuitate în fluxul mental — un hiat al non-minţii. La început, aceste intervale vor fi scurte, poate de câteva secunde, dar treptat ele se vor prelungi. Când vor apărea astfel de intervale, veţi simţi o anumită linişte şi pace interioare. Acesta este începutul stării naturale de trăire a unităţii cu Fiinţa, senzaţie care, de obicei, este ascunsă de minte. Exersând, sentimentul de linişte şi pace se va aprofunda. De fapt, profunzimea lui nu are limite. Veţi simţi şi o subtilă senzaţie de bucurie care urcă din adâncul dvs.: bucuria de a trăi.

Nu este o stare asemănătoare cu transa. Deloc. Aici nu e vorba de o pierdere a conştiinţei. Este exact opusul transei. Dacă preţul păcii ar fi scăderea nivelului conştiinţei, iar preţul calmului — o scădere a vitalităţii şi a vitezei de reacţie, atunci aceste lucruri nu ar merita dobândite. În această stare de conectare interioară sunteţi mult mai alert şi mai treaz decât în momentele de identificare cu mintea. Sunteţi în întregime prezent. Aceasta măreşte frecvenţa vibraţiei câmpului energetic care dă viaţă corpului fizic.

Pe măsură ce pătrundeţi mai adânc în această zonă a „non-minţii", cum i se spune uneori în Orient, câştigaţi o stare de conştiinţă pură. În această stare, vă simţiţi propria prezenţă cu o asemenea intensitate şi bucurie, încât orice gând, orice emoţie, întregul corp fizic şi toată lumea externă devin relativ lipsite de importanţă în comparaţie cu trăirea. Totuşi, nu este o stare egoistă, ci una total altruistă. Vă conduce dincolo de ceea ce aţi crezut până acum că este „sinele propriu". Această prezenţă sunteţi esenţialmente dvs. şi, în acelaşi timp, inimaginabil mai mult decât dvs. Ceea ce încerc să vă împărtăşesc aici poate părea paradoxal sau chiar contradictoriu, dar nu există niciun alt mod în care aş putea exprima aceste lucruri.

În loc să „observaţi gânditorul", puteţi crea dvs. înşivă un gol în fluxul gândirii, pur şi simplu concentrându-vă atenţia asupra clipei de Acum. Deveniţi intens conştient de momentul prezent. Este un lucru care vă va aduce o profundă satisfacţie. Astfel, vă îndepărtaţi conştiinţa de activităţile minţii şi creaţi un hiat al non-minţii, în care sunteţi extrem de alert şi conştient, însă fără să gândiţi. Aceasta este esenţa meditaţiei.

În viaţa cotidiană, puteţi face acest exerciţiu oprindu-vă la orice activitate de rutină care de obicei este doar un mod de a atinge un obiectiv, acordându-i toată atenţia dvs., astfel încât să devină un scop în sine. De exemplu, de câte ori coborâţi şi urcaţi scările acasă sau la locul de muncă, fiţi extrem de atent la fiecare pas, la fiecare mişcare, chiar şi la respiraţie. Fiţi total prezent. Sau când vă spălaţi pe mâini, fiţi atent la toate informaţiile senzoriale asociate cu această activitate: sunetul şi felul în care simţiţi apa, mişcările mâinilor, mirosul săpunului ş.a.m.d. Ori atunci când vă urcaţi în maşină, după ce închideţi portiera, opriţi-vă pentru câteva secunde şi observaţi-vă respiraţia. Conştientizaţi senzaţia calmă, dar intensă a prezenţei. Există un singur criteriu sigur în funcţie de care vă puteţi măsura succesul în această activitate: gradul în care simţiţi pacea interioară.

Aşa că pasul cel mai important al călătoriei dvs. spre iluminare constă în a învăţa să nu vă mai identificaţi cu mintea dvs. De câte ori creaţi un gol în fluxul mental, lumina conştiinţei se accentuează.

Într-o zi s-ar putea să vă surprindeţi zâmbind vocii din minte, aşa cum v-aţi amuza de poznele unui copil. Iar aceasta denotă că, de câtva timp, nu mai luaţi în serios ceea ce se petrece în minte, deoarece sentimentul dvs. de sine nu mai depinde de un asemenea proces.

Iluminarea: depăşirea gândurilor

Gândirea nu este esenţială pentru supravieţuirea în această lume?

Mintea dvs. este un instrument, o unealtă. Ea există pentru a fi folosită într-un anumit scop, iar, când sarcina este îndeplinită, lăsaţi-o deoparte. Dar, după cum stau lucrurile, aş spune că aproape 80–90% din gândurile majorităţii oamenilor sunt nu numai repetitive şi inutile, dar, prin natura lor disfuncţională şi deseori negativă, mare parte sunt chiar dăunătoare. Observaţi-vă mintea şi veţi descoperi că este adevărat. Ea duce la o pierdere importantă de energie vitală.

Acest gen de gândire compulsivă este în realitate o formă de dependenţă. Prin ce se caracterizează dependenţa? Pur şi simplu prin faptul că nu mai simţiţi că aţi avea posibilitatea să hotărâţi când să vă opriţi. Pare un lucru mai puternic decât dvs., care vă dă un fals sentiment de plăcere, o plăcere care invariabil se transformă în durere.

De ce am fi dependenţi de minte?

Pentru că vă identificaţi cu ea — ceea ce consideraţi a fi identitatea dvs. derivă din conţinutul şi activitatea minţii. Vi se pare că aţi înceta să existaţi dacă nu aţi mai gândi. Pe măsură ce creşteţi, vă formaţi o imagine mentală despre cine sunteţi, în baza condiţionării personale şi culturale. Putem numi această identitate fantomatică „sine fals". Sinele fals constă în activitatea mentală şi nu poate fi menţinut în viaţă decât gândind permanent. Termenul de „sine fals" are sensuri diferite pentru persoane diferite, dar, în contextul propus de mine, se referă la acel sine fals creat prin identificarea inconştientă cu mintea.

Pentru sinele fals, momentul prezent abia dacă există. Numai trecutul şi viitorul sunt considerate importante. Această inversare totală a adevărului este cauzată de faptul că mintea nu funcţionează corect sub influenţa sinelui fals. Este mereu preocupată de menţinerea în viaţă a trecutului, pentru că, fără el, cine mai sunteţi dvs.? Se proiectează constant în viitor pentru a-şi asigura supravieţuirea continuă şi a căuta acolo eliberarea sau împlinirea. Mintea spune: „Într-o zi, când se va întâmpla cutare sau cutare lucru, mă voi simţi bine, voi fi fericit şi împăcat.“ Chiar şi atunci când sinele fals pare preocupat de prezent, ceea ce vede nu este prezentul: acesta este perceput total greşit pentru că este privit prin ochii trecutului. Sau reduce prezentul la un mijloc pentru atingerea unui scop, un obiectiv întotdeauna legat de viitorul proiectat de minte. Observaţi-vă mintea şi veţi vedea că aşa funcţionează.

Momentul prezent este cheia eliberării. Dar nu puteţi găsi momentul prezent atâta timp cât vă *identificaţi* cu mintea dvs.

Nu vreau să-mi pierd capacitatea de a analiza şi a face deosebiri. Nu m-ar deranja să învăţ să gândesc mai clar, mai concentrat, dar nu vreau să-mi pierd capacitatea mentală. Darul gândirii este cel mai preţios lucru pe care îl avem. Fără el, am fi doar o altă specie de animale.

Dominaţia minţii nu este mai mult decât un stadiu în evoluţia conştiinţei. Necesitatea de a trece la stadiul următor a devenit o urgenţă; altfel, vom fi distruşi de minte, care s-a preschimbat într-un monstru. Vom discuta mai pe larg aceste lucruri mai târziu. Gândirea şi conştiinţa nu sunt sinonime. Gândirea este numai un aspect limitat al conştiinţei. Gândul nu poate exista fără conştiinţă, dar conştiinţa nu are nevoie de gânduri.

Iluminarea înseamnă depăşirea gândului, evitarea întoarcerii la un nivel anterior gândului, acela de animal sau de plantă. În starea de iluminare, vă puteţi folosi gândirea ori de câte ori este necesar, dar într-un mod mult mai eficient şi cu mai multă concentrare decât înainte. O puteţi folosi mai ales în scopuri practice, dar sunteţi eliberaţi de dialogul interior involuntar, păstrându-vă liniştea interioară. Când vă folosiţi mintea, şi mai ales atunci când aveţi nevoie de o soluţie creativă, alternați la fiecare câteva minute gândirea cu liniștea, starea de activare a minții cu aceea de liniștire a ei. În afara minții, conștiința există fără gând. Numai astfel este posibilă gândirea creativă, pentru că numai așa gândul are o putere reală. Gândul singur, lipsit de conectarea la lumea vastă a conștiinței, devine repede sterp, nebunesc, distructiv.

Mintea este, în esență, o mașină de supraviețuire. Atacul și apărarea împotriva altor minți, adunarea, depozitarea și analizarea informațiilor — acestea sunt lucrurile la care se pricepe ea, dar nu este deloc creativă. Toți artiștii adevărați, indiferent dacă știu sau nu, creează într-o zonă aflată în afara minții, din liniștea lor interioară. Mintea dă apoi formă impulsului creativ sau intuițiilor. Chiar și marii oameni de știință au afirmat că descoperirile creative cele mai importante le-au făcut în momente de calm mental. În urma unui chestionar aplicat celor mai mari matematicieni de pe tot teritoriul Statelor Unite, inclusiv lui Einstein, pentru a afla metodele lor de lucru, rezultatul — surprinzător — a fost acela că „gândirea joacă numai un rol secundar în faza decisivă și de scurtă durată a actului creator". Așa că eu aș spune că motivul foarte simplu pentru care majoritatea oamenilor de știință *nu* sunt creativi nu este acela că nu știu să gândească, ci acela că nu știu cum să se oprească din gândit!

Nu prin intermediul minții, al gândirii s-a creat miracolul vieții pe Pământ sau corpul dvs., și nu prin intermediul ei sunt ele menținute în viață. Există în mod clar o inteligență mult mai vastă decât mintea. Cum poate o singură celulă umană, care are un diametru de 20–30 µmm, să conțină în ADN-ul ei instrucțiuni care ar putea umple 1 000 de cărți, a câte 600 de pagini fiecare? Cu cât aflăm mai multe despre funcționarea corpului, cu atât înțelegem mai bine cât de vastă este inteligența care l-a construit și cât de puține știm despre ea. Când mintea noastră se reconectează cu ea, devine cea mai minunată unealtă. Începe să deservească un scop care o depășește cu mult.

Emoţia: reacţia corpului la activitatea minţii

Dar emoţiile? Sunt prins mult mai des în vârtejul emoţiilor mele decât în vârtejul gândurilor.

Mintea, în felul în care folosesc eu acest cuvânt, nu este compusă doar din gânduri. Ea include şi emoţiile, şi tiparele mental-emoţionale de reacţie inconştientă. Emoţia apare acolo unde mintea şi corpul se întâlnesc. Este reacţia corpului la activitatea minţii — sau, aţi putea spune, o reflectare a minţii în corp. De exemplu, gândul la un posibil atac sau un gând ostil va crea în corp o acumulare de energie, pe care noi o numim furie. Corpul se pregăteşte de luptă. Gândul că sunteţi ameninţat, fizic sau psihologic, face corpul să se contracte, iar aceasta este componenta fizică a ceea ce noi numim frică. Cercetările au arătat că emoţiile puternice pot produce schimbări chiar şi în biochimia corporală. Aceste schimbări biochimice reprezintă aspectul fizic sau material al emoţiilor. Desigur, nu sunteţi întotdeauna conştienţi de toate tiparele dvs. de gândire şi deseori numai observându-vă emoţiile le puteţi conştientiza.

Cu cât vă identificaţi mai mult cu gândirea, cu preferinţele şi cu aversiunile dvs., cu judecăţile şi cu interpretările, cu alte cuvinte, cu cât sunteţi mai puţin *prezent* ca observator conştient, cu atât încărcătura emoţională va fi mai puternică, indiferent dacă sunteţi conştient sau nu de acest lucru. Dacă nu vă puteţi simţi emoţiile ca atare, dacă sunteţi despărţit de ele, le veţi trăi la un nivel pur fizic, ca pe o problemă fizică sau ca pe un simptom. S-a scris foarte mult despre aceasta în ultimii ani, aşa că nu e nevoie să aprofundăm. Un tipar inconştient puternic se poate manifesta şi sub forma unui eveniment extern, care vi se întâmplă. De exemplu, am observat că, în cazul oamenilor care au acumulat multă furie, fără să o conştientizeze şi fără să o exprime, există o probabilitate mai mare de a fi atacaţi, verbal sau chiar fizic, de alte persoane furioase — deseori fără niciun motiv aparent. Ei emană un puternic iz de furie, pe care anumite persoane îl detectează la nivel subliminal, fapt ce le declanşează propria furie latentă.

Dacă aveţi dificultăţi în a vă simţi emoţiile ca atare, începeţi prin a vă concentra atenţia asupra câmpului energetic intern al propriului corp. Simţiţi-vă corpul din interior. Astfel veţi intra în contact cu emoţiile dvs. Vom explora această problemă în detaliu mai târziu.

Spuneţi că o emoţie este reflectarea minţii în corp. Dar, uneori, între cele două entităţi apare un conflict: mintea spune „nu", în timp ce emoţia spune „da" sau invers.

Dacă vreţi într-adevăr să vă cunoaşteţi mintea, corpul vă va oferi întotdeauna o reflectare autentică, aşa că fiţi atenţi la emoţie sau mai degrabă *simţiţi-o* în corp. Dacă între cele două există un conflict aparent, gândul va fi minciuna, iar emoţia va fi adevărul. Nu va reprezenta adevărul ultim despre cine sunteţi, ci adevărul relativ despre starea minţii dvs. la momentul respectiv.

Conflictul dintre gândurile de la suprafaţă şi procesele mentale inconştiente este foarte frecvent. Poate că nu sunteţi capabil deocamdată să aduceţi activitatea mentală inconştientă în conştiinţă *sub forma gândurilor*, dar ea se va reflecta mereu în corp *sub forma emoţiei,* iar emoţiile vi le *puteţi* conştientiza. A privi o emoţie în acest fel este, în linii mari, ca şi cum ai asculta sau privi un gând, lucru despre care am vorbit mai devreme. Singura diferenţă este aceea că, dacă gândul există doar în mintea dvs., o emoţie are o puternică componentă fizică şi, prin urmare, este simţită în primul rând în corp. Puteţi lăsa emoţia *să existe* acolo fără a fi controlaţi de ea. Nu mai *sunteți* emoția; sunteți martorul, prezența observatoare. Dacă exersați acest lucru, tot ceea ce este inconștient în dvs. va fi adus la lumina conștiinței.

Deci observarea emoțiilor noastre este la fel de importantă ca și observarea gândurilor?

Da. Faceți-vă un obicei din a vă întreba: „Ce se întâmplă în mine în acest moment?" Întrebarea vă va indica direcția corectă. Dar nu analizați, pur și simplu urmăriți. Concentrați-vă atenția în interior. Simțiți energia emoției. Dacă nu există nicio emoție, îndreptați-vă atenția mai adânc, spre câmpul energetic interior al corpului dvs. Aceasta este ușa către Ființă.

O emoție reprezintă de obicei un tipar de gândire amplificat și energizat, iar, din cauza încărcăturii sale energice deseori copleșitoare, la început nu este ușor să rămâi prezent suficient de mult timp pentru a o observa. Vrea să pună stăpânire pe dvs. și de obicei reușește — cu excepția cazului în care sunteți suficient de prezent. Dacă vă simțiți atras în identificarea inconștientă cu emoția printr-o lipsă de prezență, lucru normal, de altfel, emoția devine temporar identică cu dvs. Deseori, gândirea și emoția formează un cerc vicios, alimentându-se reciproc. Tiparul de gândire își creează o reflexie amplificată sub forma emoției, iar frecvența de vibrație a emoției continuă să hrănească tiparul inițial de gândire. Stăruind mental asupra situației, asupra evenimentului sau asupra persoanei percepute drept cauză a emoției, gândul încarcă emoția cu energie, iar, la rândul ei, emoția energizează tiparul de gândire ș.a.m.d.

În principiu, toate emoțiile sunt modificări ale unei emoții primordiale și nediferențiate, care își are originea în pierderea conştiinţei de sine, dincolo de orice nume şi formă. Din cauza naturii sale nediferenţiate, este greu să găsim un nume care să descrie precis această emoţie. „Frica“ este un termen destul de apropiat, dar, pe lângă un sentiment constant de ameninţare, această emoţie include şi un sentiment profund de abandon şi neîmplinire. Ar fi mai potrivit dacă am folosi un termen la fel de nediferenţiat ca şi această emoţie primară şi să o numim, pur şi simplu, „durere“. Una dintre principalele sarcini ale minţii este să se împotrivească şi să înlăture această durere emoţională — unul dintre motivele activităţii sale neîntrerupte —, dar tot ce poate să facă este să o ascundă temporar. De fapt, cu cât mintea se luptă mai mult să scape de durere, cu atât durerea devine mai puternică. Mintea nu poate găsi niciodată soluţia, nici nu-şi poate permite să vă lase pe dvs. să o faceţi, pentru că este ea însăşi o parte din „problemă“. Imaginaţi-vă un şef al unei secţii de poliţie care încearcă să prindă un incendiator, când, făptaşul este, de fapt, chiar el. Nu veţi scăpa de durere până când nu veţi înceta să căutaţi rostul sinelui identificându-vă cu mintea dvs., mai exact, cu sinele fals. Mintea va fi în acel moment înlăturată de la putere şi Fiinţa vi se va revela drept adevărata dvs. natură.

Da, ştiu ce o să mă întrebaţi.

Voiam să vă întreb: ce se întâmplă cu emoţiile pozitive, ca iubirea şi bucuria?

Ele nu pot fi separate de starea dvs. naturală de conectare interioară cu Fiinţa. Clipe fulgurante de iubire şi bucurie sau scurte momente de profundă pace interioară sunt posibile ori de câte ori în fluxul gândirii apare un gol. Pentru cei mai mulţi oameni, astfel de goluri apar rareori şi numai accidental, în momentele în care mintea rămâne „fără grai“, momente declanşate uneori de o frumuseţe ieşită din comun, de o solicitare fizică extremă sau chiar de un pericol foarte mare. Dintr-odată, apare liniştea interioară. Şi în interiorul acestei linişti există o bucurie subtilă, dar intensă, există pace.

De obicei, astfel de momente sunt de scurtă durată, deoarece mintea îşi reia repede activitatea de bruiaj, pe care noi o numim gândire. Iubirea, bucuria şi pacea nu pot înflori până când nu v-aţi eliberat de sub dominaţia minţii. Dar aceste sentimente nu sunt ceea ce eu aş numi emoţii. Ele se situează dincolo de emoţii, la un nivel mult mai profund. Aşa că trebuie să vă conştientizaţi în întregime emoţiile şi să fiţi capabili să le *simţiţi,* înainte de a putea simţi ceea ce se află în spatele lor. Emoţie înseamnă, *ad litteram,* „tulburare“. Cuvântul vine din latinescul *emovere*, care are sensul de „a tulbura“.

Iubirea, bucuria şi pacea sunt stări profunde ale Fiinţei sau, mai curând, trei aspecte ale stării de conectare interioară cu Fiinţa. Prin urmare, nu au un antonim, deoarece vin din afara minţii. Emoţiile, pe de altă parte, prin faptul că aparţin minţii dualiste, sunt supuse legii contrariilor. Aceasta înseamnă că nu puteţi avea parte de ceva bun fără ceva rău. Ca urmare, în lipsa iluminării, în starea de identificare cu mintea, ceea ce este uneori numit în mod greşit bucurie reprezintă, de obicei, scurta plăcere din ciclul alternanţei continue între plăcere şi durere. Plăcerea derivă întotdeauna dintr-un aspect exterior, în timp ce bucuria vine din interior. Acelaşi lucru care astăzi vă produce plăcere mâine vă va produce durere sau vă va părăsi, şi astfel absenţa sa vă va cauza durerea. Şi ceea ce deseori este numit dragoste poate fi foarte plăcut şi incitant pentru un timp, dar reprezintă un ataşament rezultat din dependenţă, o stare de nevoie extremă, ce se poate transforma în contrariul ei cât ai clipi. Multe relaţii de „iubire“ oscilează între „iubire“ şi ură, atracţie şi agresiune, după ce euforia iniţială a trecut.

Iubirea reală nu vă face să suferiţi. Cum ar putea? Ea nu se transformă brusc în ură, aşa cum bucuria autentică nu se transformă în durere. După cum v-am spus, chiar şi înainte de a atinge iluminarea — înainte de a vă elibera de mintea dvs. —, puteţi simţi străfulgerări ale bucuriei şi ale iubirii adevărate sau ale păcii interioare, profunde, dar foarte vii. Acestea sunt aspecte ale naturii dvs. adevărate, care de obicei este ascunsă de minte. Chiar şi într-o relaţie de dependenţă „normală“ pot exista momente în care să fie simţită prezenţa a ceva autentic şi pur. Dar vor fi numai străfulgerări, acoperite curând prin interferenţele minţii. Poate veţi avea atunci sentimentul că v-aţi aflat în posesia unui lucru foarte preţios, pe care însă l-aţi pierdut, sau poate că mintea vă va convinge de faptul că, oricum, era o iluzie. Adevărul este că nu era o iluzie şi că nu puteţi pierde această stare. Este o parte din starea dvs. naturală, ce poate fi ascunsă, dar niciodată distrusă de minte. Chiar şi atunci când cerul este foarte acoperit de nori, soarele tot nu dispare. El continuă să se afle acolo, de cealaltă parte a norilor.

Buddha spune că durerea sau suferința apar în urma dorinței sau a „nevoii“ arzătoare de ceva și că pentru a ne elibera de durere trebuie să tăiem lanțurile dorinței.

Toate dorinţele intense sunt încercări ale minţii de a-şi găsi salvarea sau împlinirea în lucruri exterioare şi în viitor, ca substitut pentru bucuria Fiinţei. Atâta timp cât eu sunt totuna cu mintea mea, mă identific cu aceste dorinţe intense, cu aceste nevoi, pofte, ataşamente şi aversiuni; iar în afara lor nu mai există niciun „eu“, decât ca simplă posibilitate, ca potenţial neîmplinit, o sământă care nu a dat încă roade. În această stare, chiar şi dorinţa mea de a mă elibera sau de a ajunge la iluminare este doar o altă poftă de a deveni satisfăcut sau împlinit în viitor. Aşa că nu încercaţi să vă eliberaţi de dorinţe sau să „atingeţi“ iluminarea. Deveniţi prezent. Fiţi aici ca observator al minţii. În loc să-l citaţi pe Buddha, *deveniți* Buddha, *deveniți* „cel iluminat“, adică ceea ce înseamnă cuvântul *buddha*.

Oamenii se află în ghearele durerii de milioane de ani, de când au căzut din starea de graţie şi au intrat în lumea timpului şi a minţii, pierzând conştiinţa Fiinţei. Din acel moment, au început să se perceapă ca fragmente lipsite de sens într-un univers străin, neconectate la Sursă sau unele cu altele.

Durerea este inevitabilă atâta timp cât vă identificaţi cu mintea, adică atâta timp cât sunteţi inconştient din punct de vedere spiritual. Mă refer aici în primul rând la durerea emoțională, care este și prima cauză a durerilor și a bolilor fizice. Resentimentul, ura, autocompătimirea, vinovăția, furia, deprimarea, gelozia ș.a.m.d., chiar și cel mai slab sentiment de iritare — toate sunt forme ale durerii. Și fiecare plăcere sau exaltare conține în ea sămânța durerii: contrariul său inseparabil, care se va manifesta în timp.

Orice om care a folosit vreodată un drog ca să se simtă „bine" va ști că momentele de extaz se transformă în final într-o stare de rău, că plăcerea se transformă în durere. Mulți oameni știu din proprie experiență cât de ușor și cât de repede se poate transforma o relație intimă din sursă de plăcere în sursă de durere. Privite dintr-o perspectivă superioară, atât polul pozitiv, cât și cel negativ sunt fețe ale aceleiași monede, fac amândouă parte din durerea fundamentală, inseparabilă de starea identificării cu mintea.

Există două niveluri ale durerii: durerea pe care o creați în prezent și durerea din trecut, care mai trăiește încă în mintea și în corpul dvs. Cum putem să nu mai creăm durere în prezent și să dizolvăm durerile din trecut — iată despre ce aș vrea să vă vorbesc mai departe.

CAPITOLUL II

Conștiința: calea eliberării de durere

Nu mai creați durere în prezent

Nu există om a cărui viață să fie total lipsită de durere și de suferință. Oare nu este vorba mai degrabă de a învăța să trăim cu ele, decât să încercăm să le evităm?

Cea mai mare parte a durerilor omenești sunt inutile. Ele sunt create de dvs. înșivă, atâta timp cât viața vă este condusă de o minte care nu este supusă observării.

Durerea pe care o creați acum este întotdeauna o formă de neacceptare, de rezistență inconștientă la ceea ce *există*. La nivelul gândului, rezistența este o formă de a judeca. La nivel emoțional, este o formă de negativism. Intensitatea durerii depinde de gradul de rezistență la momentul prezent, care la rândul său depinde de gradul în care vă identificați cu mintea. Mintea încearcă mereu să nege clipa de Acum și să scape de ea. Cu alte cuvinte, cu cât vă identificați mai mult cu mintea, cu atât veți suferi mai mult. Sau putem spune și așa: cu cât sunteți mai capabil să respectați și să acceptați clipa de Acum, cu atât veți fi mai liber de suferință și durere — și de mintea egocentrică.

Oare din ce motiv, de obicei, mintea se împotrivește sau neagă clipa de Acum? Pentru că nu poate funcționa și păstra controlul în afara timpului, care este trecut și viitor, așa că ea percepe clipa de Acum, care se sustrage temporalității, ca pe o amenințare. Timpul și mintea sunt, de fapt, inseparabile.

Imaginaţi-vă Pământul fără oameni, locuit numai de plante şi animale. Ar mai avea un trecut şi un viitor? Ar mai avea sens să vorbim despre timp? Întrebările „Cât este ora?" sau „În ce zi suntem?" — dacă ar mai exista cineva să le pună — ar fi total lipsite de sens. Stejarul sau vulturul ar fi zăpăciţi de o asemenea întrebare. „Care oră?", ar întreba ei. „Sigur, e acum. Timpul este clipa de Acum. Ce altceva mai există?"

Da, avem nevoie de minte, ca şi de timp pentru a funcţiona în această lume, dar ajungem la un punct în care ele pun stăpânire pe viaţa noastră, şi atunci începem să funcţionăm prost, apar durerea şi suferinţa.

Mintea, pentru a se asigura că păstrează controlul, caută permanent să acopere momentul prezent prin trecut şi viitor şi astfel, la fel cum vitalitatea şi potenţialul creator infinit al Fiinţei, care sunt inseparabile de clipa de Acum, devin acoperite de timp, adevărata dvs. natură este ascunsă de minte. Povara din ce în ce mai grea a timpului s-a acumulat în mintea umană. Toţi oamenii suferă din cauza acestei poveri, dar continuă să mai adauge câte puţin la ea în fiecare moment, ori de câte ori ignoră sau neagă acest preţios prezent sau îl reduc la un mijloc pentru atingerea unui obiectiv viitor, care există numai în mintea lor, niciodată în realitate. Acumularea timpului în mintea colectivă şi individuală include şi o mare cantitate de durere reziduală din trecut.

Dacă nu mai vreţi să vă creaţi durere dvs. înşivă sau altora, dacă nu mai doriţi să suplimentaţi reziduurile durerilor trecute care mai trăiesc încă în dvs., atunci nu mai creaţi timp sau, cel puţin, nu mai mult decât este necesar pentru a face faţă aspectelor practice ale vieţii. Cum să încetăm să creăm timp? Daţi-vă seama că momentul prezent este tot ceea ce veţi putea avea vreodată. Faceţi din clipa de Acum ţinta principală a vieţii dvs. Dacă mai înainte sălăşluiaţi în timp şi făceaţi din când în când vizite scurte în clipa de Acum, locuiţi de acum încolo în prezent şi vizitaţi din când în când trecutul şi viitorul, atunci când trebuie să faceţi faţă aspectelor practice ale unei situaţii. Spuneţi mereu „da" momentului prezent.

Ce poate fi mai inutil, mai nesănătos, decât să creați o rezistență internă față de un lucru care *există* deja? Ce poate fi mai nesănătos decât să te opui vieții înseși, care este acum și mereu acum? Predați-vă în fața a ceea ce *există*. Spuneți „da“ vieții — și observați cum viața începe dintr-odată să lucreze *pentru* și nu împotriva dvs.

§

Prezentul este uneori inacceptabil, neplăcut sau groaznic.

Este așa cum este. Observați felul în care mintea îl etichetează și cum acest proces de etichetare, această judecare continuă, creează durere și nefericire. Observând mecanismele minții, ieșiți din aceste tipare ale rezistenței și atunci îi veți putea *permite momentului prezent să existe*. Aceasta vă va oferi experiența stării de eliberare interioară de condițiile exterioare, starea de pace interioară autentică. Urmăriți apoi ceea ce se întâmplă și treceți la acțiune, dacă este necesar și posibil.

Acceptați — apoi acționați. Indiferent ce conține momentul prezent, acceptați-l ca și cum dvs. l-ați fi ales. Conlucrați întotdeauna cu el, nu împotriva lui. Faceți-vă din el un prieten și un aliat, nu un dușman. Acest fapt vă va transforma în mod miraculos întreaga viață.

§

Durerea trecută: dizolvarea corpului-durere

Atâta timp cât nu puteți accede la puterea clipei de Acum, fiecare durere emoțională pe care o trăiți lasă în urmă un reziduu dureros, ce continuă să trăiască în sinea dvs. Se contopeşte cu durerea trecutului, care era deja acolo, şi se fixează în mintea şi în corpul dvs. Ea include, desigur, şi durerea pe care aţi suferit-o în copilărie, provocată de inconştienţa lumii în care v-aţi născut.

Această durere acumulată este un câmp energetic negativ, care vă locuieşte corpul şi mintea. Dacă o consideraţi un fel de entitate invizibilă cu drepturi proprii, începeţi să vă apropiaţi destul de mult de adevăr. Este corpul-durere emoţional. El are două moduri de funcţionare: latenţa şi activitatea. Un corp-durere se poate afla într-o stare de latenţă până la 90% din timp; totuşi, la o persoană extrem de nefericită, el poate fi activ 100% din timp. Unii oameni trăiesc aproape în întregime prin corpul-durere, în timp ce alţii doar în anumite situaţii, cum ar fi relaţiile intime, abandonările sau pierderile din trecut, rănirile fizice sau emoţionale ş.a.m.d. Starea de activitate a corpului-durere poate fi declanşată de orice eveniment, mai ales dacă rezonează cu un tipar al durerii din trecut. Când este pregătit să se trezească din faza de latenţă, chiar şi un simplu gând sau o remarcă inocentă, făcută de o persoană apropiată, poate activa corpul-durere.

Unele corpuri-durere sunt neplăcute, dar relativ inofensive, de exemplu, ca un copil care nu vrea să renunţe la o cerere sâcâitoare. Altele sunt nişte monştri vicioşi şi distructivi, adevăraţi demoni. Unii sunt violenţi fizic; dar mult mai mulţi sunt agresivi din punct de vedere emoţional. Unii atacă persoanele apropiate sau pe cele din împrejurimi, în timp ce alţii vă atacă chiar pe dvs., gazda lor. Gândurile şi sentimentele pe care le aveţi despre viaţa proprie devin atunci profund negative şi autodistructive. Boala şi accidentele apar deseori tocmai în acest fel. Unele corpuri-durere îşi pot împinge gazda la sinucidere.

Când credeţi că ştiţi bine o persoană şi apoi vă confruntaţi brusc, pentru prima oară, cu o creatură străină şi perfidă, trăiţi un şoc. Totuşi, este important să o observaţi mai mult în dvs.

înşivă şi mai puţin în alţii. Căutaţi orice semn de nefericire, sub orice formă — el poate semnala trezirea corpului-durere. Trezirea aceasta poate lua forma iritării, a nerăbdării, a proastei dispoziţii, a dorinţei de a răni, a enervării, a furiei, a deprimării, a nevoii de a declanşa un moment dramatic într-o relaţie personală etc. Surprindeţi corpul-durere în momentul în care se trezeşte din starea de latenţă.

Corpul-durere vrea să supravieţuiască, precum orice altă entitate vie, şi nu poate supravieţui decât dacă vă determină să vă identificaţi inconştient cu el. Atunci se poate ridica, poate pune stăpânire pe dvs., poate trăi prin dvs. Are nevoie să-şi procure „hrana“ prin dvs. şi poate să vă determine să vă identificaţi cu el. Se hrăneşte cu orice experienţă ce rezonează cu propriul său fel de energie, cu orice lucru ce creează o durere nouă, indiferent sub ce formă: furie, dorinţă de a distruge, ură, pierdere, dramă emoţională, violenţă şi chiar boală. Astfel, corpul-durere, în momentul în care a preluat conducerea, vă va pune într-o situaţie de viaţă care să reflecte propria sa frecvenţă energetică şi să-l hrănească. Durerea nu se poate hrăni decât din durere. Durerea nu se poate alimenta din bucurie. O găseşte cu totul indigestă.

Odată ce corpul-durere a pus stăpânire pe dvs., doriţi şi mai multă durere. Deveniţi o victimă sau un tiran. Vreţi fie să provocaţi sau să suferiţi durerea, fie amândouă. Nu este o diferenţă prea mare între ele. Desigur, nu sunteţi conştient de acest aspect şi veţi susţine cu vehemenţă că nu doriţi durerea. Dar examinaţi-vă cu atenţie şi veţi descoperi că gândirea şi comportamentul vă sunt proiectate în aşa fel încât să facă durerea să continue, atât în ceea ce vă priveşte pe dvs., cât şi pe alţii. Dacă aţi *fi* într-adevăr conştient de acest lucru, tiparul s-ar dizolva, pentru că a dori mai multă durere este o nebunie şi nimeni nu este nebun în mod conştient sau voit.

Corpul-durere, care este umbra întunecată, aruncată de sinele fals, în realitate se teme de lumina conştiinţei. Se teme să nu fie descoperit. Supravieţuirea sa depinde de identificarea dvs. inconştientă cu el, ca şi de frica inconştientă de a înfrunta durerea ce trăieşte în dvs. Dar, dacă nu o înfruntaţi, dacă nu o aduceţi la lumina conştiinţei, veţi fi forţat să o retrăiţi de nenumărate ori. Corpul-durere vi se poate părea un monstru periculos, la care nu suportaţi să vă uitaţi, dar eu vă asigur că este o fantomă lipsită de substanţă, care nu poate învinge puterea prezenţei dvs.

Unele învăţături spirituale afirmă că orice durere este în ultimă instanţă iluzie — şi au dreptate. Întrebare: este adevărat şi în cazul dvs.? O simplă credinţă nu poate face ca acest lucru să fie adevărat. Vreţi să trăiţi durerea pentru tot restul vieţii şi să continuaţi să spuneţi că este o iluzie? Acest lucru vă va elibera de durere? Ceea ce ne preocupă aici este felul în care vă puteţi da seama de acest adevăr — adică felul în care îl puteţi face să devină real în experienţa dvs.

Aşadar, corpul-durere nu vrea să fie observat direct şi să fie văzut aşa cum este. În momentul în care îl observaţi, îi simţiţi câmpul energetic în interiorul dvs. şi vă îndreptaţi atenţia asupra lui, identificarea cu el fiind împiedicată. Se instalează o dimensiune superioară a conştiinţei. Eu o numesc *prezenţă*. Sunteţi acum martorul sau observatorul corpului-durere. Aceasta înseamnă că el nu vă mai poate folosi de acum înainte, pretinzând că vă reprezintă, şi nu se mai poate alimenta prin dvs. V-aţi descoperit puterea interioară. Aţi dobândit accesul la puterea clipei de Acum.

Ce se întâmplă cu corpul-durere când devenim suficient de conştienţi pentru a întrerupe identificarea cu el?

Corpul-durere este creat de inconştienţă; conştiinţa îl face să devină el însuşi. Sfântul Pavel a exprimat foarte frumos acest principiu universal: „Iar tot ce este pe faţă, se descoperă prin lumină, căci tot ceea ce este descoperit lumină este" [*Efeseni*, 5, 13]*. Aşa cum nu puteţi lupta cu întunericul, tot aşa

---

* Citatele biblice sunt preluate din *Biblia sau Sfânta Scriptură*, Editura Institutului Biblic şi de Misiune, Bucureşti, 1995. (*n. red.*)

nu puteți lupta cu corpul-durere. Încercând să faceți acest lucru, ați crea un conflict interior, și astfel și mai multă durere. Observarea este suficientă. Observarea lui implică acceptarea lui ca parte a ceea ce este în momentul dat.

Corpul-durere constă în blocarea energiei vitale, aceasta rupându-se de câmpul energetic total și devenind temporar autonomă prin procesul artificial de identificare cu mintea. S-a răsturnat și a devenit antiviață, ca un animal care încearcă să-și devoreze singur coada. De ce credeți că civilizația noastră a devenit atât de neprielnică vieții? Chiar și forțele care se opun vieții sunt totuși energie vitală.

Când veți începe să vă detașați de identificare și să deveniți un observator, corpul-durere va continua să funcționeze un timp și va încerca să vă păcălească să vă identificați din nou cu el. Deși nu îl mai alimentați cu energie prin identificare, i-a mai rămas un impuls, o inerție, ca în cazul titirezului ce continuă să se învârtă, deși nu mai este acționat de nimic. În acest stadiu, el poate crea dureri în diferite părți ale corpului, dar acestea nu vor dura. Rămâneți prezent, rămâneți conștient. Fiți paznicul mereu vigilent al spațiului interior. Trebuie să fiți suficient de prezent încât să puteți urmări corpul-durere și să îi simțiți energia. Atunci el nu vă va mai putea controla gândirea. În momentul în care gândirea dvs. se aliniază cu câmpul energetic al corpului-durere, deja v-ați identificat cu el și îl alimentați din nou cu propriile gânduri.

De exemplu, dacă furia este vibrația energetică predominantă a corpului-durere și nutriți gânduri pline de furie, stăruind cu mintea la ceea ce v-a făcut cineva sau la ceea ce îi veți face dvs. lui sau ei, v-ați lăsat pradă inconștienței, iar corpul-durere a devenit „dumneavoastră" înșivă. Acolo unde există furie întotdeauna este și durere dedesubt. Sau atunci când simțiți că vă cuprinde o dispoziție tristă și începeți să activați un tipar de gândire negativ, spunându-vă singur cât de oribilă este viața, gândirea dvs. s-a aliniat cu corpul-durere, ați intrat în starea de inconștiență și vulnerabilitate la atacul corpului-durere. În sensul în care îl folosesc eu aici, a fi „inconştient" înseamnă a te identifica unui anumit tipar mental sau emoţional. Implică absenţa dvs. completă ca observator.

Atenţia conştientă şi susţinută rupe legătura dintre corpul-durere şi procesele gândirii, duce la apariţia procesului de transmutare. Este ca şi cum durerea ar deveni combustibilul flăcării conştiinţei dvs., care începe să ardă astfel mai puternic. Acesta este înţelesul ezoteric al vechii arte a alchimiei: transmutarea metalului obişnuit în aur sau a suferinţei în conştiinţă. Ruptura interioară se vindecă şi deveniţi din nou unitar. Din acel moment, responsabilitatea dvs. este să nu mai creaţi durere.

Să rezumăm acum acest proces. Concentraţi-vă atenţia asupra sentimentului interior. Recunoaşteţi corpul-durere. Acceptaţi că se află acolo. Nu vă *gândiţi* la el — nu lăsaţi sentimentul să se transforme în gândire. Nu îl judecaţi şi nu îl analizaţi. Nu faceţi din el o identitate proprie. Rămâneţi prezent şi continuaţi să fiţi observatorul lucrurilor care se petrec în interiorul dvs. Conştientizaţi nu numai durerea emoţională, ci şi pe dvs. ca „persoana care observă", observatorul tăcut. Aceasta este puterea clipei de Acum, puterea prezenţei conştiente. Urmăriţi ce se întâmplă în continuare.

Pentru multe femei, corpul-durere se trezeşte mai ales înainte de perioada ciclului menstrual. Despre acest lucru şi despre cauzele sale voi vorbi mai mult ceva mai târziu. Acum aş vrea să vă spun numai atât: dacă puteţi rămâne atentă şi prezentă în acest timp şi dacă puteţi *observa* ceea ce simţiţi, în loc să vă lăsaţi dominată de eveniment, veţi avea ocazia să faceţi cel mai intens exerciţiu spiritual şi veţi putea să vă transmutaţi rapid toată durerea pe care aţi simţit-o în trecut.

Identificarea sinelui fals cu corpul-durere

Procesul pe care tocmai l-am descris este extrem de puternic şi în acelaşi timp foarte simplu. Îi poate fi explicat şi unui copil şi să sperăm că într-o zi va fi printre primele lucruri ce vor fi predate la şcoală. Odată ce aţi înţeles principiile de bază ale prezenţei dvs. ca observator al evenimentelor interioare — şi le-aţi „înţeles" trăindu-le — aveţi la dispoziţie cel mai puternic instrument de transformare.

Nu neg că v-aţi putea confrunta cu o rezistenţă interioară intensă în procesul de renunţare la identificarea cu durerea. Se va întâmpla astfel mai ales dacă, în cea mai mare parte a vieţii dvs., aţi trăit în strânsă identificare cu corpul-durere emoţional şi dacă întregul sentiment de sine sau mare parte din el este investit în acesta. Asta înseamnă că v-aţi construit un sine nefericit din corpul-durere şi credeţi că dvs. sunteţi această ficţiune construită de minte. În acest caz, frica inconştientă că vă veţi pierde identitatea va crea o rezistenţă puternică la orice tentativă de anulare a identificării. Cu alte cuvinte, preferaţi mai curând să suferiţi — să *fiţi* corpul-durere — decât să faceţi un salt în necunoscut şi să riscaţi să pierdeţi familiarul sine nefericit.

Dacă acest lucru este adevărat în ceea ce vă priveşte, observaţi-vă rezistenţa. Observaţi ataşamentul faţă de propria durere. Fiţi foarte atent. Observaţi plăcerea ciudată pe care o simţiţi în urma faptului că sunteţi nefericit. Observaţi impulsul de a vorbi despre acest lucru sau de a vă gândi la el. Rezistenţa va înceta dacă o veţi conştientiza. Atunci veţi putea să vă îndreptaţi atenţia asupra corpului-durere, rămânând prezent ca martor şi iniţiind astfel transmutarea.

Numai *dvs.* puteţi face acest lucru. Nimeni nu-l poate face *în locul* dvs. Dar dacă aveţi norocul să întâlniţi o persoană intens conştientă, dacă puteţi fi alături de ea şi să o urmaţi în starea de prezenţă, acest lucru poate fi salutar şi poate accelera procesul. Astfel, lumina dvs. va deveni cu repeziciune mai puternică. Când un buştean care abia a început să ardă este pus lângă unul care arde puternic şi după un timp este separat din nou, el va arde mult mai intens. La urma urmei, este acelaşi foc. A fi un astfel de foc este una dintre funcţiile unui maestru spiritual. Unii terapeuţi s-ar putea să fie şi ei capabili să îndeplinească această funcţie, dacă au depăşit nivelul identificării cu mintea, putând crea şi susţine o stare de prezenţă conştientă intensă în timp ce lucrează cu dvs.

Originea fricii

Aţi spus că frica face parte din durerea noastră emoţională fundamentală. Cum apare frica şi de ce are o pondere atât de mare în vieţile oamenilor? Oare o anumită cantitate de frică nu ajută la autoapărare? Dacă nu m-aş teme de foc, aş putea să bag mâna în el şi să mă ard.

Nu frica este motivul pentru care nu vă băgaţi mâna în foc, ci faptul că ştiţi că vă veţi arde. Nu aveţi nevoie de frică pentru a evita pericolele întâmplătoare — ci doar de un minim de inteligenţă şi bun-simţ. Pentru asemenea chestiuni practice, este utilă aplicarea lecţiilor învăţate în trecut. Dacă cineva vă *ameninţă* cu focul sau cu violenţa fizică, aţi putea avea un sentiment asemănător cu frica. Aceasta este o retragere instinctivă din faţa pericolului, dar nu este acelaşi lucru cu starea psihologică de frică despre care vorbim aici. Starea psihologică de frică este independentă de orice pericol concret şi imediat. Ea îmbracă multe forme: disconfort, grijă, anxietate, nervozitate, tensiune, groază, fobie ş.a.m.d. Acest tip de frică psihologică este legat întotdeauna de ceea ce *s-ar putea* întâmpla, nu se referă la un lucru care se întâmplă acum. *Dvs.* trăiţi aici şi acum, în timp ce mintea dvs. se află în viitor. Aceasta creează o prăpastie de anxietate. Şi dacă v-aţi identificat cu mintea şi aţi pierdut contactul cu puterea şi simplitatea clipei de Acum, prăpastia anxietăţii vă va însoţi constant. Puteţi oricând să faceţi faţă momentului prezent, dar nu puteţi face faţă unui lucru care este doar o proiecţie a minţii — nu puteţi face faţă viitorului.

Mai mult, atâta timp cât vă identificaţi cu mintea dvs., viaţa vă este condusă de sinele fals, aşa cum am arătat mai devreme. Ca urmare a naturii sale iluzorii şi în ciuda elaboratelor sale mecanisme de apărare, sinele fals este foarte vulnerabil şi nesigur şi se consideră ameninţat în mod constant. Lucrurile stau astfel chiar dacă, privit din exterior, sinele fals este foarte încrezător. Amintiţi-vă că o emoţie este reacţia corpului la activitatea minţii dvs. Ce mesaj primeşte în mod constant corpul de la sinele fals, construit de minte? „Pericol, sunt ameninţat." Şi care este emoţia generată de acest mesaj continuu? Frica, desigur.

Frica pare să aibă multe cauze. Frica de pierdere, frica de eşec, frica de a fi rănit etc., dar, în ultimă instanţă, toate fricile reprezintă frica de moarte, de anihilare a sinelui fals. Pentru sinele fals, moartea pândeşte întotdeauna după colţ. În această stare de identificare cu mintea, frica de moarte afectează fiecare aspect al vieţii dvs. De exemplu, chiar şi un lucru aparent obişnuit şi „normal", ca nevoia instinctivă de a avea dreptate într-o discuţie şi de a-i dovedi celuilalt că greşeşte — apărând în felul acesta poziţia mentală cu care v-aţi identificat — este urmare a fricii de moarte. Atunci când vă identificaţi cu o poziţie mentală şi greşiţi, sentimentul de identitate bazat pe gândire este serios ameninţat cu anihilarea. Aşa că dvs., ca sine fals, nu vă puteţi permite să greşiţi. A greşi înseamnă a muri. Din cauza acestui lucru s-au purtat războaie şi au fost distruse nenumărate relaţii.

Odată ce aţi scăpat de identificarea cu mintea, pentru sentimentul dvs. de identitate nu mai are nicio importanţă dacă aveţi dreptate sau nu; astfel, nevoia compulsivă şi profund inconştientă de a avea dreptate, care este o formă de violenţă, nu va mai exista. Puteţi afirma clar şi ferm ce simţiţi sau gândiţi, fără a mai fi agresiv sau mânat de sentimente defensive în legătură cu aceste lucruri. Sentimentul de identitate va deriva dintr-un loc mult mai profund şi mai autentic, din interiorul dvs., nu din minte. Urmăriţi apariţia oricărui fel de sentiment defensiv. Ce apărați? O identitate iluzorie, o imagine din mintea dvs., o entitate fictivă. Conștientizând acest tipar, observându-l, veți anula identificarea cu el. În lumina conștiinței dvs., tiparul inconștient se va dizolva rapid. Acesta este sfârșitul tuturor conflictelor și al jocurilor de putere, care sunt atât de corozive pentru relații. Puterea asupra altora este de fapt slăbiciune deghizată în putere. Adevărata putere se află în interior și vă este acum disponibilă.

Așa că orice persoană care s-a identificat cu mintea sa și, din acest motiv, este deconectată de la puterea sa adevărată, de la sinele său profund, înrădăcinat în Ființă, va avea ca tovarăș constant frica. Numărul persoanelor care au depășit identificarea cu mintea este extrem de mic, așa că puteți presupune că aproape orice persoană cu care vă întâlniți pe stradă sau pe care o cunoașteți trăiește într-o stare de frică. Numai intensitatea ei variază. Această stare fluctuează între anxietate și groază la un capăt al scalei și o senzație vagă de neplăcere și sentimentul unui pericol îndepărtat la celălalt. Cei mai mulți oameni devin conștienți de ea numai atunci când trec printr-o stare mai intensă.

Încercarea sinelui fals de a atinge starea de împlinire

Un alt aspect al durerii emoționale, care este o parte intrinsecă a minții conduse de sinele fals, îl reprezintă un profund sentiment de lipsă sau de neîmplinire, de a nu fi întreg. La unii oameni, acesta este conștient, la alții este inconștient. Dacă este conștient, forma sa de manifestare o reprezintă sentimentul neliniștitor și constant al lipsei de valoare proprie sau acela că nu ești suficient de bun. Dacă este inconștient, va fi resimțit numai indirect, ca o dorință, o nevoie, o cerință intensă. În orice caz, oamenii se înscriu deseori în granițele unei nevoi compulsive de gratificare a sinelui fals și caută lucruri cu care să se identifice pentru a putea umple acest gol pe care îl simt în ei înșiși. Așa că se luptă să acumuleze posesiuni, bani, succes, putere, recunoaştere sau o relaţie specială, în primul rând pentru a se putea simţi mai bine cu ei înşişi, pentru a se simţi mai compleţi. Dar, chiar şi atunci când obţin toate aceste lucruri, ei constată curând că golul continuă să existe şi este fără margini. Atunci se simt într-adevăr în pericol, pentru că nu se mai pot minţi. Sau pot şi chiar continuă să se mintă, dar le este mult mai greu.

Atâta timp cât mintea dominată de sinele fals vă conduce viaţa, nu vă puteţi simţi cu adevărat bine; nu vă puteţi simţi împăcat sau împlinit, cu excepţia unor intervale foarte scurte, în care obţineţi ceea ce v-aţi dorit, când o dorinţă tocmai a fost împlinită. Deoarece sinele fals este un sentiment derivat al identităţii, el are nevoie să se identifice cu lucruri externe. Are nevoie să fie atât apărat, cât şi alimentat constant. Sinele fals se identifică cel mai des cu posesiunile, cu ocupaţia, cu statutul şi recunoaşterea socială, cu educaţia şi cunoştinţele, cu aspectul fizic, cu aptitudinile speciale, cu relaţiile, cu istoria de viaţă personală sau a familiei, cu sisteme de credinţe şi apelează deseori la identificări politice, naţionaliste, rasiste, religioase şi alte identificări colective. Niciuna dintre acestea nu sunteţi dvs.

Găsiţi că este înspăimântător? Sau este o eliberare să ştiţi acest lucru? Mai devreme sau mai târziu, va trebui să renunţaţi la toate aceste lucruri. Poate că acum vă vine greu să credeţi şi, bineînţeles, nu vă cer să *credeţi* că nu vă puteţi regăsi identitatea în nimic din toate acestea. Veţi *afla* singur adevărul. Îl veţi afla cel mai târziu în momentul în care veţi simţi că se apropie moartea. Moartea ia tot ceea ce nu sunteţi dvs. Secretul vieţii este să „mori înainte de a muri“ — şi să descoperi că nu există moarte.

CAPITOLUL III

Să pătrundem mai adânc în clipa de Acum

Nu vă căutaţi sinele în minte

Simt că mai am multe lucruri de aflat despre felul în care funcţionează mintea mea, înainte de a putea să mă apropii măcar de conştiinţa deplină sau de iluminarea spirituală.

Nu, nu este aşa. Problemele minţii nu pot fi rezolvate la nivelul minţii. După ce aţi înţeles principala disfuncţie, nu mai aveţi nevoie să înţelegeţi sau să aflaţi prea multe. Studiul complexităţii minţii vă poate transforma într-un bun psiholog, dar nu vă va duce mai departe de nivelul mental, aşa cum studiul nebuniei nu este suficient pentru a aduce sănătatea mintală. Aţi înţeles deja mecanismele de bază ale stării de inconştienţă: identificarea cu mintea, fapt ce creează un sine fals, ca substitut al sinelui dvs. adevărat, înrădăcinat în Fiinţă. Deveniţi „o mlădiţă din vie“ [v. *Ioan* 15, 1], după cum a spus Isus.

Nevoile sinelui fals sunt fără sfârşit. Ea se simte vulnerabilă şi ameninţată, aşa că trăieşte constant într-o stare de frică şi dorinţă. După ce aţi aflat cum operează disfuncţia principală, nu mai aveţi nevoie să exploraţi nenumăratele sale manifestări, nu este nevoie să le transformaţi într-o complexă problemă personală. Desigur, sinele fals adoră să facă acest lucru. El este mereu în căutarea unui lucru de care să se ataşeze pentru a-şi menţine şi întări sentimentul iluzoriu de identitate şi se va ataşa imediat de problemele dvs. Acesta este motivul pentru care, în cazul atâtor oameni, mare parte din sentimentul lor de identitate este strâns legat de propriile probleme. După ce aceasta s-a întâmplat, ultimul lucru pe care ei şi l-ar dori ar fi să se elibereze; ar însemna să-şi piardă sinele. Sinele fals se poate investi într-o măsură foarte mare în durere şi suferinţă.

Odată ce aţi recunoscut că la baza stării de inconştienţă stă identificarea cu mintea, stare care, desigur, include şi emoţiile, ieşiţi din ea. Deveniţi *prezent*. Când sunteţi prezent, îi puteţi permite minţii să fie aşa cum este fără să vă împotmoliţi în ea. Mintea în sine nu este disfuncţională. Este un instrument minunat. Disfuncţiile apar atunci când vă căutaţi pe dvs. înşivă în ea şi consideraţi în mod greşit că dvs. sunteţi totuna cu mintea dvs. Ea devine atunci o minte condusă de sinele fals şi pune stăpânire pe întreaga dvs. viaţă.

Puneţi capăt iluziei timpului

Pare aproape imposibil să scăpăm de identificarea cu mintea. Toţi suntem afundaţi în ea. Cum înveţi un peşte să zboare?

Iată care este cheia: puneţi capăt iluziei timpului. Timpul şi mintea sunt inseparabile. Eliminaţi timpul, şi mintea se opreşte — dacă nu alegeţi cumva să o puneţi la treabă.

A te identifica cu propria minte înseamnă a fi prins în timp: impulsul de a trăi aproape exclusiv prin memorie şi anticipare. Aceasta creează o preocupare continuă pentru trecut şi viitor — gândul la recunoaşterea momentului prezent şi la *a-i îngădui să existe* trezeşte neplăcerea. Impulsul apare pentru că trecutul vă conferă o identitate, iar viitorul menţine promisiunea salvării, a împlinirii sub orice formă. Amândouă sunt iluzii.

Dar cum am mai funcţiona în această lume dacă am fi lipsiţi de simţul timpului? Nu ar mai exista scopuri pe care să ne străduim să le atingem. Nu am mai şti cine suntem, pentru că trecutul face din noi ceea ce suntem azi. Cred că timpul este ceva foarte prețios și trebuie să învățăm să-l folosim cu inteligență, în loc să-l risipim.

Timpul nu este deloc prețios, pentru că este o iluzie. Ceea ce percepeți ca prețios nu este timpul, ci singurul moment existent în afara sa: clipa de Acum. Ea este într-adevăr prețioasă. Cu cât sunteți mai concentrat asupra timpului — trecut și viitor —, cu atât pierdeți mai mult din vedere clipa de Acum, cel mai prețios lucru care există.

De ce este cel mai prețios lucru? În primul rând, pentru că este *singurul* care există. Este tot ceea ce există. Eternul prezent este spațiul în care se derulează viața dvs., singurul factor care rămâne constant. Viața este acum. Nu a existat niciodată vreun timp în care viața dvs. să *nu fie* acum și nici nu se va întâmpla vreodată. În al doilea rând, clipa de Acum este singurul punct care vă poate duce dincolo de granițele limitate ale minții. Este singurul punct de acces în lumea lipsită de timp și de formă a Ființei.

Nimic nu există în afara clipei de Acum

Trecutul și viitorul nu sunt la fel de reale, uneori chiar mai reale decât prezentul? La urma urmei, trecutul determină felul nostru de a fi și modul în care ne percepem și ne comportăm în prezent. Iar obiectivele noastre viitoare determină acțiunile pe care le întreprindem în prezent.

Nu ați înțeles încă pe deplin esența lucrurilor pe care vi le-am explicat pentru că încercați să le înțelegeți mental. Mintea nu poate înțelege acest lucru, numai *dvs.* puteți. Vă rog, ascultați-mă.

A existat vreodată un moment când ați trăit, făcut, gândit sau simțit vreun lucru în afara clipei de Acum? Credeți că se va întâmpla vreodată? Este posibil ca un lucru să se întâmple sau să *existe* în afara clipei de Acum? Răspunsul este evident, nu-i așa?

Nimic nu s-a întâmplat vreodată în trecut; toate se întâmplă în clipa de Acum.

Nimic nu se va întâmpla vreodată în viitor; totul se întâmplă în clipa de Acum.

Ceea ce considerați trecut este, de fapt, o amprentă de memorie, înmagazinată în minte, a unei Clipe de acum mai vechi. Când vă amintiți trecutul, reactivați această amprentă — tot în prezent. Viitorul este o clipă de Acum imaginată, o proiecție a minții. Când apare, apare sub forma clipei de Acum. Când vă gândiți la viitor, faceți aceasta tot în clipa de Acum. Evident, trecutul și viitorul nu au realitate proprie. Așa cum Luna nu are o lumină proprie și poate doar să reflecte lumina Soarelui, tot așa trecutul și viitorul sunt doar palide reflexii ale luminii, ale puterii și ale realității prezentului etern. Ele își împrumută realitatea de la clipa de Acum.

Esența cuvintelor mele nu poate fi înțeleasă de minte. În momentul înțelegerii, în conștiință se produce o trecere de la minte la Ființă, de la timp la prezență. Brusc, totul vi se pare viu, radiază energie, emană prezența Ființei.

Cheia dimensiunii spirituale

În situațiile în care viața ne este amenințată și avem nevoie de o reacție rapidă, trecerea de la timp la prezență se produce uneori de la sine. Personalitatea, care are un trecut și un viitor, dispare momentan și este înlocuită de o intensă prezență conştientă, foarte liniştită, dar în acelaşi timp foarte vigilentă. Răspunsul de care este nevoie vine din această stare de conştiinţă.

Motivul pentru care unii oameni adoră activităţile periculoase, cum ar fi escaladarea munţilor, cursele de maşini etc., deşi poate nu îl conştientizează, este acela că îi forţează să stăruie în clipa de Acum — în starea de trăire intensă care este eliberată de timp, de probleme, de gânduri, de povara personalităţii. Părăsirea prezentului, chiar şi pentru o secundă, poate însemna moarte. Din nefericire, aceşti oameni ajung dependenţi de o anumită activitate pentru atingerea stării respective. Dar dvs. nu trebuie să escaladaţi versantul nordic al Eigerului pentru asta. Puteţi intra în această stare chiar acum.

§

Din timpuri străvechi, maeştrii spirituali din toate tradiţiile au arătat că această clipă de Acum este cheia dimensiunii spirituale. Cu toate acestea, se pare că ea a rămas un secret. În mod sigur, acest lucru nu este afirmat în temple sau biserici. Dacă intraţi într-o biserică, veţi auzi poate citate din Evanghelii, ca „Nu vă îngrijiţi de ziua de mâine“ şi „Cel ce se apucă de arat şi *se uită peste umăr* nu este potrivit să intre în Împărăţia Cerurilor“. Sau poate că veţi auzi versetul despre florile câmpului care nu îşi fac griji pentru ziua de mâine, ci trăiesc lejer în clipa de Acum atemporală, Dumnezeu dându-le totul din plin. Profunzimea şi natura radicală a acestor învăţături nu este recunoscută. Nimeni nu pare să-şi dea seama că ele sunt făcute pentru a fi trăite şi pentru a aduce o profundă transformare interioară.

§

Toată esenţa filozofiei Zen se reduce la a te menţine mereu pe muchia de cuţit a clipei de Acum — la a fi atât de complet, atât de profund *prezent,* încât nicio problemă, nicio suferinţă, nimic din ceea ce nu *sunteți dvs. înșivă* să nu continue să supravieţuiască în dvs. În clipa de Acum, în absenţa timpului, toate problemele dvs. se dizolvă. Suferinţa are nevoie de timp; ea nu poate supravieţui în clipa de Acum.

Marele maestru Zen, Rinzai, pentru a le distrage elevilor săi atenţia de la timp, ridica deseori degetul şi întreba: „Ce ne lipseşte în acest moment?“ O întrebare profundă, care nu solicită un răspuns mental. Este făcută să vă aducă atenţia şi mai profund în clipa de Acum. O întrebare similară din tradiţia Zen este: „Dacă nu acum, atunci când?“

§

Clipa de Acum este centrală şi în învăţăturile sufite, ramura mistică a Islamului. Sufiţii au un proverb: „Credinciosul sufit este fiul timpului prezent.“ Iar Rumi, marele poet şi maestru al sufismului, declara: „Trecutul şi viitorul îl iau pe Dumnezeu din faţa ochilor noştri, ardeţi-le în foc pe amândouă.“

Meister Eckhart, marele maestru spiritual din secolul al XIII-lea, a rezumat foarte frumos toate acestea: „Timpul este cel care împiedică lumina să ajungă la noi. Nu există obstacol mai mare în calea către Dumnezeu decât timpul.“

§

Cum ajungem la puterea clipei de Acum

Acum un moment, când aţi vorbit despre prezentul etern şi despre irealitatea trecutului şi a viitorului, m-am surprins uitându-mă la copacul care se vedea pe geam. Mă mai uitasem la el de câteva ori şi mai înainte, dar acum a fost ceva diferit. Percepţia externă nu s-a schimbat prea mult, numai culorile păreau mai vii şi mai vibrante. Dar acum avea o dimensiune în plus. Este greu de explicat. Nu ştiu cum am făcut, dar am ajuns să fiu conştient de ceva invizibil, pe care îl simţeam drept esenţa acestui copac, spiritul său interior, dacă vreţi. Şi într-un fel făceam parte din acest lucru. Acum îmi dau seama că mai înainte nu văzusem cu adevărat copacul, ci numai o imagine plată şi moartă a lui. Când mă uit acum la copac, o parte din acea conştiinţă este încă prezentă, dar simt că începe să-mi scape. Vedeţi, experienţa se retrage deja în trecut. Este posibil ca un astfel de moment să fie vreodată mai mult decât o străfulgerare?

V-aţi eliberat de timp pentru un moment. Aţi trecut în clipa de Acum şi astfel aţi perceput copacul fără ecranul minţii. Conştiinţa Fiinţei a devenit parte din percepţia dvs. Odată cu dimensiunea atemporală vine şi un alt fel de cunoaştere, o cunoaştere care nu „omoară" spiritul, care trăieşte în fiecare fiinţă şi în fiecare lucru. O cunoaştere care nu distruge sacralitatea şi misterul vieţii, ci conţine o iubire şi un respect profunde pentru tot ceea ce *există*. O cunoaştere despre care mintea nu ştie nimic.

Mintea nu poate cunoaşte copacul. Poate cunoaşte numai fapte sau informaţii *despre* el. Mintea mea nu vă poate cunoaște pe *dvs.*, ci conține doar etichete, judecăți, fapte și opinii *despre* dvs. Numai Ființa poate cunoaște direct.

Există un loc pentru minte și cunoștințele ei. Este lumea practică a vieții de zi cu zi. Totuși, atunci când ajunge să stăpânească peste toate aspectele vieții dvs., inclusiv relațiile pe care le aveți cu alte persoane și cu natura, se transformă într-un parazit monstruos, care, necontrolat, poate foarte bine să distrugă toată viața de pe planetă, iar în final și pe sine, distrugându-și gazda.

Ați întrevăzut pentru o clipă felul în care atemporalitatea vă poate transforma percepțiile. Dar o singură experiență nu este suficientă, indiferent cât a fost ea de frumoasă sau de profundă. De ceea ce avem nevoie și încercăm acum să obținem este o schimbare de conștiință permanentă.

Așa că anulați vechiul tipar de negare și rezistență față de momentul prezent. Obișnuiți-vă să vă retrageți atenția din trecut și viitor ori de câte ori nu vă sunt de folos. Ieșiți din dimensiunea temporală cât de mult puteți în fiecare zi. Dacă vi se pare greu să intrați direct în clipa de Acum, începeți cu observarea tendinței obișnuite a minții de a dori să evadeze din clipa de Acum. Veți observa că viitorul este imaginat, de obicei, ca fiind mai bun sau mai rău decât prezentul. Dacă viitorul imaginat este mai bun, el vă oferă o speranță sau o anticipare plăcută. Dacă este mai rău, creează anxietate. Ambele sunt iluzorii. Prin autoobservare, veți fi automat mai *prezent* în viața dvs. În momentul în care vă dați seama că nu sunteți prezent, ați *devenit* prezent. De câte ori sunteți capabil să vă observați mintea înseamnă că nu mai sunteți prins în capcana ei. A intervenit un alt factor, un lucru care nu aparține minții: prezența dvs. ca observator.

Fiți prezent ca observator al propriei minți — al gândurilor, al emoțiilor și al reacțiilor dvs. în diferite situații. Fiți cel puțin la fel de interesat de reacțiile dvs. pe cât sunteți de persoana sau situația care le-a produs. Observați de asemenea cât de des vi se îndreaptă atenția spre trecut sau spre viitor. Nu criticați și nu analizați ceea ce observați. Urmăriți gândul, simțiți emoția, observați reacția. Nu faceți din ele o problemă personală. Și atunci veți simți ceva mai puternic decât toate aceste lucruri pe care le observați: însăși prezența liniștită, care observă, în spatele conținuturilor minții, observatorul tăcut.

§

O prezență intensă este necesară atunci când anumite situații declanșează o reacție cu o puternică încărcătură emoțională, de exemplu, atunci când imaginea de sine vă este amenințată, atunci când în viața dvs. apare o provocare ce declanșează frica, atunci când „lucrurile merg prost" sau când este reactivat un complex emoțional din trecut. În aceste momente, există tendința de a deveni „inconștient". Reacția sau emoția pune stăpânire pe dvs. — deveniți una cu ea. O puneți în practică. Vă justificați, îi arătați celuilalt că greșește, atacați, vă apărați... numai că această ființă nu sunteți dvs., ci tiparul de reacție, mintea în modul ei obișnuit de supraviețuire.

Identificarea cu mintea îi conferă acesteia mai multă energie; observarea îi retrage minții energia. Identificarea cu mintea creează mai mult timp; observarea minții deschide dimensiunea atemporalității. Energia care îi este retrasă minții se transformă în prezență. După ce ați simțit ce înseamnă a fi prezent, devine mult mai ușor să alegeți pur și simplu să ieșiți din dimensiunea temporală ori de câte ori nu aveți nevoie de timp în scopuri practice și să pătrundeți mai adânc în clipa de Acum. Acest lucru nu vă afectează capacitatea de a vă folosi de timp — de trecut sau de viitor — atunci când aveți nevoie să-l utilizați în chestiuni practice. Și nu vă afectează nici capacitatea de a vă folosi mintea. De fapt, chiar o amplifică. Când o veți folosi, mintea va fi mai rapidă, mai concentrată.

Renunţarea la timpul psihologic

Învăţaţi să folosiţi timpul pentru aspectele practice ale vieţii — putem numi acest interval „timp cronologic“ —, dar imediat ce aţi rezolvat problemele practice reveniţi la conştiinţa prezentului. În acest fel, nu veţi acumula un „timp psihologic“, care este identificarea cu trecutul şi proiecţia compulsivă în viitor.

Timpul cronologic nu înseamnă numai a stabili o întâlnire sau a planifica o excursie. El include şi a învăţa din trecut pentru a nu repeta aceleaşi greşeli la nesfârşit; stabilirea obiectivelor şi efortul de a le duce la îndeplinire; predicţiile legate de viitor, prin intermediul tiparelor şi al legilor fizice, matematice ş.a.m.d., învăţate din trecut, şi abordarea unor căi adecvate de acţiune în baza predicţiilor noastre.

Dar chiar şi aici, în sfera vieţii practice, în care nu ne putem descurca fără să recurgem la trecut sau la viitor, momentul prezent rămâne factorul esenţial: orice lecţie din trecut devine relevantă şi se aplică *acum*. Orice planificare şi orice efort de a atinge un anumit scop au loc acum.

În cazul unei persoane ce a atins iluminarea, concentrarea atenţiei se identifică întotdeauna cu clipa de Acum, deşi ea are încă o conştiinţă periferică a timpului. Cu alte cuvinte, ea continuă să folosească timpul cronologic, dar este eliberată de timpul psihologic.

Când exersaţi aceasta, fiţi atent să nu transformaţi timpul cronologic în timp psihologic fără să vă daţi seama. De exemplu, dacă în trecut aţi făcut o greşeală şi acum aţi învăţat din ea, folosiţi timpul cronologic. Pe de altă parte, în cazul în care continuaţi să vă gândiţi la ea şi să vă criticaţi, să aveţi remuşcări sau un sentiment de vinovăţie, atunci faceţi din nou greşeala de a transforma incidentul într-un aspect „propriu şi personal“: faceţi din el o parte a sentimentului de sine şi îl transformaţi în timp psihologic, care este întotdeauna legat de un fals sentiment de identitate. Refuzul de a ierta implică în mod necesar greaua povară a timpului psihologic.

Dacă vă stabiliţi un obiectiv şi încercaţi să îl atingeţi, folosiţi timpul cronologic. Ştiţi unde doriţi să ajungeţi, dar respectaţi şi acordaţi cea mai mare atenţie pasului pe care îl faceţi în momentul prezent. Dacă vă concentraţi excesiv asupra scopului, poate pentru că încercaţi să obţineţi prin el fericirea, împlinirea sau un sentiment mai complet de identitate, clipa de Acum nu mai este respectată. Este redusă la o simplă treaptă spre viitor, lipsită de valoare intrinsecă. Timpul cronologic se transformă atunci în timp psihologic. Călătoria vieţii dvs. nu mai este o aventură, devine o nevoie obsesivă de a obţine, de a atinge, de a „reuşi". Nu mai reuşiţi să vedeţi şi să mirosiţi florile de la marginea drumului şi nici nu mai sunteţi conştient de frumuseţea şi miracolul vieţii care se desfăşoară în jurul dvs. decât atunci când sunteţi prezent în clipa de Acum.

Înţeleg suprema importanţă a clipei de Acum, dar nu pot să fiu pe deplin de acord cu dvs. când spuneţi că timpul este în totalitate o iluzie.

Când spun că „timpul este o iluzie", nu intenţionez să exprim un adevăr filozofic. Vă amintesc pur şi simplu un fapt — un fapt atât de evident, încât s-ar putea să vă fie greu să îl înţelegeţi, să vi se pară lipsit de sens, dar odată înţeles complet, acesta poate tăia cu repeziciunea unei săbii prin hăţişul straturilor de complexităţi şi „probleme" create de minte. Daţi-mi voie să repet: prezentul este tot ce veţi avea vreodată. Nu va exista niciodată un moment în care viaţa dvs. să nu fie „acest moment". Nu este o realitate?

Nebunia timpului psihologic

Nu veţi mai avea nicio îndoială asupra faptului că timpul psihologic este o boală mentală dacă îi veţi observa manifestările colective. Ele apar, de exemplu, sub forma ideologiilor, ca naţional-socialismul, comunismul — sau orice fel de naţionalism — ori ca sistemele religioase rigide, ce funcţionează bazându-se pe presupunerea implicită că binele cel mai mare se află în viitor şi, prin urmare, scopul atingerii lui justifică mijloacele. Scopul este o idee, un punct în proiecţia mentală a viitorului, în care salvarea, indiferent sub ce formă ar fi prezentată — fericire, împlinire, egalitate, eliberare etc. — va fi atinsă. De multe ori, mijloacele de a obţine aceste lucruri implică înrobirea, torturarea şi omorârea oamenilor în prezent.

De exemplu, se estimează că au fost omorâţi circa 50 de milioane de oameni pentru progresul cauzei comunismului, pentru construirea unei „lumi mai bune“ în Rusia, China şi alte ţări comuniste. Este un exemplu cutremurător despre felul în care credinţa într-un rai viitor creează un iad în prezent. Mai poate exista vreo îndoială că timpul psihologic este o boală mentală gravă şi periculoasă?

Cum funcţionează acest tipar mental în viaţa *dvs.*? Încercaţi mereu să ajungeţi în alt loc decât cel în care vă aflaţi? Cea mai mare parte a *acţiunilor* dvs. sunt doar mijloace pentru atingerea unui scop? Satisfacţia se află întotdeauna după colţ sau este redusă la scurte momente de plăcere, ca sexul, mâncarea, băutura, drogurile sau fiorii de frică ori entuziasm? Vă concentraţi mereu să deveniţi, să realizaţi şi să atingeţi diverse ţeluri, alergaţi mereu după emoţii şi plăceri noi? Credeţi că dacă adunaţi mai multe lucruri veţi fi mai împlinit, mai bun sau mai întregit din punct de vedere psihologic? Aşteptaţi un bărbat sau o femeie care să dea un sens vieţii dvs.?

În starea de conştiinţă normală, de identificare cu mintea sau starea de neiluminare, puterea şi potenţialul creator infinit care stau ascunse în clipa de Acum sunt camuflate în totalitate de timpul psihologic. În aceste condiţii, viaţa dvs. îşi pierde capacitatea de a vibra, prospeţimea, sentimentul de uimire şi extaz. Vechile tipare de gândire, de emoţie, de comportament, de reacţie şi de dorinţă sunt aplicate în performanţe ce repetă la nesfârşit un scenariu din mintea dvs., care vă conferă un fel de identitate, dar deformează sau ascunde realitatea prezentă. Atunci mintea creează o obsesie a viitorului pentru a evada dintr-un prezent nesatisfăcător.

Negativismul şi suferinţa îşi au rădăcinile în timpul psihologic

Dar credinţa că viitorul va fi mai bun decât prezentul nu este întotdeauna o iluzie. Prezentul poate fi oribil, iar lucrurile pot deveni mai bune în viitor şi deseori aşa se şi întâmplă.

De obicei, viitorul este o replică a trecutului. Sunt posibile schimbări superficiale, dar transformările *reale* sunt rare şi depind de capacitatea dvs. de a fi suficient de prezent pentru a dizolva trecutul cu ajutorul puterii clipei de Acum. Ceea ce percepeţi ca viitor este o parte intrinsecă a stării prezente de conştiinţă. Dacă mintea dvs. este foarte împovărată de trecut, veţi trăi aceleaşi lucruri. Trecutul însuşi se perpetuează prin lipsa prezenţei. Calitatea conştiinţei dvs. în acest moment este ceea ce dă formă viitorului — care, desigur, nu poate fi trăit decât în clipa de Acum.

Puteţi câştiga 10 milioane de dolari fără ca schimbarea adusă de acest fapt să fie mai puţin superficială. Aţi continua pur şi simplu să aplicaţi aceleaşi tipare condiţionate, într-un cadru mai luxos. Oamenii au învăţat să dividă atomul. În loc să omoare 10 sau 20 de persoane cu o bâtă de lemn, acum o persoană poate omorî un milion de indivizi doar printr-o apăsare pe buton. Este aceasta o schimbare *autentică*?

Dacă numai calitatea conştiinţei dvs. în acest moment determină viitorul, atunci ce anume determină calitatea conştiinţei dvs.? Gradul prezenţei dvs. Deci, singurul loc unde este posibilă apariţia unei schimbări autentice şi unde trecutul poate fi dizolvat este clipa de Acum.

§

Toate atitudinile negative sunt produse de o acumulare a timpului psihologic şi o negare a prezentului. Disconfortul, anxietatea, tensiunea, stresul, grijile — toate formele de frică — sunt produse de abundenţa viitorului şi de insuficienţa trăirii prezentului. Vinovăţia, regretul, resentimentele, suferinţele, tristeţea, amărăciunea şi toate formele de lipsă a iertării sunt produse de abundenţa trecutului şi de insuficienţa prezenţei.

Cei mai mulţi oameni descoperă că le este greu să creadă în posibilitatea unei stări de conştiinţă complet eliberate de orice formă de negativism. Şi cu toate acestea, tocmai ea este starea de eliberare despre care ne vorbesc toate învăţăturile spirituale. Este promisiunea salvării, nu într-un viitor iluzoriu, ci chiar acum şi aici.

Poate că vă va fi greu să recunoaşteţi că timpul este cauza suferinţelor sau a problemelor dvs. Credeţi că ele sunt produse de situaţii specifice din viaţa dvs. şi, dintr-un punct de vedere convenţional, este adevărat. Dar până când nu aţi rezolvat principala disfuncţie generatoare de probleme a minţii — ataşamentul ei faţă de trecut şi viitor şi negarea clipei de Acum — problemele sunt în realitate interschimbabile. Dacă astăzi aţi îndepărta în mod miraculos toate problemele dvs. sau ceea ce percepeţi drept cauze ale suferinţei sau ale nefericirii dvs., dar nu aţi deveni mai prezent, mai conştient, vă veţi trezi curând cu un set similar de probleme sau motive de suferinţă, ca o umbră care vă urmează oriunde aţi merge. În final, există o singură problemă autentică: mintea ataşată de timp.

Nu pot să cred că aş putea ajunge vreodată într-un punct în care să fiu complet eliberat de problemele mele.

Aveţi dreptate. Nu *ajungeţi* niciodată în acest punct pentru că vă aflaţi deja în acest punct *acum*.

Nu există salvare în timp. Nu vă puteţi elibera în viitor. Prezenţa în clipa de Acum este cheia libertăţii, aşa că nu puteţi fi liber decât acum.

Descoperirea vieţii dincolo de situaţia de viaţă

Nu înţeleg cum aş putea să fiu liber acum. Din întâmplare, sunt extrem de nefericit în acest moment. Este un fapt, şi m-aş minţi singur dacă aş încerca să mă conving că totul este bine, când în mod clar nu este aşa. Pentru mine, momentul prezent este extrem de nefericit; nu este deloc eliberator. Ceea ce mă ajută să merg înainte este speranţa sau posibilitatea ca situaţia să se îmbunătăţească în viitor.

Doar aveţi impresia că atenţia dvs. se află în prezent, când de fapt ea este complet acaparată de timp. Nu puteţi fi şi nefericit *şi* total prezent în clipa de Acum.

Ceea ce consideraţi „viaţă" ar trebui mai curând să se numească „situaţie de viaţă". Este timpul psihologic: trecut şi viitor. Anumite lucruri din trecut n-au mers aşa cum aţi dorit dvs. Mai manifestaţi încă o anumită rezistenţă faţă de ceea ce s-a întâmplat în trecut, şi acum vă împotriviţi lucrurilor care *există* deja. Speranţa este cea care vă face să mergeţi înainte, dar speranţa vă face să vă concentraţi asupra viitorului şi această concentrare continuă pe viitor perpetuează negarea prezentului şi, din acest motiv, nefericirea dvs.

Este adevărat că situaţia mea de viaţă prezentă este rezultatul lucrurilor care s-au întâmplat în trecut, dar ea rămâne totuşi situaţia mea prezentă şi faptul că sunt blocat în ea mă face nefericit.

Haideţi să uităm pentru moment situaţia dvs. prezentă de viaţă şi să ne concentrăm asupra vieţii dvs.

Care este diferenţa?

Situaţia dvs. de vPiaţă există în timp.
Viaţa dvs. există acum.
Situaţia dvs. de viaţă este o construcţie a minţii.
Viaţa dvs. este reală.

Căutaţi „poarta strâmtă care duce spre viaţă". Se numeşte clipa de Acum. Reduceţi-vă viaţa la acest moment. Situaţia dvs. de viaţă poate fi plină de probleme — majoritatea aşa şi sunt — dar descoperiţi dacă aveţi vreo problemă în acest moment. Nu mâine, nu peste 10 minute, ci acum. Aveţi vreo problemă acum?

Când sunteţi asaltat de probleme, nu mai există loc pentru ceva nou, nu mai există loc pentru soluţii. Aşa că, ori de câte ori puteţi, faceţi puţin loc, creaţi un spaţiu pentru a descoperi viaţa din spatele situaţiei de viaţă.

Folosiţi-vă pe deplin simţurile. Trăiţi în locul în care vă aflaţi. Uitaţi-vă în jur. Priviţi, nu interpretaţi. Vedeţi lumina, formele, culorile, texturile. Conştientizaţi prezenţa tăcută a fiecărui lucru. Conştientizaţi spaţiul care le permite tuturor lucrurilor să existe. Ascultaţi sunetele, nu faceţi aprecieri despre ele. Ascultaţi liniştea din spatele sunetelor. Atingeţi ceva — orice —, simţiţi şi acceptaţi prezenţa Fiinţei. Observaţi-vă ritmul respiraţiei; simţiţi aerul cum intră şi iese, simţiţi energia vitală din corpul dvs. Permiteţi-le tuturor lucrurilor să existe, cu şi fără dvs. Acceptaţi însuşirile tuturor lucrurilor. Pătrundeţi mai adânc în clipa de Acum.

Lăsaţi în urmă lumea mortificată a abstracţiei mentale, a timpului. Ieşiţi din mintea nesănătoasă care vă secătuieşte de energia vitală, care otrăveşte şi distruge încet Pământul. Vă treziţi dintr-un vis al timpului în prezent.

§

Toate problemele sunt iluzii ale minţii

Mă simt ca şi cum aş fi scăpat de o povară uriaşă. Am o senzaţie de uşurare. Mă simt eliberat... dar problemele mă aşteaptă după colţ, nu-i aşa? Ele nu au fost rezolvate. Nu am scăpat doar temporar de ele?

Chiar dacă v-aţi trezi în paradis, nu ar trece mult şi mintea dvs. ar spune „da, dar..." În ultimă instanţă, nu este vorba de rezolvarea problemelor, ci de înţelegerea faptului că nu *există* probleme. Există numai situaţii — pe care le rezolvăm în prezent sau le acceptăm ca atare, ca parte din însuşirile prezentului, până când ele se schimbă sau *pot* fi rezolvate. Problemele sunt construcţii ale minţii şi au nevoie de timp pentru a supravieţui. Ele nu pot supravieţui în realitatea clipei de Acum.

Concentraţi-vă asupra clipei de Acum şi spuneţi-mi ce problemă aveţi în acest moment.

§

Nu îmi daţi niciun răspuns, pentru că este imposibil să aveţi probleme atâta vreme cât atenţia dvs. este absorbită de clipa de Acum. Este posibil să fie vorba de o situaţie care trebuie să fie ori rezolvată, ori acceptată. De ce să o transformăm într-o problemă? De ce am transforma ceva într-o problemă? Nu este viaţa suficient de provocatoare şi aşa? Pentru ce mai aveţi nevoie şi de probleme? Mintea adoră în mod inconştient problemele pentru că ele vă oferă un fel de identitate. Este normal — şi nebunesc. „Problemă" înseamnă să vă menţineţi mental într-o situaţie, fără a avea intenţia autentică sau posibilitatea de a întreprinde vreo acţiune în momentul prezent, transformând-o astfel inconştient într-o componentă a sentimentului dvs. de identitate. Deveniţi atât de copleşit de situaţia de viaţă, încât vă pierdeţi sentimentul de a trăi, sentimentul Fiinţei. Purtaţi în minte povara nesănătoasă a sute de lucruri pe care trebuie sau va trebui poate să le faceţi în viitor, în loc să vă concentraţi pe singurul lucru pe care îl *puteţi* face acum.

Când creaţi o problemă, creaţi durere. Nu este nevoie decât de o simplă alegere, o simplă decizie: indiferent de ceea ce se întâmplă, nu-mi voi mai provoca durere. Nu voi mai crea probleme. Deşi este o alegere simplă, ea este foarte radicală. Nu veţi face această alegere decât dacă sunteţi într-adevăr sătul de suferinţă, decât dacă simţiţi că nu o mai doriţi. Şi nu veţi fi în stare să vă ţineţi de cuvânt până la sfârşit decât dacă accesaţi puterea clipei de Acum. În condiţiile în care nu vă veţi mai crea dureri dvs. înşivă, atunci nu le-o veţi mai aduce nici celorlalţi. De asemenea, nu veţi mai contamina nici frumosul Pământ, nici spaţiul dvs. interior şi nici psihicul uman colectiv cu negativismul creării de probleme.

Dacă v-aţi aflat vreodată într-o situaţie periculoasă, de viaţă şi de moarte, ştiţi că aceasta nu a constituit de fapt o problemă. Mintea nu a avut *timp* să „lucreze“ şi să o transforme într-o problemă. Într-o situaţie de urgenţă, mintea se opreşte; deveniţi total prezent în clipa de Acum şi conducerea este preluată de un lucru infinit mai puternic. Acesta este motivul pentru care există atât de multe povestiri despre oameni obişnuiţi care au devenit brusc capabili de fapte de un curaj incredibil. Într-o situaţie periculoasă, fie supravieţuiţi, fie nu supravieţuiţi. Oricum, nu este o problemă.

Unii oameni se înfurie când mă aud spunându-le că problemele sunt iluzii. Se simt ameninţaţi de faptul că vor fi deposedaţi de sentimentul a ceea ce sunt, de identitatea lor. Au investit mult timp şi efort într-un fals sentiment de sine. Multă vreme, şi-au definit în mod inconştient întreaga lor identitate în termenii problemelor sau suferinţelor lor. Cine ar mai fi ei fără acestea?

Mare parte din lucrurile pe care oamenii le spun, le gândesc sau le fac sunt motivate de frică, aceasta fiind legată întotdeauna, desigur, de concentrarea asupra viitorului şi de pierderea contactului cu clipa de Acum. Deoarece în momentul prezent nu există probleme, nu există nici frică.

Dacă ar apărea o situaţie în care să fie nevoie să reacţionaţi imediat, acţiunile dvs. ar fi clare şi incisive, în cazul în care pornesc de la conştiinţa momentului prezent. Va exista şi o mai mare probabilitate de reuşită. Nu va fi o simplă reacţie bazată pe condiţionările trecute ale minţii, ci un răspuns intuitiv la situaţia dată. În alte momente, când reacţionează mintea stăpânită de timp, descoperiţi că este mai eficient să nu faceţi nimic — să rămâneţi pur şi simplu centraţi în clipa prezentă.

Un pas uriaş în evoluţia conştiinţei

Am trăit pentru o clipă această stare de eliberare de minte şi timp pe care aţi descris-o, dar trecutul şi viitorul sunt atât de puternice, încât nu pot rămâne în afara lor multă vreme.

Conştiinţa limitată de timp este profund înrădăcinată în psihicul uman. Dar ceea ce încercăm noi să facem aici este parte din transformarea profundă a conştiinţei colective a planetei şi chiar dincolo de aceasta: trezirea conştiinţei din visul materiei, al formei şi al separării. Sfârşitul timpului. Spargem tiparele mentale care au dominat viaţa umană de miliarde de ani. Tiparele mentale care au creat o suferinţă inimaginabilă pe o scară vastă. Nu folosesc cuvântul „diabolic". Este mai util să o numesc inconştienţă sau nebunie.

În legătură cu distrugerea vechiului mod de funcţionare a conştiinţei sau mai curând a inconştientului: este acesta un lucru pe care trebuie să-l facem sau se va întâmpla oricum? Adică, această schimbare este inevitabilă?

Este o problemă de perspectivă. Ceea ce facem şi ceea ce se întâmplă constituie în fapt un singur proces; pentru că sunteţi una cu totalitatea conştiinţei, nu le puteţi separa. Dar nu există nicio garanţie că omenirea va realiza această transformare. Procesul nu este inevitabil sau automat. Cooperarea dvs. este o parte esenţială. Oricum l-aţi privi, este un salt de dimensiuni cuantice în evoluţia conştiinţei şi în acelaşi timp singura noastră şansă de supravieţuire ca rasă.

Bucuria de a trăi

Pentru a afla cu certitudine dacă v-aţi lăsat guvernat de timpul psihologic, puteţi folosi un criteriu simplu. Întrebaţi-vă: oare fac ceea ce fac cu bucurie, uşurinţă şi relaxare? Dacă nu, atunci timpul maschează momentul prezent şi viaţa este percepută ca o povară sau o luptă.

Dacă nu există bucurie, uşurinţă şi relaxare în ceea ce faceţi, nu trebuie neapărat să vă schimbaţi *activitatea*. Poate fi suficient să schimbaţi *modul* în care o realizaţi. „Modalitatea" este întotdeauna mai importantă decât „activitatea". Încercaţi să acordaţi mai multă atenţie *acţiunilor* decât rezultatului pe care doriţi să-l obţineţi prin ele. Acordaţi atenţie deplină tuturor lucrurilor pe care vi le aduce în faţă prezentul. Aceasta implică şi o acceptare completă a ceea ce este, pentru că nu puteţi acorda o atenţie totală unui lucru căruia încercaţi în acelaşi timp să-i opuneţi rezistenţă.

Imediat ce veţi începe să respectaţi momentul prezent, toată nefericirea şi chinul se vor dizolva, iar viaţa va începe să se deruleze cu uşurinţă şi bucurie. Când acţionaţi prin prisma conştiinţei prezentului, tot ceea ce faceţi abundă de un sentiment de grijă, iubire şi corectitudine — chiar şi cele mai simple acţiuni.

§

Aşa că nu urmăriţi rezultatele acţiunii dvs. — acordaţi atenţie acţiunii în sine. Rezultatele vor veni de la sine. Această atitudine este un exerciţiu spiritual foarte puternic. În *Bhagavad Gita*, una dintre cele mai vechi şi mai frumoase învăţături spirituale despre existenţă, lipsa ataşamentului faţă de rezultatele acţiunilor dvs. se numeşte Karma Yoga. Ea este descrisă drept calea către „acţiunea dedicată“.

Când încercarea compulsivă de a ne rupe de clipa de Acum încetează, bucuria Fiinţei inundă tot ceea ce faceţi. Imediat ce atenţia dvs. se îndreaptă spre clipa de Acum, simţiţi o prezenţă, o linişte şi o pace interioară. Împlinirea şi satisfacţia nu mai depind de viitor — nu mai aşteptaţi de la el salvarea. De aceea, nu mai sunteţi ataşat de rezultate. Nici eşecul, nici succesul nu mai au puterea de a vă schimba starea interioară de contopire cu Fiinţa. Aţi descoperit viaţa în spatele situaţiei dvs. de viaţă.

În absenţa timpului psihologic, sentimentul de sine derivă din Fiinţă, nu din trecutul personal. De aceea, nevoia psihologică de a deveni orice altceva decât sunteţi deja nu mai există. În lume, la nivelul situaţiei de viaţă, puteţi să vă îmbogăţiţi, să dobândiţi cunoştinţe, succes, să vă eliberaţi de anumite lucruri, dar în dimensiunea mai profundă a Fiinţei sunteţi complet şi în întregime clipa de Acum.

În această stare de împlinire, vom mai fi capabili sau vom mai dori să atingem obiective exterioare?

Desigur, dar nu veţi mai avea pretenţia iluzorie ca un lucru sau o persoană din viitor să vă salveze sau să vă facă fericit. În ce priveşte situaţia dvs. actuală de viaţă, este posibil să mai existe lucruri pe care să fie nevoie să le obţineţi sau să le îndepliniţi. Aceasta este lumea formei, a câştigului şi a pierderii. Totuşi, la un nivel mai profund, sunteţi deja complet, iar când veţi realiza acest lucru veţi simţi în spatele lucrurilor pe care le faceţi o energie veselă şi plină de viaţă. Eliberându-vă de timpul psihologic, nu vă veţi mai urmări obiectivele cu o hotărâre înverşunată, motivat de frică, furie, nemulţumire sau de nevoia de a deveni cineva. Nici nu veţi rămâne inactiv din cauza fricii de eşec, care pentru sinele fals reprezintă pierderea identităţii. Când sentimentul dvs. de sine derivă din Fiinţă, când vă eliberaţi de „devenire“ ca nevoie psihologică, nici fericirea dvs. şi nici sentimentul de sine nu mai depind de rezultate, şi astfel vă eliberaţi de frică. Nu mai căutaţi permanenţa acolo unde ea nu poate fi găsită: în lumea formei, a câştigului şi a pierderii, a naşterii şi a morţii. Nu mai cereţi ca aceste situaţii, condiţii, locuri sau oameni să vă facă fericit şi nu mai suferiţi apoi când toate acestea nu vă îndeplinesc aşteptările.

Totul este respectat, dar nimic nu mai contează. Formele se nasc şi mor, totuşi dvs. vedeţi eternul din spatele formelor. Ştiţi că „niciun lucru real nu poate fi ameninţat“.

Când aceasta este starea Fiinţei dvs., cum aţi putea să nu reuşiţi? Aţi reuşit deja.

CAPITOLUL IV

Strategii ale minții de evitare a clipei de Acum

Pierderea clipei de Acum: iluzia fundamentală

Chiar dacă accept în întregime că, în ultimă instanță, timpul este o iluzie, ce importanță va avea acest lucru în viața mea? Tot trebuie să trăiesc într-o lume complet dominată de timp.

Acceptarea intelectuală nu este decât o altă credință și nu va conta prea mult în viața dvs. Pentru a înțelege acest adevăr, trebuie să îl trăiți. Când fiecare celulă a corpului dvs. este atât de prezentă încât să simtă că vibrează de viață și când puteți simți această viață în fiecare moment ca bucurie a Ființei, atunci se poate spune că v-ați eliberat de timp.

Dar mâine tot va trebui să-mi plătesc facturile și tot voi îmbătrâni și voi muri, ca toată lumea. Deci, cum aș putea spune vreodată că m-am eliberat de timp?

Nu facturile de mâine sunt adevărata problemă. Disoluția corpului fizic nu este o problemă. Pierderea clipei de Acum este problema, sau mai degrabă iluzia principală care transformă o simplă situație, un eveniment sau o emoție într-o problemă personală și în suferință. Pierderea clipei de Acum este pierderea Ființei.

A te elibera de timp înseamnă a te elibera de nevoia psihologică de trecut pentru a avea o identitate și de viitor pentru a atinge satisfacția. Reprezintă cea mai profundă transformare a conștiinței pe care v-ați putea-o imagina. În cazuri rare, schimbarea se produce radical și dramatic, odată pentru totdeauna. Aceasta se întâmplă de obicei printr-o abandonare totală în mijlocul unei suferințe intense. Cei mai mulți oameni trebuie să muncească pentru ea.

După ce ați trăit de câteva ori această stare atemporală de conștiință, începeți să oscilați între aceste dimensiuni ale timpului și prezenței. În primul rând, începeți să conștientizați cât de rar atenția dvs. este situată într-adevăr în prezent. Dar a *ști* că *nu* sunteți prezent este deja un mare succes: această conștiință *este* prezență — chiar dacă inițial nu ține decât câteva secunde în timp cronologic înainte de a se pierde din nou. Apoi, din ce în ce mai des, *alegeți* să vă concentrați asupra prezentului mai degrabă decât asupra trecutului sau a viitorului și, ori de câte ori realizați că ați pierdut clipa de față, sunteți capabil să vă opriți la ea nu doar câteva secunde, ci perioade mai lungi de timp, din perspectiva timpului cronologic. Așa că înainte de a vă fixa ferm în starea de prezență, adică înainte de a fi pe deplin conștient, veți oscila un timp între conștiință și neconștientizare, între starea de prezență și starea de identificare cu mintea. Pierdeți clipa prezentă, dar vă întoarceți la ea de nenumărate ori. În final, prezența devine starea dvs. predominantă.

În cazul majorității oamenilor, prezența fie nu este experimentată niciodată, fie este trăită numai accidental și pentru scurt timp, în rare ocazii, fără a fi recunoscută ca atare. Cei mai mulți oameni oscilează nu între conștiință și lipsa ei, ci între diferite niveluri de inconștiență.

Starea obișnuită de inconștiență și inconștiența profundă

La ce vă referiți când vorbiți despre diferite niveluri de inconștiență?

După cum știți probabil, în timpul somnului oscilați între faza somnului fără vise și cea a somnului cu vise. În mod similar, în starea de veghe, majoritatea oamenilor nu fac altceva decât să oscileze între nivelul obişnuit al inconştienţei şi o inconştienţă profundă. Când vorbesc despre starea obişnuită de inconştienţă, mă refer la identificarea cu gândurile şi cu emoţiile personale, cu reacţiile, cu dorinţele şi cu aversiunile dvs. Este starea normală a majorităţii oamenilor. În această stare, sunteţi condus de mintea dominată de sinele fals şi nu sunteţi conştient de Fiinţă. Nu este o stare de durere sau de nefericire acută, ci una în care există un nivel redus, aproape continuu, de disconfort, neplăcere, plictiseală sau nervozitate — un fel de stare de fundal. Poate că nu vă daţi seama de acest lucru pentru că face parte atât de mult din viaţa „normală", tot aşa cum nu conştientizaţi niciun zgomot de fond continuu, de intensitate joasă, ca, de exemplu, bâzâitul unui aparat de aer condiţionat, până când acesta încetează. Când încetează brusc, apare o senzaţie de uşurare. Mulţi oameni folosesc alcoolul, drogurile, sexul, mâncarea, munca, televizorul sau chiar cumpărăturile ca anestezice, în încercarea inconştientă de a îndepărta această neplăcere de fond. Când se întâmplă astfel, o activitate care ar fi putut să fie foarte plăcută, dacă s-ar fi desfăşurat cu moderaţie, se poate transforma într-o dependenţă, şi tot ceea ce poate aduce ea în asemenea condiţii este o eliberare foarte scurtă.

Disconfortul stării de inconştienţă obişnuită se transformă în durerea inconştienţei profunde — o stare mai acută şi mai evidentă de suferinţă şi de nefericire — atunci când lucrurile „nu merg cum trebuie", când sinele fals este ameninţat sau când există o provocare, o ameninţare, o pierdere, reală sau imaginară, majoră în situaţia dvs. de viaţă, sau un conflict într-o relaţie. Este o versiune intensificată de inconştienţă obişnuită, diferită de prima nu prin natura, ci prin intensitatea ei.

În inconştienţa obişnuită, rezistenţa habituală sau negarea a ceea ce *există* creează acea neplăcere şi acea nemulţumire pe care majoritatea oamenilor le acceptă ca viaţă obişnuită. Când această rezistenţă este intensificată de o provocare la adresa sinelui fals, apare un negativism intens, ca furia, frica profundă, agresiunea, depresia etc. Inconştienţa profundă înseamnă adesea activarea corpului-durere şi identificarea cu el. Violenţa fizică ar fi imposibilă fără inconştienţa profundă. Ea poate să apară foarte uşor în acele momente şi locuri în care o mulţime de oameni sau chiar o naţiune întreagă generează un câmp colectiv de energie negativă.

Cel mai bun indicator al nivelului dvs. de conştiinţă este modul în care procedaţi atunci când în calea vieţii dvs. se ivesc obstacole. În conformitate cu obstacolele, o persoană deja inconştientă tinde să devină şi mai inconştientă, iar una conştientă tinde să devină şi mai profund conştientă. Puteţi folosi un obstacol pentru a vă trezi sau îi puteţi permite să vă tragă într-un somn şi mai profund. Visul inconştienţei obişnuite se transformă atunci într-un coşmar.

Dacă nu puteţi fi prezent nici măcar în circumstanţe obişnuite, ca de exemplu atunci când vă aflaţi singur într-o cameră, când vă plimbaţi prin pădure sau ascultaţi pe cineva, atunci cu siguranţă nu veţi putea să rămâneţi conştient când un lucru „merge prost" sau când vă confruntaţi cu persoane sau situaţii dificile, cu pierderea sau cu ameninţarea pierderii. Veţi fi copleşit de o reacţie, care în final este întotdeauna o formă de frică, şi veţi fi tras înapoi într-o inconştienţă adâncă. Aceste greutăţi reprezintă testele. Numai felul în care le faceţi faţă vă va arăta, dvs. şi celorlalţi, cât de departe aţi ajuns în ceea ce priveşte starea dvs. de conştiinţă, şi nu cât de mult puteţi sta cu ochii închişi sau ce viziuni aveţi.

Aşa că este esenţial să aduceţi mai multă conştiinţă în viaţa dvs. în situaţiile obişnuite, când totul decurge relativ de la sine. În acest fel, puterea prezenţei dvs. va creşte. Ea generează un câmp energetic cu o frecvenţă de vibraţie foarte înaltă în interiorul şi în jurul dvs. În acest câmp nu poate pătrunde şi nu poate supravieţui nici măcar puţină inconştienţă, negativism, disonanţă sau violenţă, aşa cum întunericul nu poate supravieţui în prezenţa luminii.

Când învăţaţi să fiţi martorul propriilor gânduri şi emoţii, un aspect esenţial al stării de prezenţă, veţi fi surprins poate când veţi conştientiza pentru prima oară caracterul „static“ al stării obişnuite de inconştienţă şi vă veţi da seama cât de rar aţi avut o stare de confort interior, dacă l-aţi simţit vreodată. La nivelul gândirii, veţi descoperi o mare rezistenţă sub forma criticilor, a nemulţumirilor şi a proiecţiilor mentale, care vă îndepărtează de clipa prezentă. La nivel emoţional, va exista un curent subteran de disconfort, tensiune, plictiseală sau nervozitate. Ambele sunt aspecte ale modului obişnuit de rezistenţă a minţii.

Ce caută ei?

Carl Jung ne relatează, într-una dintre cărţile sale, o conversaţie purtată cu un şef de trib indian din America de Nord, care i-a spus că, din perspectiva sa, cei mai mulţi oameni albi au expresii încordate, că ochii lor au o privire fixă şi că atitudinea lor emană cruzime sau violenţă. El a spus: „Ei par să caute mereu ceva. Ce anume caută? Albii vor întotdeauna ceva. Sunt mereu neliniştiţi şi agitaţi. Noi nu ştim ce vor. Credem că sunt nebuni.“

Curentul subtil de disconfort constant a apărut, desigur, cu mult timp înaintea civilizaţiei industriale a Vestului; dar în civilizaţia vestică, care acum acoperă aproape tot globul pământesc, inclusiv cea mai mare parte a Estului, el se manifestă sub o formă şi cu o intensitate fără precedent. Era deja prezent pe vremea lui Isus şi de asemenea cu 600 de ani înainte, pe vremea lui Buddha, şi cu siguranţă a existat cu mult timp înaintea sa. „De ce sunteţi mereu înfricoşaţi?“ i-a întrebat Isus pe discipolii săi. „Gândurile anxioase pot adăuga măcar o singură zi la viaţa voastră?“ Iar Buddha ne-a învăţat că la baza suferinţei se află starea de dorinţă sau de poftă mistuitoare.

Rezistenţa faţă de clipa prezentă ca disfuncţie colectivă este intrinsec legată de pierderea conştiinţei Fiinţei şi stă la baza civilizației noastre industriale dezumanizate. Freud a recunoscut și el existența acestui curent subtil de disconfort și a scris despre aceasta în cartea sa *Disconfort în cultură*, dar nu a recunoscut adevărata rădăcină a disconfortului și nu a realizat că eliberarea de ea este posibilă. Această disfuncție colectivă a creat o civilizație foarte nefericită și extrem de violentă, care a devenit o amenințare nu numai pentru ea însăși, ci și pentru viața de pe această planetă.

Dizolvarea stării de inconștiență obișnuită

Deci, cum ne putem elibera de această boală?

Conștientizând-o. Observați modurile multiple în care disconfortul, nemulțumirea și tensiunea apar în sinea dvs. în urma criticilor inutile, a rezistenței față de ceea ce este și a negării acestuia. Orice conținut inconștient se dizolvă atunci când asupra sa se revarsă lumina conștiinței. După ce ați aflat cum să dizolvați starea de inconștiență obișnuită, lumina prezenței dvs. va străluci foarte tare și va fi mult mai ușor să faceți față inconștienței profunde, ori de câte ori veți simți atracția sa gravitațională. Totuși, inconștiența obișnuită poate fi dificil de detectat inițial, din cauza aspectului de normalitate pe care l-a căpătat.

Obișnuiți-vă să vă urmăriți starea mental-emoțională prin autoobservare. „Sunt relaxat în acest moment?" aceasta este o întrebare bună pe care să v-o puneți frecvent. Sau vă puteți întreba: „Ce se întâmplă în interiorul meu în acest moment?" Fiți cel puțin la fel de interesat de ceea ce se întâmplă în interiorul dvs. pe cât sunteți de ceea ce se întâmplă în afară. Dacă sesizați corect ce se întâmplă în interior, situația se va aranja de la sine în exterior. Realitatea cea mai importantă este cea interioară, cea exterioară având o importanță secundară. Dar nu răspundeți imediat la aceste întrebări. Îndreptați-vă atenția spre interior. Aruncați o privire. Ce fel de gânduri produce mintea dvs.? Ce simțiți? Îndreptați-vă atenția spre corpul dvs. Există vreo tensiune? Când aţi descoperit că există un nivel scăzut de disconfort, un fundal static, încercaţi să aflaţi ce anume evitaţi, negaţi sau cărui lucru îi opuneţi rezistenţă — prin negarea clipei prezente. Există multe feluri în care oamenii manifestă o rezistenţă inconştientă faţă de momentul prezent. Am să vă dau câteva exemple. Exersând, puterea dvs. de a vă autoobserva, de a vă urmări starea interioară se va dezvolta.

Eliberarea de nefericire

Urâţi activitatea pe care o desfăşuraţi? Poate fi vorba de locul de muncă sau poate că aţi acceptat să întreprindeţi o anumită activitate şi o faceţi, dar o parte din dvs. urăşte situaţia şi i se opune. Aveţi unele resentimente faţă de o persoană apropiată, pe care însă nu le-aţi exprimat? Realizaţi că energia pe care o degajaţi în această stare produce efecte atât de dăunătoare, încât vă contaminaţi atât pe dvs., cât şi pe cei din jur? Priviţi cu atenţie în interior. Există aici o urmă cât de mică de resentiment sau de împotrivire? Dacă da, observaţi acest sentiment atât la nivel mental, cât şi la nivel emoţional. Ce gânduri generează mintea dvs. în jurul acestei situaţii? Examinaţi apoi emoţia, care este reacţia corpului dvs. faţă de aceste gânduri. Simţiţi emoţia. Este plăcută sau neplăcută? Este o energie pe care aţi *ales* să o aveţi în interior? *Aveţi* de ales?

Poate că o persoană *profită* de dvs., poate că activitatea în care v-aţi angajat *este* plictisitoare, poate că un apropiat al dvs. *nu este* sincer, este enervant sau inconştient, dar toate aceste aspecte sunt irelevante. Are prea puţină importanţă dacă emoţiile şi gândurile dvs. legate de această situaţie sunt justificate sau nu. Cert este că vă opuneţi unei situaţii *existente.* Transformaţi momentul prezent într-un duşman. Vă generaţi nefericirea, un conflict între interior şi exterior. Nefericirea poluează nu numai Fiinţa dvs. interioară şi pe cei din jur, dar şi psihicul uman colectiv, din care dvs. sunteţi o parte inseparabilă.

Poluarea planetei este numai o reflectare externă a poluării psihice interioare: a milioane de indivizi inconştienţi, care nu-şi asumă responsabilitatea pentru spaţiul lor interior.

Fie încetaţi activitatea, vorbiţi cu persoana în cauză şi vă exprimaţi în totalitate sentimentele, fie renunţaţi la negativismul pe care mintea dvs. l-a creat în jurul situaţiei, pentru că acesta nu serveşte niciunui scop, cu excepţia faptului că întăreşte un fals sentiment de identitate. Recunoaşterea inutilităţii lui este importantă. Negativismul nu este niciodată modul optim de a rezolva o situaţie. De fapt, în cele mai multe cazuri, vă face prizonierul ei, blocând orice schimbare reală. Un lucru în realizarea căruia este investită o energie negativă se va contamina de aceasta şi, în timp, va da naştere la şi mai multă durere, la şi mai multă nefericire. Mai mult, orice stare interioară negativă este contagioasă: nefericirea se răspândeşte mai repede decât o boală. În virtutea legii rezonanţei, ea declanşează şi alimentează negativismul latent la alte persoane, cu excepţia celor imune — adică profund conştiente.

Dvs. poluaţi lumea sau contribuiţi la curăţarea mizeriei? Sunteţi responsabil pentru propriul spaţiu interior; nimeni altcineva decât dvs. nu este răspunzător, aşa cum sunteţi responsabil şi pentru starea planetei. Cum este în interior, aşa este şi în afară. Dacă oamenii se curăţă de poluarea interioară, atunci vor înceta să mai polueze exteriorul.

Cum putem renunța la negativism? Ce ne recomandați?

Abandonându-l pur şi simplu. Cum renunţaţi la o bucată de cărbune fierbinte, pe care o ţineţi în mână? Cum renunţaţi la un bagaj greu şi inutil, pe care îl purtaţi cu dvs.? Recunoscând că nu doriţi să mai trăiţi durerea sau să mai duceţi povara şi abandonând-o.

Starea de inconştienţă profundă, ca şi corpul-durere sau o altă durere profundă, cum ar fi pierderea unei fiinţe iubite, necesită o transformare intermediată de combinarea acceptării cu lumina prezenţei — atenţia dvs. susţinută. Pe de altă parte, multe tipare de comportament ale inconştienţei obişnuite pot fi pur şi simplu abandonate după ce aţi stabilit că nu le mai doriţi şi după ce v-aţi dat seama că puteţi alege, că nu sunteţi numai un conglomerat de reflexe condiţionate. Din toate cele de mai sus rezultă că puteţi avea acces la puterea clipei prezente. Fără ea, nu aveţi nicio posibilitate de alegere.

Spunând că anumite emoţii sunt negative, nu se creează o polaritate mentală între bine şi rău, după cum aţi explicat dvs. mai devreme?

Nu. Polaritatea a fost creată într-un stadiu timpuriu, când mintea dvs. considera că momentul prezent este rău; această judecată a dus apoi la o emoţie negativă.

Dar spunând că anumite emoţii sunt negative, nu spuneţi de fapt că ele nu ar trebui să existe, că nu este permis să avem aceste emoţii? După părerea mea, ar trebui să ne acordăm permisiunea de a simţi toate sentimentele care apar, în loc să le judecăm ca rele sau să spunem că nu ar trebui să le avem. Este în regulă să ai resentimente; este în regulă să fii furios, enervat, capricios sau oricum altfel — dacă nu, ajungem să ne reprimăm sentimentele, ajungem la conflict interior sau la negare. Totul are voie să existe ca atare.

Desigur. Când a apărut un tipar mental, o emoţie sau o reacţie, acceptaţi-o. Nu aţi fost suficient de conştient pentru a putea face o alegere în acest caz. Aceasta nu este o judecată, este un fapt. Dacă aţi fi *putut* alege sau aţi fi *realizat* că aveţi posibilitatea de a alege, aţi fi ales suferinţa sau bucuria, relaxarea sau disconfortul, pacea sau conflictul? Aţi alege un gând sau un sentiment care să vă izoleze de starea dvs. naturală de bine, de bucuria interioară de a trăi? Eu numesc orice sentiment de acest fel sentiment negativ, adică pur şi simplu rău. Nu în sensul că „nu ar fi trebuit să faceţi asta“, ci pur şi simplu rău, ca o durere de stomac.

Cum a fost posibil ca oamenii să omoare 100 de milioane dintre semenii lor numai în secolul XX? Oamenii şi-au făcut atât de mult rău unul altuia, încât răul depășește orice imaginație! Și asta fără să ținem cont de violența mentală, emoțională și fizică, de tortura, durerea, cruzimea pe care continuă să și le aplice zilnic unii altora, precum și altor ființe sensibile.

Oare acționează în acest fel pentru că sunt în contact cu starea lor naturală, cu bucuria interioară de a trăi? Sigur că nu. Numai cei atinși de o stare profund negativă, care se simt foarte rău ar crea o asemenea realitate, care să reflecte felul în care se simt. Incredibil, dar adevărat. Oamenii sunt o specie periculos de nebună și extrem de nesănătoasă. Aceasta nu este o judecată. Este un fapt. Și tot fapt este că sănătatea mentală *se află* tot acolo, în spatele nebuniei. Vindecarea și eliberarea sunt posibile chiar acum.

Revenind la ceea ce ați spus — este categoric adevărat că, atunci când vă acceptați resentimentele, irascibilitatea, furia ș.a.m.d., nu mai sunteți forțați să le investiți orbește și este mai puțin probabil să le proiectați asupra altora. Dar m-aș mira să nu vă înșelați și pe dvs. înșivă. După ce ați practicat acceptarea pentru un timp, vine un moment când trebuie să treceți la stadiul următor, în care să nu mai creați aceste emoții negative. Altfel, „acceptarea“ dvs. devine doar o simplă etichetă mentală, ce-i permite sinelui fals să continue să se lase în voia suferinței și astfel să întărească sentimentul de separare față de ceilalți oameni, de mediul dvs. înconjurător, de locul și timpul în care vă aflați. După cum știți, separarea stă la baza sentimentului de identitate al sinelui fals. Adevărata acceptare ar transforma aceste sentimente instantaneu. Dar dacă ați ști foarte bine că totul este „în regulă“, atunci ați mai avea oare aceste sentimente negative? Fără evaluări, fără rezistențe față de ceea ce există, ele nu ar apărea. În mintea dvs. există ideea că „Totul este în regulă“, dar în adâncul sufletului nu credeți cu adevărat acest lucru și, astfel, vechile tipare mental-emoționale de rezistență sunt încă active. Ele sunt cele care vă fac să vă simțiți rău.

Și acest lucru este în regulă.

Vă apăraţi dreptul de a fi inconştient, dreptul de a suferi? Nu vă faceţi griji: nimeni nu vă va lua acest drept. După ce vă daţi seama că un anumit aliment vă face să vă simţiţi rău, mai continuaţi să-l ingeraţi şi să afirmaţi că este în regulă să te simţi rău?

Oriunde v-aţi afla, fiţi complet prezent

Aţi putea să ne mai daţi câteva exemple despre starea de inconştienţă obişnuită?

Încercaţi să vă surprindeţi lamentându-vă în gând sau cu voce tare în legătură cu o situaţie în care vă aflaţi, de ceea ce fac sau spun alţi oameni, de mediul înconjurător, de situaţia dvs. de viaţă, chiar şi de vreme. A te plânge de o situaţie implică întotdeauna neacceptarea stării *existente*. Acest comportament are invariabil o încărcătură negativă inconştientă. Când vă plângeţi, vă transformaţi într-o victimă. Când vă exprimaţi cu voce tare nemulţumirea, deţineţi controlul. Deci, schimbaţi situaţia printr-o acţiune sau exprimându-vă nemulţumirea, dacă este necesar şi posibil; ieşiţi din situaţie sau acceptaţi-o. Orice alt comportament aparţine anormalităţii.

Starea obişnuită de inconştienţă este întotdeauna legată într-un fel de negarea clipei de Acum. Acum implică, desigur, şi un „aici". Vă opuneţi faptului de a vă afla „aici şi acum"? Unii oameni ar prefera, de exemplu, să se afle în altă parte. „Aici" nu este niciodată suficient de bun pentru ei. Autoobservându-vă, descoperiţi dacă nu este şi cazul dvs. Oriunde v-aţi afla, fiţi complet prezent. Dacă descoperiţi că pentru dvs. este intolerabil să vă aflaţi „aici şi acum" şi că acest fapt vă face nefericit, aveţi trei posibilităţi: să ieşiţi din situaţie, să o schimbaţi sau să o acceptaţi complet. Dacă doriţi să vă asumaţi responsabilitatea pentru viaţa dvs., trebuie să alegeţi una dintre aceste trei posibilităţi şi trebuie să faceţi acest lucru chiar acum. Iar apoi să acceptaţi consecinţele. Fără scuze. Fără negativism. Fără poluare psihică. Păstraţi-vă curat spaţiul interior.

În cazul în care treceți la acțiune — schimbând situația sau ieșind din ea — mai întâi renunțați la negativism, dacă este posibil. Acțiunile care vin din observarea a ceea ce este necesar sunt mai eficiente decât cele care vin dintr-o atitudine negativistă.

Orice acțiune este mai bună decât lipsa acțiunii, mai ales dacă ați fost blocat într-o situație nefericită mult timp. Dacă este vorba de o greșeală, cel puțin învățați ceva, astfel încât cazul respectiv să nu mai fie o greșeală. Dacă rămâneți blocat, nu învățați nimic. Frica vă împiedică să treceți la fapte? Recunoașteți frica, observați-o, îndreptându-vă atenția asupra ei, fiți complet prezent. Aceasta va distruge legătura dintre frică și gândirea dvs. *Nu lăsați frica să vă inunde mintea.* Folosiți puterea momentului prezent. Frica nu o poate învinge.

Dacă într-adevăr nu există niciun lucru pe care l-ați putea face pentru a schimba starea de lucruri aici și acum și dacă nu puteți ieși din situație, atunci acceptați în totalitate să vă aflați aici și acum, renunțând la orice rezistență interioară. Sinele fals și nefericit, care iubește sentimentul de suferință, de ură, care adoră să-și plângă de milă nu va mai putea supraviețui în acest caz. Această atitudine se numește abandonare. Abandonarea nu înseamnă slăbiciune. Ea implică o mare putere. Numai o persoană care s-a abandonat pe sine are acces la puterea spirituală. Abandonându-vă, obțineți o eliberare interioară în raport cu situația. Atunci s-ar putea să constatați că situația se schimbă fără să mai fie nevoie să faceți vreun efort. Oricum, sunteți liber.

Sau există un lucru pe care „ar trebui" să-l faceți, dar pe care nu-l faceți? Ridicați-vă și faceți acest lucru chiar acum. Ca alternativă, puteți să vă acceptați pe deplin inactivitatea, lenea sau pasivitatea din acest moment, dacă aceasta este alegerea dvs. Trăiți complet acest sentiment. Savurați-l. Fiți cât puteți de leneș sau de inactiv. Dacă trăiți conștient și complet sentimentul, veți scăpa curând de el. Sau poate nu. Oricum, nu mai există niciun conflict interior, rezistență sau negativism.

Sunteţi stresat? Sunteţi atât de ocupat să ajungeţi în viitor, încât prezentul este redus la un simplu mijloc de a ajunge acolo? Stresul este provocat de faptul că vă aflaţi „aici", dar doriţi să fiţi „acolo" sau de faptul că vă aflaţi în prezent, dar căutaţi să trăiţi în viitor. Este o scindare care vă consumă interior foarte mult. A crea şi a trăi cu această sciziune interioară este o nebunie. Faptul că oricine altcineva face la fel nu înseamnă că este un lucru mai puţin nebunesc. Dacă trebuie, vă puteţi mişca mai repede, puteţi lucra mai repede sau chiar alerga, dar fără să vă proiectaţi în viitor şi fără să respingeţi prezentul. Când vă mişcaţi, munciţi, alergaţi — implicaţi-vă total în activitate. Bucuraţi-vă de fluxul de energie care circulă prin corp, de nivelul înalt de energie al acestui moment. Acum nu mai sunteţi stresat, nu vă mai rupeţi în două. Nu faceţi decât să vă mişcaţi, să alergaţi, să munciţi — şi să vă bucuraţi de acest lucru. Sau puteţi renunţa la tot, aşezându-vă pe o bancă în parc. Dar când faceţi acest lucru, observaţi-vă mintea. Ar putea să spună: „Ar trebui să munceşti. Pierzi timpul". Observaţi-vă mintea. Zâmbiţi la atacurile ei.

Trecutul ocupă mare parte din atenţia dumneavoastră? Vorbiţi şi vă gândiţi deseori la el, fie pozitiv, fie negativ? Vă gândiţi la lucrurile importante pe care le-aţi realizat, la aventurile, la experienţele dvs. sau la rolul de victimă şi la lucrurile oribile care vi s-au întâmplat sau poate pe care le-aţi făcut dvs. altei persoane? Gândurile vă trezesc un sentiment de culpabilitate, de mândrie, resentimente, furie, regret sau autocompătimire? În acest caz nu numai că întreţineţi un fals sentiment de identitate, dar ajutaţi şi la accelerarea procesului de îmbătrânire a corpului, creând o acumulare de trecut în psihicul dvs. Verificaţi pe cont propriu acest lucru la persoanele care au o tendinţă puternică de a rămâne agăţate de trecut.

Lăsaţi trecutul să moară în fiecare moment. Nu aveţi nevoie de el. Faceţi referire la el numai atunci când este relevant pentru prezent. Simţiţi puterea acestui moment şi plenitudinea Fiinţei. Faceţi-vă simţită prezenţa.

§

Sunteţi îngrijorat? Aveţi multe gânduri care încep prin „Cum ar fi fost dacă...?" Înseamnă că v-aţi identificat cu mintea, care se proiectează într-o situaţie imaginară din viitor şi creează frica. Nu aveţi cum să rezolvaţi o asemenea situaţie, pentru că ea nu există. Este o fantomă mentală. Puteţi pune capăt acestei nebunii care vă afectează sănătatea şi viaţa pur şi simplu acceptând ce se întâmplă în momentul prezent. Conştientizaţi-vă respiraţia. Simţiţi aerul intrând şi ieşind din corp. Simţiţi-vă câmpul energetic interior. În viaţa reală — spre deosebire de proiecţiile imaginare ale minţii — nu aţi fost nevoit să faceţi faţă decât *momentului prezent*. Întrebaţi-vă ce „problemă" aveţi acum, nu anul viitor, nu mâine sau peste cinci minute. Ce nu e în regulă cu momentul prezent? Puteţi întotdeauna să faceţi faţă prezentului, niciodată viitorului — şi nici nu sunteţi obligaţi să faceţi asta. Răspunsul, puterea, acţiunea corectă sau resursa vor fi aici când veţi avea nevoie de ele, nu înainte şi nici după aceea.

„Într-o zi voi reuşi." Obiectivul pe care vi l-aţi fixat v-a acaparat atât de mult atenţia, încât reduceţi momentul prezent la un simplu instrument pentru atingerea unui scop? Vă răpeşte bucuria a ceea ce faceţi? Aşteptaţi să începeţi să trăiţi? Dacă vă construiţi un astfel de tipar mental, indiferent de ceea ce veţi realiza sau veţi obţine, prezentul nu va fi niciodată destul de bun; viitorul va părea întotdeauna mai bun decât prezentul. O reţetă perfectă pentru insatisfacţie şi neîmplinire permanentă, nu sunteţi de acord?

Sunteţi de obicei o persoană care aşteaptă? Ce procent din viaţă vă petreceţi aşteptând? Eu numesc „aşteptare la scară mică", de exemplu, coada de la oficiul poştal, un blocaj în trafic, coada de la aeroport sau aşteptarea unei persoane la o întâlnire etc. „Aşteptarea la scară mare“ este aşteptarea următorului concediu, a unui loc de muncă mai bun, a momentului când copiii vor creşte, a unei relaţii într-adevăr importante, a succesului, a securităţii financiare, a momentului când vom fi o persoană importantă sau când vom avea mai multe cunoştinţe. Nu de puţine ori, oamenii îşi petrec toată viaţa aşteptând să înceapă să trăiască.

Aşteptarea este o dispoziţie mentală. În principiu, înseamnă să doreşti viitorul; să nu doreşti prezentul. Nu îţi doreşti ceea ce ai şi vrei ceea ce nu ai. Orice aşteptare creează în inconştient un conflict interior între a te afla aici şi acum, unde de fapt nu vreţi să vă aflaţi, şi viitorul proiectat, în care aţi dori să trăiţi. Acest lucru vă reduce foarte mult calitatea vieţii, făcându-vă să pierdeţi prezentul.

Nu este nimic rău în a te strădui să-ţi îmbunătăţeşti situaţia de viaţă. Bineînţeles că vă puteţi îmbunătăţi situaţia de viaţă, dar nu vă puteţi îmbunătăţi viaţa. Viaţa este factorul primar. Viaţa este Fiinţa dvs. profundă. Ea este deja desăvârşită, completă, perfectă. Situaţia dvs. de viaţă constă în circumstanţe şi experienţe personale. Nu este nimic rău în a-ţi fixa obiective şi a încerca să realizezi anumite lucruri. Greşeala constă în folosirea lor ca substitut pentru sentimentul vieţii, pentru Fiinţă. Singurul punct de acces către acest sentiment este ACUM. Sunteţi ca un arhitect care nu acordă niciun fel de atenţie fundaţiei unei clădiri, dar investeşte o mulţime de timp în suprastructură.

De exemplu, mulţi oameni aşteaptă prosperitatea. Ea nu poate veni în viitor. Când respectaţi, recunoaşteţi şi acceptaţi pe deplin realitatea prezentă — locul în care vă aflaţi, cine sunteţi, ce faceţi chiar acum —, când acceptaţi pe deplin ceea ce aveţi, sunteţi recunoscător pentru ceea ce aveţi, recunoscător pentru ceea ce *este,* recunoscător pentru Fiinţă. Recunoştinţa pentru momentul prezent şi plenitudinea *vieţii* de acum este adevărata prosperitate. Ea nu poate veni în viitor. Apoi, în timp, această prosperitate se va manifesta în cazul dvs. în diferite feluri.

Dacă nu sunteţi satisfăcut cu ceea ce aveţi sau sunteţi frustrat sau supărat din cauza lipsurilor din prezent, aceasta vă poate motiva să vă îmbogăţiţi, dar şi dacă veţi câştiga milioane, veţi continua să trăiţi starea prezentă de lipsă şi în adâncul sufletului veţi continua să vă simţiţi neîmplinit. Puteţi avea multe experienţe interesante pe care să le plătiţi cu bani, dar ele se vor încheia repede şi vă vor lăsa mereu cu un sentiment de gol interior şi cu nevoia unei gratificări fizice şi psihice suplimentare. Nu veţi trăi comuniunea cu Fiinţa şi nu veţi simţi plenitudinea vieţii de acum, singura prosperitate autentică.

Aşa că abandonaţi dorinţa ca stare mentală. Când vă surprindeţi alunecând în aşteptare... ieşiţi repede din ea. Reveniţi la momentul prezent. Trăiţi şi bucuraţi-vă de ceea ce trăiţi. Dacă sunteţi prezent, nu mai aveţi nevoie să aşteptaţi nimic. Aşa că data viitoare când cineva vă va spune: „Îmi pare rău că v-am făcut să aşteptaţi", îi puteţi răspunde: „Nu face nimic. Nu am aşteptat. Am stat aici şi m-am simţit bine — savurând bucuria de a fi eu însumi."

Acestea sunt numai câteva strategii mentale obişnuite pentru negarea momentului prezent, care fac parte din starea normală de inconştienţă. Ele sunt uşor de trecut cu vederea tocmai pentru că sunt atât de bine fixate în obişnuinţele noastre, în modul nostru normal de a trăi: fundalul static al nemulţumirii perpetue. Dar cu cât exersaţi mai mult observarea stării mental-emoţionale interioare, cu atât vă va fi mai uşor să sesizaţi blocajul în trecut sau în viitor, adică momentul în care sunteţi inconştient, şi să vă treziţi din visul timpului în prezent. Dar aveţi grijă: sinele fals, nefericit, bazat pe identificarea cu mintea trăieşte în timp. El ştie că momentul prezent este propria sa moarte şi prin urmare se simte foarte ameninţat de el. Va face tot ce poate pentru a vă smulge de aici. Va încerca să vă menţină în capcana timpului.

Scopul interior al călătoriei vieţii

Înţeleg că ceea ce spuneţi este adevărat, totuşi, cred că oamenii trebuie să aibă un scop în viaţă; altfel, am fi la voia întâmplării, şi apoi — un scop înseamnă viitor, nu-i aşa? Cum putem împăca acest lucru cu a trăi în prezent?

Când vă aflaţi într-o călătorie, este, desigur, util să ştiţi care este destinaţia finală sau cel puţin direcţia generală de mişcare, dar nu uitaţi: în ultimă instanţă, singurul lucru real în călătoria dvs. este pasul pe care îl faceţi în acest moment. Este singurul lucru care există.

Drumul vieţii dvs. are un scop exterior şi unul interior. Scopul exterior este atingerea ţelului sau a destinaţiei, realizarea obiectivelor pe care vi le-aţi propus, anumite performanţe, care, desigur, înseamnă viitorul. Dar, dacă destinaţia dvs. sau paşii pe care îi veţi face în viitor vă vor acapara atât de mult atenţia, încât să devină mai importanţi decât pasul pe care îl faceţi acum, atunci veţi rata complet scopul interior al acestei călătorii, care nu are nimic în comun cu locul spre care vă îndreptaţi sau cu *ceea ce* faceţi. Dimpotrivă, ţine foarte mult de *felul* în care acţionaţi. Nu are nimic de-a face cu viitorul, dar înseamnă totul pentru calitatea conştiinţei fiecărui moment. Scopul exterior se înscrie într-o dimensiune orizontală a spaţiului şi timpului; scopul interior urmăreşte o adâncime a Fiinţei dvs. în dimensiunea verticală a atemporalului Acum. Călătoria dvs. exterioară poate presupune un milion de paşi; călătoria interioară are însă numai unul: pasul pe care îl faceţi chiar acum. Pe măsură ce deveniţi din ce în ce mai conştient de acest singur pas, veţi realiza că el cuprinde deja în sine toţi ceilalţi paşi, inclusiv destinaţia. Acest singur pas se transformă atunci într-o expresie a perfecţiunii, un act de o mare frumuseţe. El vă va aduce în Fiinţă şi lumina Fiinţei va străluci prin el. Acesta este atât scopul, cât şi împlinirea călătoriei dvs. interioare, călătoria în tine însuţi.

§

Are vreo importanță dacă ne îndeplinim sau nu scopul exterior, dacă reușim sau eșuăm în această lume?

În cazul fiecăruia, va avea importanță atâta timp cât nu v-ați realizat încă scopul interior. După aceea, scopul exterior va fi doar un joc, pe care s-ar putea să continuați să-l jucați numai pentru că vă distrează. Este la fel de posibil să eșuați complet în scopul dvs. exterior și în același timp să înregistrați un succes total în ce privește scopul interior. Se poate întâmpla și invers, situație mai des întâlnită: bogăție exterioară însoțită de sărăcie interioară sau „să fi câștigat lumea, dar să vă fi pierdut sufletul", după cum a spus Isus. În ultimă instanță, fiecare scop exterior este sortit „eșecului" mai devreme sau mai târziu, pur și simplu pentru că este supus legii efemerului, ca toate lucrurile. Cu cât veți realiza mai repede că scopul dvs. exterior nu vă poate oferi o satisfacție de durată, cu atât va fi mai bine. Când ați perceput limitele scopului exterior, renunțați la așteptarea nerealistă că acesta ar trebui să vă facă fericit și puneți-o în slujba scopului dvs. interior.

Trecutul nu poate supraviețui dacă sunteți prezent

Ați spus că a ne gândi și a vorbi inutil despre trecut este unul dintre modurile în care evităm prezentul. Dar în afară de trecutul pe care ni-l amintim și cu care poate că ne identificăm, nu mai există în noi și un alt nivel de trecut, care să fie mult mai profund? Vorbesc despre trecutul inconștient, care ne condiționează viețile, mai ales prin intermediul experiențelor timpurii din copilărie. Și apoi mai există și condiționarea culturală, care este legată de locul în care trăim din punct de vedere geografic și de perioada istorică în care trăim.

Toate aceste lucruri determină felul în care vedem lumea, felul în care reacționăm la ea, felul în care gândim despre ea, tipul de relații pe care le avem cu ceilalți, felul în care ne trăim viețile. Cum am putea vreodată să conștientizăm toate aceste lucruri sau să scăpăm de ele? Cât de mult ar dura? Și chiar dacă am reuși, cu ce-am mai rămâne?

Ce rămâne când iluzia ia sfârşit?

Nu este nevoie să investigaţi trecutul inconştient din dvs., cu excepţia manifestărilor sale din prezent, sub forma gândurilor, a emoţiilor, a dorinţelor, a reacţiilor sau a unui eveniment extern în care sunteţi antrenat. Indiferent dacă simţiţi sau nu nevoia să aflaţi diverse lucruri despre trecutul dvs. inconştient, obstacolele prezentului vor aduce totul la lumină. Dacă vă afundaţi în trecut, el va deveni o prăpastie fără fund: întotdeauna va mai exista ceva de analizat. Poate credeţi că aveţi nevoie de mai mult timp pentru a înţelege trecutul sau a vă elibera de el, cu alte cuvinte, poate credeţi că viitorul vă va elibera de trecut. Aceasta este o iluzie. Numai prezentul vă poate elibera de trecut. Mai mult timp psihologic nu vă poate elibera de timpul psihologic. Dobândiţi accesul la puterea clipei de Acum. Aceasta este cheia.

Care este puterea clipei de Acum?

Nu este altceva decât puterea prezenţei dvs., conştiinţa dvs. eliberată de formele gândirii.

Aşa că, abordaţi trecutul de la nivelul prezentului. Cu cât veţi acorda mai multă atenţie trecutului, cu atât îl veţi învesti cu mai multă energie şi cu atât este mai probabil să vă construiţi din el un „sine“. Să nu mă înţelegeţi greşit: atenţia este esenţială, dar nu faţă de trecut ca trecut. Acordaţi atenţie prezentului; acordaţi atenţie comportamentului, reacţiilor, dispoziţiei, gândurilor, emoţiilor, temerilor şi dorinţelor dvs., aşa cum apar ele în prezent. *Acolo* se află trecutul din dvs. Dacă veţi reuşi să fiţi suficient de prezent pentru a urmări toate aceste lucruri, fără să le criticaţi sau să le analizaţi, fără să emiteți niciun fel de apreciere, atunci vă veți rezolva problemele trecutului și îl veți dizolva prin puterea prezenței dvs. Nu vă puteți regăsi în trecut. Vă veți găsi pe sine numai venind în prezent.

Nu este util să înțelegem trecutul și astfel să înțelegem de ce facem anumite lucruri, de ce reacționăm în anumite feluri sau de ce ne creăm în mod inconștient propria dramă, propriile tipare de relaționare ș.a.m.d.?

Pe măsură ce veți conștientiza și mai mult realitatea dvs. prezentă, veți înțelege cu ajutorul intuiției *motivele* pentru care condiționarea dvs. funcționează în aceste moduri particulare; de exemplu, de ce anume relațiile dvs. urmează anumite modele — și vă veți putea aminti lucruri care s-au întâmplat în trecut și pe care acum le veți înțelege mai clar. Acest lucru este foarte bun și poate fi util, dar nu esențial. Esențială este prezența dvs. conștientă. *Ea* dizolvă trecutul. Ea este agentul transformării. Așa că nu căutați să înțelegeți trecutul, ci încercați să fiți cât puteți de prezent. Trecutul nu poate supraviețui dacă sunteți prezent. Nu poate supraviețui decât în absența dvs.

CAPITOLUL V

Starea de prezență

Nu este ceea ce credeți

Repetați mereu că starea de prezență este elementul-cheie. Cred că înțeleg acest lucru din punct de vedere intelectual, dar nu știu dacă am trecut vreodată prin această experiență. Mă întreb — este oare ceea ce cred eu că este sau este ceva total diferit?

Nu este ceea ce credeți că este! Nu puteți gândi prezența și mintea nu o poate înțelege. Prezența este înțeleasă numai atunci când *sunteți* prezent.

Încercați un mic experiment. Închideți ochii și spuneți-vă: „Mă întreb care va fi următorul meu gând“. Apoi fiți foarte atent și așteptați următorul gând. Așa cum așteaptă o pisică în fața găurii unui șoarece. Ce gând va ieși din „gaura șoarecelui?“ Încercați acum!

Ei bine?

A trebuit să aștept destul de mult până a apărut în sfârșit un gând.

Exact. Când vă aflați într-o stare de prezență intensă sunteți eliberat de gânduri. Sunteți foarte liniștit și în același timp foarte alert. În momentul în care atenția dvs. conștientă scade sub un anumit nivel, gândurile dau buzna înăuntru. Zgomotul mental revine; liniștea dispare. Sunteți înapoi în timp.

Pentru a le testa gradul de prezență, unii maeștri Zen veneau pe neașteptate pe la spatele elevilor și încercau să-i lovească cu un băț. Ce sperietură! Dacă elevul era total prezent și într-o stare de vigilență, dacă își păstrase „cureaua la brâu și lampa aprinsă“ — una dintre analogiile pe care Isus le folosește pentru prezență —, atunci își observa maestrul apropiindu-se pe la spate și îl oprea sau se ferea. Dar dacă era lovit însemna că fusese cufundat în gânduri, adică absent, inconștient.

Pentru a rămâne prezent în viața de zi cu zi este util să ai rădăcini adânci în tine însuți; altfel, mintea, care are o forță incredibilă, vă va trage cu ea ca un râu sălbatic.

Ce vreți să spuneți cu „rădăcini adânci în tine însuți“?

Vreau să spun să-ți locuiești corpul pe deplin. Să ai mereu o parte din atenție îndreptată spre câmpul energetic intern al propriului corp. Să îți simți corpul din interior, ca să zic așa. Acest lucru vă ancorează în prezent (vezi capitolul 6).

Sensul ezoteric al „așteptării“

Într-un anumit sens, starea de prezență poate fi comparată cu așteptarea. Isus a folosit analogia așteptării în unele din parabolele sale. Nu este vorba despre genul obișnuit de așteptare amestecată cu plictiseală și iritare care reprezintă o negare a prezentului și despre care am vorbit deja. Nu este o așteptare în care atenția dvs. se fixează asupra unui punct viitor, iar prezentul este perceput ca un obstacol indezirabil ce vă împiedică să obțineți ceea ce vă doriți. Este o așteptare calitativ diferită, una pentru care aveți nevoie de toată atenția și vigilența dvs. Se poate întâmpla ceva în orice moment și, dacă nu sunteți absolut treaz, absolut nemișcat, puteți rata evenimentul. Acesta este genul de aşteptare despre care vorbeşte Isus. În această stare, toată atenţia dvs. se îndreaptă spre prezent. Nu mai rămâne niciun pic pentru reverii, gânduri, amintiri, anticipări. Nu mai este niciun pic de tensiune în ea, niciun pic de frică, doar prezenţă alertă. Sunteţi prezent cu întreaga dvs. fiinţă, cu fiecare celulă a corpului dvs. În această stare, „dumneavoastră" cel care aveţi un trecut şi un viitor, personalitatea — dacă doriţi —, nu se mai află acolo. Şi, totuşi, nu se pierde niciun lucru de valoare. Sunteţi încă în esenţă dvs. De fapt, sunteţi mai mult dvs. decât aţi fost vreodată până atunci sau abia acum sunteţi dvs. înşivă.

„Fii ca un servitor care aşteaptă întoarcerea stăpânului", spune Isus. Servitorul nu ştie la ce oră va veni stăpânul. Aşa că rămâne treaz, alert, echilibrat, liniştit, ca să nu piardă din vedere întoarcerea stăpânului. Într-o altă parabolă, Isus vorbeşte despre cele cinci femei neglijente (inconştiente) care nu au avut suficient ulei (conştiinţă) pentru a-şi ţine lampa aprinsă (starea de prezenţă), şi astfel au pierdut sosirea mirelui (prezentul) şi n-au mai ajuns la nuntă (iluminare). Aceste cinci femei se deosebesc de cele cinci femei înţelepte, care au avut suficient ulei (au rămas conştiente).

Nici măcar bărbaţii care au scris Evangheliile nu au înţeles sensul acestor parabole, aşa că primele interpretări greşite şi distorsiuni s-au strecurat prin scrierea lor. După alte interpretări eronate, sensul real s-a pierdut complet. Acestea nu sunt parabole despre sfârşitul lumii, ci despre sfârşitul timpului psihologic. Ele indică transcendenţa minţii supuse sinelui fals şi posibilitatea de a trăi într-o stare de conştiinţă total diferită.

Frumuseţea se iveşte în liniştea prezenţei

Ceea ce tocmai aţi descris este un lucru pe care îl trăiesc ocazional, pentru câteva secunde, când sunt singur în mijlocul naturii.

Da. Maeştrii Zen folosesc cuvântul *satori* pentru a descrie străfulgerarea intuiţiei, momentul de absenţă a minţii şi de prezenţă totală. Deşi *satori* nu este o transformare durabilă, fiţi recunoscători atunci când apare, pentru că vă oferă o idee despre trăirea iluminării. Poate că aţi trăit de multe ori această stare fără să ştiţi ce este şi fără să îi înţelegeţi importanţa. Prezenţa este necesară pentru a deveni conştienţi de frumuseţea, măreţia şi sfinţenia naturii. Aţi rămas vreodată cu privirea pierdută în infinitatea spaţiului, într-o noapte senină, uimit de calmul absolut şi de vastitatea ei inimaginabilă? Aţi ascultat cu atenţie susurul unui râu de munte în pădure? Sau cântecul unei privighetori la apus, într-o seară liniştită de vară? Pentru a conştientiza aceste lucruri, mintea trebuie să se liniştească. Trebuie să lăsaţi la o parte un moment bagajul personal de probleme, din trecut şi din viitor, şi toate informaţiile pe care le-aţi acumulat; altfel, veţi privi fără să vedeţi, veţi asculta fără să auziţi. Este nevoie de prezenţa dvs. totală.

În spatele frumuseţii formelor exterioare, există mai mult: ceva ce nu poate fi exprimat, ceva inefabil, o esenţă profundă, interioară, sfântă. Ori de câte ori există frumuseţe, această esenţă interioară străluceşte în afară. Ea vi se dezvăluie numai atunci când sunteţi prezent. Este oare posibil ca această esenţă nenumită şi prezenţa dvs. să fie una? Ar mai putea ea să existe acolo fără prezenţa dvs.? Pătrundeţi mai adânc în ea. Descoperiţi singur

Probabil că atunci când aţi trăit aceste momente de prezenţă nu v-aţi dat seama că pentru un interval foarte scurt v-aţi aflat într-o stare de absenţă a gândirii. S-a întâmplat aşa pentru că distanţa dintre starea respectivă şi fluxul de gânduri a fost foarte mică. Poate că *satori* a durat numai câteva secunde înainte ca gândurile să vă revină, dar a existat; altfel, nu i-ați fi trăit frumusețea. Mintea nu poate nici să recunoască, nici să creeze frumusețea. Frumusețea sau sfințenia au fost prezente doar câteva secunde în care v-ați aflat într-o stare de prezență totală. Din cauza intervalului de timp foarte scurt și a lipsei de vigilență și de atenție, probabil că nu ați putut sesiza diferența fundamentală dintre percepție — conștiința frumuseții fără a vă gândi în vreun fel la ea — și etichetarea și interpretarea ei prin intermediul gândului. Durata a fost atât de mică, încât a făcut ca totul să pară un singur proces. Totuși, adevărul este că în momentul în care au intervenit gândurile, nu ați mai rămas decât cu o amintire.

Cu cât intervalul dintre percepție și revenirea gândurilor este mai mare, cu atât sunteți mai profund ca ființă umană, cu alte cuvinte, cu atât sunteți mai conștient.

Mulți oameni sunt atât de prinși în închisoarea minților lor, încât frumusețea naturii nu există în realitate pentru ei. Pot spune „Ce floare frumoasă!“ dar aceasta este doar o etichetare mentală mecanică. Pentru că ei nu sunt prezenți, liniștiți, nu văd cu adevărat floarea, nu îi simt esența, sfințenia — tot așa cum nu se cunosc nici pe ei înșiși, nu își simt esența, sfințenia.

Pentru că trăim într-o cultură dominată de minte atât de mult, cea mai mare parte a artei, arhitecturii, muzicii și literaturii moderne este lipsită de frumusețe, de esență interioară, cu foarte rare excepții. Motivul este acela că oamenii care realizează aceste creații nu pot — nici măcar pentru o secundă — să se elibereze de mintea lor. Așa că nu se află niciodată în legătură cu acest spațiu interior în care se ivesc creativitatea și frumusețea autentică. Mintea lăsată de capul ei creează monstruozități, și asta nu doar în galeriile de artă. Uitați-vă la peisajele noastre urbane și la depozitele de deșeuri industriale. Nicio civilizație nu a produs atâta urâțenie.

Atingerea conștiinței pure

Prezența este același lucru cu Ființa?

Când deveniți conștient de Ființă, ceea ce se întâmplă de fapt este că Ființa devine conștientă de ea însăși. Faptul că Ființa devine conștientă de ea însăși — aceasta este prezența. Deoarece Ființa, conștiința și viața sunt sinonime, am putea spune că prezența înseamnă conștiința care devine conștientă de sine sau viața care ajunge la autoconștientizare. Dar nu vă atașați prea mult de cuvinte și nu faceți un efort pentru a înțelege aceste lucruri. Nu aveți nevoie să înțelegeți nimic pentru a putea deveni prezent.

Înțeleg ce ați spus, dar pare să reiasă că Ființa, realitatea transcendentală ultimă, încă nu este completă, că trece printr-un proces de dezvoltare. Dumnezeu are nevoie de timp pentru dezvoltarea personală?

Da, dar numai dacă privim din perspectiva limitată a universului manifest. În Biblie, Dumnezeu declară: „Eu sunt Alfa și Omega. Eu sunt cel viu.“ În lumea atemporală în care există Dumnezeu, care este în același timp și casa *dvs.*, începutul și sfârșitul, Alfa și Omega, sunt una, iar esența tuturor lucrurilor care au existat și vor exista vreodată este etern prezentă într-o stare nemanifestată de unitate și perfecțiune — complet dincolo de orice lucru pe care l-ar putea imagina sau înțelege vreodată mintea umană. În lumea noastră de forme aparent separate, totuși, perfecțiunea atemporală este un concept inimaginabil. Aici chiar și conștiința, lumina ivită din Sursa eternă, pare supusă unui proces de dezvoltare, dar asta numai din cauza percepției noastre limitate. În termeni absoluți, lucrurile nu stau așa. Totuși, dați-mi voie să continui să vorbesc un moment despre evoluția conștiinței în această lume.

Tot ceea ce există conține Ființa, conține esența lui Dumnezeu, are un anumit grad de conștiință. Chiar și o piatră are o conștiință rudimentară; altfel, nu ar exista, iar atomii și moleculele sale s-ar dispersa. Totul este viu. Soarele, Pământul, plantele, animalele, oamenii — toate sunt expresii ale conştiinţei în diferite grade, conştiinţă manifestată ca formă.

Lumea apare atunci când conştiinţa ia diferite forme, mentale sau materiale. Gândiţi-vă la milioanele de forme de viaţă de pe această planetă. Din mare, de pe pământ, din aer — şi fiecare dintre ele este reprodusă de milioane de ori. În ce scop? Există o entitate sau o fiinţă prinsă într-un joc, care se joacă cu formele? Aceasta este întrebarea pe care şi-au pus-o vechii înţelepţi din India. Ei au văzut lumea ca *lila*, un fel de joc divin pe care îl joacă Dumnezeu. Formele de viaţă individuală nu sunt, evident, foarte importante în acest joc. În mediul marin, majoritatea formelor de viaţă nu supravieţuiesc mai mult de câteva minute după naştere. Forma umană se transformă şi ea în ţărână mult prea repede, iar când a dispărut, este ca şi cum n-ar fi existat niciodată. Este acest lucru tragic sau crud? Numai în cazul în care creaţi o identitate separată pentru fiecare formă, atunci când uitaţi că acea conştiinţă a fiecăreia este esenţa lui Dumnezeu, ce se exprimă pe sine prin formă. Dar nu *ştiţi* cu adevărat acest lucru până când nu vă daţi seama de apartenenţa dvs. la esenţa lui Dumnezeu drept conştiinţă pură.

Dacă un peşte se naşte în acvariul dvs. şi îi daţi numele de John, scrieţi un certificat de naştere, îi povestiţi istoria familiei lui şi peste două minute este înghiţit de un alt peşte — este un lucru tragic. Dar este tragic numai pentru că dvs. aţi proiectat un sine individual acolo unde nu exista. Aţi luat o fracţiune dintr-un proces dinamic, un dans molecular, şi aţi făcut din ea o entitate separată.

Conştiinţa îşi pune masca formelor până când acestea ating o asemenea complexitate, încât se pierde complet în ele. Conştiinţa omului contemporan s-a identificat complet cu masca ei. Se cunoaşte pe sine numai ca formă — şi de aceea trăieşte temându-se că forma sa fizică sau psihologică va fi anihilată. Aceasta este mintea dominată de sinele fals, şi în acest moment apar disfuncţii considerabile. După cum vedem acum, se pare că a decurs total greșit ceva în lanțul evolutiv. Dar chiar și asta face parte din *lila*, jocul divin. În final, presiunea suferinței create de această aparentă disfuncționalitate forțează conștiința să se desprindă din identificarea cu forma și să se trezească din visul formei: își regăsește conștiința de sine, dar la un nivel mult mai profund decât atunci când a pierdut-o.

Acest proces este explicat de Isus în parabola fiului rătăcitor, care pleacă de la casa tatălui său, își risipește averea, ajunge un cerșetor și este apoi forțat de suferințele sale să se întoarcă acasă. Când se întoarce, tatăl său *îl iubește mai mult* decât înainte. Starea fiului este așa cum era și înainte, și totuși diferită. Acum are o dimensiune în plus — profunzimea. Parabola descrie călătoria de la perfecțiunea inconștientă, prin imperfecțiunea aparentă și „rău", până la perfecțiunea conștientă.

Acum înțelegeți semnificația mai profundă și mai largă a faptului de a deveni prezent ca observator al minții? Ori de câte ori urmăriți mintea, vă retrageți conștiința din formele mentale, aceasta transformându-se atunci în ceea ce noi numim observator sau martor. Prin urmare, observatorul — conștiința pură dincolo de formă — devine mai puternic, iar formațiunile mentale devin mai slabe. Când vorbim despre observarea minții, personalizăm un eveniment de importanță cosmică: prin dvs. conștiința se trezește din visul ei de identificare cu forma și se retrage din formă. Acest lucru prevestește — dar, de fapt, participă — la un eveniment aflat probabil în viitorul îndepărtat din punctul de vedere al timpului cronologic. Evenimentul se numește sfârșitul lumii.

Când conștiința se eliberează pe sine din identificarea cu formele fizice și mentale, devine ceea ce noi am putea numi conştiinţă sau prezenţă pură ori iluminată. Acest lucru li s-a întâmplat deja câtorva persoane şi se pare că este destinat să se întâmple din nou la o scară mult mai largă, deşi nu există nicio garanţie că va *fi* aşa. Cei mai mulţi oameni se află încă în ghearele modului de conştiinţă dominat de sinele fals: se identifică cu mintea lor şi sunt conduşi de ea. Dacă, la un moment dat, nu se vor elibera de mintea lor, aceasta îi va distruge. Vor trăi din ce în ce mai mult în confuzie, conflict, violenţă, boală, disperare, nebunie. Mintea dominată de sinele fals a devenit un vas care se scufundă. Dacă nu vă debarcaţi la timp, vă veţi scufunda împreună cu ea. Mintea colectivă dominată de sinele fals a devenit cea mai periculoasă şi mai distructivă entitate ce a locuit vreodată pe această planetă. Ce credeţi că se va întâmpla cu planeta, în cazul în care conştiinţa umană rămâne neschimbată?

Pentru majoritatea oamenilor, singura întrerupere în dominaţia minţii este revenirea ocazională la un nivel de conştiinţă inferior gândirii. Fiecare dintre noi face acest lucru în fiecare seară, în timpul somnului. Dar acelaşi lucru are loc într-o anumită măsură şi prin sex, alcool şi alte droguri ce suprimă activitatea mentală excesivă. Dacă nu ar exista alcoolul, tranchilizantele, antidepresivele şi substanţele ilegale, care sunt, toate, consumate în cantităţi imense, nebunia minţii umane ar deveni şi mai evidentă. Cred că, dacă ar fi lipsiţi de formele lor de drog, mare parte dintre oameni ar deveni un pericol pentru sine şi pentru alţii. Aceste droguri şi medicamente vă menţin blocaţi într-un mod de funcţionare eronat. Folosirea lor pe scară largă nu face decât să întârzie colapsul vechilor structuri mentale şi ivirea unei conştiinţe superioare. Deşi utilizatorii individuali găsesc o anumită eliberare faţă de tortura zilnică impusă de mintea lor, ei sunt împiedicaţi să genereze suficientă prezenţă conştientă pentru a se ridica deasupra gândurilor şi a-şi găsi astfel adevărata eliberare.

Revenirea la un nivel de conştiinţă inferior minţii, care reprezintă nivelul anterior gândirii al strămoşilor noştri, al animalelor și plantelor, nu este o opțiune valabilă pentru noi. Nu există cale de întoarcere. Pentru ca rasa umană să supraviețuiască, ea trebuie să avanseze la stadiul următor. Conștiința evoluează în tot universul sub miliarde de forme. Așa că, chiar dacă nu vom reuși, acest lucru nu va avea nicio importanță la scară cosmică. Conștiința nu poate să piardă ceva vreodată, așa că ea s-ar exprima pur și simplu printr-o altă formă. Chiar faptul că vă vorbesc aici, iar dvs. mă ascultați sau citiți această carte este un semn clar că noua conștiință își *câștigă* un punct de sprijin pe această planetă.

În această activitate nu este implicat nimic personal: eu nu vă învăț nimic. Dvs. sunteți conștiință și vă ascultați pe dvs. înșivă. Există un proverb în Orient: „Profesorul și învățăcelul creează împreună învățătura." Oricum, cuvintele în sine nu sunt importante. Ele nu sunt Adevărul; doar arată spre el. Eu vă vorbesc în stare de prezență și în timpul acesta s-ar putea să reușiți să veniți alături de mine. Deși fiecare cuvânt pe care îl folosesc are, desigur, o istorie și vine din trecut, ca de altfel tot limbajul, cuvintele pe care vi le adresez acum vibrează de înalta energie a prezenței, total diferită de sensul pe care îl exprimă cuvintele în calitate de simple cuvinte.

Tăcerea este cel mai puternic vehicul al prezenței, așa că atunci când citiți sau mă ascultați vorbind, conștientizați liniștea dintre și din spatele cuvintelor. Conștientizați pauzele. Ascultarea liniștii, oriunde v-ați afla, este o cale directă și ușoară de a deveni prezent. Chiar dacă există zgomote, printre ele și în spatele lor va exista întotdeauna liniștea. Ascultarea liniștii produce imediat liniștea interioară. Numai liniștirea poate percepe liniștea din exterior. Și ce altceva este liniștirea decât prezență, conștiință eliberată de formele gândirii? Iată realizarea vie a ceea ce am discutat până acum.

Cristos: realitatea prezenţei dvs. divine

Nu vă ataşaţi de niciun cuvânt. Puteţi înlocui cuvântul „Cristos“ cu prezenţă, dacă acesta este mai semnificativ pentru dvs. Cristos a fost esenţa dvs. divină sau Sinele, cum este numit uneori în Orient. Singura diferenţă între Cristos şi prezenţă este că primul cuvânt se referă la divinitatea care există în dvs. indiferent dacă sunteţi conştient de ea sau nu, în timp ce prezenţa înseamnă divinitatea sau esenţa divină *trezită*.

Multe neînţelegeri şi credinţe false legate de Cristos se vor lămuri dacă veţi realiza că nu există trecut şi viitor în Cristos. A spune că Cristos *a fost* sau *va fi* este o contradicţie în termeni. Isus a existat. El a fost omul care a trăit acum 2 000 de ani şi a realizat prezenţa divină, adevărata sa natură. Şi astfel a spus: „Înainte de Abraham sunt eu.“ El nu a spus: „Am existat şi înainte de naşterea lui Abraham.“ Acest lucru ar fi însemnat că el se mai afla încă în dimensiunea timpului şi a identităţii ca formă. Cuvintele *sunt eu* folosite într-o afirmaţie care începe cu trecutul indică o transformare radicală, o discontinuitate în dimensiunea temporală. Este ca o afirmaţie Zen de o mare profunzime. Isus a încercat să exprime direct, nu prin gândire discursivă, înţelesul prezenţei, al realizării de sine. El depăşise dimensiunea conştiinţei guvernate de timp şi intrase în lumea atemporalităţii. Dimensiunea eternităţii pătrunsese în această lume. Desigur, eternitatea nu înseamnă un timp nesfârşit, ci absenţa timpului. Astfel, omul Isus a devenit Cristos, un vehicul al conştiinţei pure. Cum se defineşte pe sine Dumnezeu în Biblie? A spus cumva Dumnezeu: „Eu am fost dintotdeauna şi voi exista întotdeauna“? Sigur că nu. Acest lucru ar fi conferit realitate trecutului şi viitorului.

Dumnezeu a spus: „EU SUNT CEL CE SUNT." Aici nu există timp, doar prezență.

„A doua venire" a lui Cristos este o transformare a conștiinței umane, o trecere de la timp la prezență, de la gândire la conștiință pură, și nu venirea unui bărbat sau a unei femei. Dacă „Cristos" s-ar reîntoarce mâine sub o formă exterioară, ce altceva ar putea el sau ea să ne spună decât: „Eu sunt Adevărul. Eu sunt prezența divină. Eu sunt viața eternă. Eu mă aflu în tine. Eu sunt aici. Eu sunt Acum."

Nu îl personalizați niciodată pe Cristos. Nu faceți din Cristos o identitate formală. Avatarurile, mamele divine, maeștrii iluminați, cei foarte puțini care sunt autentici nu sunt speciali ca persoane. Fără un sine fals pe care să-l mențină, să-l apere și să-l hrănească, ei sunt mai simpli, mai comuni decât o femeie sau un bărbat obișnuiți. Orice persoană cu un sine fals puternic i-ar considera nesemnificativi sau, mai probabil, i-ar trece complet cu vederea.

Dacă vă simțiți atras de un maestru spiritual este pentru că în dvs. există deja suficientă prezență pentru a recunoaște prezența în altul. Au fost mulți oameni care nu i-au recunoscut pe Isus sau pe Buddha, așa cum există și au existat mereu oameni care se simt atrași de maeștri falși. Sinele fals al cuiva se simte atras de un sine fals mai cuprinzător. Întunericul nu poate recunoaște lumina. Numai lumina poate recunoaște lumina. Așa că, să nu credeți că lumina se află în afara dvs. sau că ea nu poate veni decât sub o anumită formă. Dacă numai maestrul dvs. este personificarea lui Dumnezeu, atunci cine sunteți dvs.? Orice formă de exclusivism este identificarea cu forma, iar identificarea cu forma înseamnă sine fals, indiferent cât de bine ascuns este el.

Folosiţi prezenţa maestrului pentru a vă reflecta propria identitate, dincolo de nume şi de formă, pentru a vă întoarce la dvs. şi a deveni mai prezent dvs. înşivă. Veţi realiza curând că nu există „al meu“ sau „al tău“ în prezenţă. Prezenţa este unificare.

Munca în grup poate fi utilă pentru intensificarea luminii prezenţei. Un grup de oameni reunit într-o stare de prezenţă generează un câmp colectiv de energie de o mare intensitate. Aceasta nu numai că sporeşte gradul de prezenţă al fiecărui membru, dar ajută şi la eliberarea conştiinţei umane colective din starea ei actuală de sclavă a minţii. Ceea ce va face starea de prezenţă din ce în ce mai accesibilă indivizilor. Totuşi, dacă nici măcar unul dintre membrii grupului nu este ferm înrădăcinat în starea de prezenţă pentru a putea menţine frecvenţa înaltă a energiei acestei stări, sinele fals poate să se reafirme uşor şi să saboteze eforturile grupului. Deşi exerciţiul în grup este de nepreţuit, nu este suficient şi nu trebuie să vă bazaţi doar pe el. Aşa cum nu trebuie să vă bazaţi pe un profesor sau pe un maestru, cu excepţia perioadei de tranziţie, când deprindeţi semnificaţia şi practica prezenţei.

CAPITOLUL VI

Corpul interior

Ființa este sinele dvs. profund

Ne-ați vorbit mai devreme despre importanța de a avea rădăcini adânci în noi sau de locuirea corpului nostru. Ne puteți explica ce înțelegeți prin asta?

Corpul poate deveni un punct de acces către lumea Ființei. Haideți să vorbim mai pe larg despre acest lucru.

Nu sunt încă foarte sigur că înțeleg la ce vă referiți când vorbiți despre Ființă.

„Apă? Ce vrei să spui cu asta? Nu înțeleg apa." Asta ar spune un pește dacă ar avea o minte omenească.

Vă rog să nu mai încercați să înțelegeți Ființa. Ați avut deja străfulgerări semnificative ale Ființei, dar mintea va încerca mereu să încadreze totul într-o cutie pe care să pună o etichetă. Nu se poate face acest lucru. Nu poate deveni un obiect al cunoașterii. În Ființă, subiectul și obiectul sunt una.

Ființa poate fi *simțită* ca un *eu sunt* mereu prezent, dincolo de nume și formă. A simți și astfel a ști că sunteți și continuați să rămâneți în această stare adânc înrădăcinată de iluminare este adevărul despre care Isus spune că vă va elibera.

De ce anume mă va elibera?

Vă va elibera de *iluzia* că nu sunteți nimic mai mult decât corpul fizic și mintea dvs. Această „iluzie a sinelui", cum o numeşte Buddha, este eroarea fundamentală. Vă va elibera de *frică,* în multiplele ei forme, o consecinţă inevitabilă a acestei iluzii — frica aceea care va fi agresorul dvs. constant atâta timp cât sentimentul dvs. de sine derivă numai din această formă efemeră şi vulnerabilă. Şi vă va elibera de *păcat*, care este suferinţa ce v-o produceţi inconştient şi dvs., şi altora, atâta timp cât acest sentiment iluzoriu de identitate guvernează ceea ce gândiţi, spuneţi, faceţi.

Priviţi dincolo de cuvinte

Nu îmi place cuvântul „păcat". Implică faptul că sunt judecat şi găsit vinovat.

Înţeleg. De-a lungul secolelor, în jurul unor cuvinte, cum ar fi păcat, s-au acumulat multe puncte de vedere şi interpretări greşite din cauza înţelegerii greşite, a ignoranţei sau a dorinţei de a controla, dar ele conţin un sâmbure de adevăr. Dacă nu puteţi privi dincolo de aceste interpretări şi nu puteţi recunoaşte realitatea indicată de acest cuvânt, atunci nu-l folosiţi. Nu vă blocaţi la nivelul cuvintelor. Un cuvânt nu este mai mult decât un mijloc pentru atingerea unui scop. Este o abstracţie. Ca un indicator, arată spre ceva care se află dincolo de el. Cuvântul *miere* nu este mierea. Puteţi studia şi vorbi despre miere cât doriţi, dar nu veţi *şti* într-adevăr ce este mierea până când nu o veţi gusta. După ce aţi gustat-o, cuvântul devine mai puţin important pentru dvs. Nu veţi mai fi ataşat de el. La fel, puteţi vorbi sau vă puteţi gândi la *Dumnezeu* în permanenţă pentru tot restul vieţii, dar asta nu înseamnă că ştiţi ce este sau că aţi avut fie o străfulgerare a acestei realităţi pe care o indică cuvântul. Nu este mai mult decât un ataşament obsesiv faţă de un indicator, un idol mental.

Şi inversul este valabil: dacă, indiferent din ce motive, nu v-a plăcut cuvântul *miere*, este posibil ca această atitudine să vă facă să nu o gustaţi niciodată. Dacă aveţi o puternică aversiune pentru cuvântul *Dumnezeu*, care este o formă negativă de ataşament, este posibil să negaţi nu doar cuvântul, ci şi realitatea pe care o semnifică. Vă puteţi refuza singur posibilitatea de a trăi această realitate. Desigur, toate acestea sunt intrinsec legate de identificarea cu mintea.

Aşa că, dacă un cuvânt nu mai funcţionează pentru dvs., abandonaţi-l şi înlocuiţi-l cu unul care funcţionează. Dacă nu vă place cuvântul *păcat*, atunci numiţi-l inconştienţă sau nebunie. Aşa vă veţi afla poate mai aproape de adevăr, de realitatea din spatele cuvântului, decât prin cuvântul *păcat,* care a fost folosit greşit atât de mult timp, şi veţi avea mai puţin loc pentru vinovăţie.

Nu-mi plac nici aceste cuvinte. Ele conţin presupunerea că ceva nu este în regulă cu mine. Că aş fi judecat.

Sigur că ceva nu este în regulă cu dvs. — dar nu sunteţi judecat.

Nu vreau să vă jignesc, dar oare nu aparţineţi rasei umane, care a omorât peste 100 de milioane de membri ai propriei specii numai în secolul XX?

Aceasta ar fi o culpabilitate prin asociere?

Nu este o problemă de culpabilitate. Dar atâta timp cât sunteţi condus de o minte dominată de sinele fals, sunteţi parte din nebunia colectivă. Poate că nu aţi analizat prea atent condiţia umană dominată de mintea condusă de sinele fals. Deschideţi ochii şi priviţi frica, disperarea, lăcomia şi violenţa, care apar de peste tot. Observaţi cruzimea monstruoasă şi suferinţele, la o scară inimaginabilă, pe care oamenii le-au produs şi continuă să le producă atât membrilor propriei specii, cât şi celorlalte forme de viaţă de pe această planetă. Nu este nevoie să condamnaţi. Observaţi doar. Acesta este păcatul. Aceasta este nebunia. Aceasta este inconştienţa. La urma urmei, nu uitaţi să vă observaţi propria minte. Căutaţi acolo rădăcina nebuniei.

Descoperirea propriei realităţi invizibile şi indestructibile

Aţi spus că identificarea cu forma noastră fizică este parte din această iluzie; deci, cum poate corpul, forma fizică, să ne facă să ne dăm seama ce este Fiinţa?

Corpul pe care îl puteţi vedea şi atinge nu vă poate purta către Fiinţă. Dar acest corp vizibil şi tangibil este numai un înveliş exterior sau, mai curând, o percepţie limitată şi distorsionată a unei realităţi mai profunde. În starea dvs. naturală de conectare cu Fiinţa, această realitate profundă poate fi simţită în fiecare moment sub forma unui corp interior invizibil, prezenţa vie din dvs. Astfel că, a-ţi „locui trupul" înseamnă a-ţi simţi trupul din interior, a simţi viaţa din acest corp, şi în felul acesta a ajunge să afli că eşti mai mult decât forma exterioară.

Dar acesta este numai începutul unei călătorii interioare, care vă va duce din ce în ce mai departe, într-o lume cu multă linişte şi pace, şi în acelaşi timp extrem de puternică şi vibrând de viaţă. La început, veţi avea doar străfulgerări ale acesteia, prin care veţi începe să realizaţi că nu sunteţi numai un fragment fără sens dintr-un univers străin, suspendat pentru o clipă între naştere şi moarte, căruia îi sunt permise numai câteva plăceri de scurtă durată, urmate de durere şi anihilarea finală. În spatele formei dvs. exterioare, sunteţi conectat cu ceva atât de vast, incomensurabil şi sacru, încât nu poate fi conceput sau descris în cuvinte — şi totuşi vă vorbesc despre acest lucru acum. Vorbesc despre acesta nu pentru a vă oferi ceva în care să credeţi, ci pentru a vă arăta cum puteţi să-l cunoaşteţi dvs. înşivă.

Sunteţi rupt de Fiinţă atâta timp cât mintea dvs. vă acaparează întreaga atenţie. Când se întâmplă acest lucru — şi se întâmplă permanent pentru majoritatea oamenilor —, nu vă mai aflaţi în corpul dvs. Mintea vă absoarbe întreaga capacitate de conştientizare şi o transformă în creaţii ale minţii. Nu puteți să vă opriți din gândit. Gândirea compulsivă a devenit o boală colectivă. Întregul sentiment de identitate derivă din activitățile minții. Identitatea care nu-și mai are rădăcinile în Ființă devine o structură mentală vulnerabilă și mereu nevoiașă, ce creează frica drept emoție subterană predominantă. Atunci, singurul lucru care contează lipsește din viața dvs.: conștiința sinelui profund — realitatea dvs. invizibilă și indestructibilă.

Pentru a deveni conștient de Ființă, trebuie să vă retrageți conștiința din câmpul minții. Aceasta este una dintre cele mai importante sarcini ale călătoriei dvs. spirituale. Va elibera cantități uriașe de conștiință, care mai înainte fuseseră prinse în capcana gândirii compulsive și inutile. O modalitate foarte eficientă de a face acest lucru este să nu vă mai concentrați asupra gândirii și să vă îndreptați atenția asupra corpului, unde Ființa poate fi simțită, în prima fază, sub forma unui câmp energetic invizibil, ce dă viață acelui lucru pe care îl percepeți ca fiind corpul dvs. fizic.

Conectarea cu corpul interior

Vă rog, încercați acest lucru acum. S-ar putea să vă fie mai ușor dacă închideți ochii în timpul acestui exercițiu. Mai târziu, când „prezența în corp" va deveni naturală și ușoară, acest lucru nu va mai fi necesar. Îndreptați-vă atenția asupra corpului. Simțiți-l din interior. Este viu? Există viață în palmele, brațele, picioarele și în tălpile dvs. — în abdomen, în piept? Puteți simți câmpul energetic subtil care trece prin tot corpul și dă o viață vibrantă fiecărui organ și fiecărei celule în parte? Îl puteți simți simultan în toate părțile corpului ca pe un câmp energetic unic? Continuați să vă concentrați și să vă simțiți corpul interior câteva minute. Nu începeți să vă gândiți la el. Simțiți-l. Cu cât îi acordați mai multă atenție, cu atât acest sentiment va fi mai clar și mai puternic. Veți simți că fiecare celulă devine mai vie, iar dacă simțul dvs. vizual este foarte dezvoltat, este posibil să vă vedeţi corpul devenind luminos. Deşi o astfel de imagine vă poate ajuta temporar, acordaţi mai multă atenţie sentimentului decât imaginii ce poate apărea. O imagine, indiferent cât de frumoasă sau de puternică ar fi, este deja definită ca formă, aşa că are o capacitate mai mică de penetrare în profunzime.

§

Simţirea corpului interior este lipsită de formă, de limite, este insondabilă. Puteţi oricând să pătrundeţi mai adânc în el. Dacă nu puteţi simţi prea multe în acest stadiu, fiţi atent la tot ceea ce *reuşiţi* să simţiţi. Pentru moment, este destul de bine. Concentraţi-vă asupra a ceea ce simţiţi. Corpul dvs. se trezeşte la viaţă. Mai târziu, vom mai exersa. Acum vă rog să deschideţi ochii, păstrându-vă o parte din atenţie concentrată asupra câmpului energetic interior al corpului chiar din momentul în care începeţi din nou să priviţi prin cameră. Corpul interior se află la graniţa dintre identitatea dvs. ca formă şi identitatea ca esenţă, natura dvs. adevărată. Nu pierdeţi niciodată contactul cu ea.

§

Transformarea prin intermediul corpului

De ce majoritatea religiilor au condamnat sau au negat corpul? Se pare că persoanele care doreau să evolueze spiritual au privit întotdeauna corpul ca pe un obstacol sau chiar ca pe un păcat.

De ce atât de puține dintre persoanele care căutau adevărul spiritual au ajuns într-adevăr la el?

La nivel corporal, oamenii se apropie foarte mult de animale. Toate funcțiile primare ale corpului — plăcerea, durerea, respirația, alimentația, defecația, somnul, dorința de a-și găsi un partener și de a procrea și, desigur, nașterea și moartea — le regăsim și la animale. La mult timp după ce au decăzut din starea de grație și unificare în iluzie, oamenii s-au trezit brusc în ceea ce părea să fie un corp de animal — și au fost foarte tulburați de acest lucru. „Nu te minți singur. Nu ești decât un animal." Acesta părea să fie adevărul crud. Dar era un adevăr prea greu de acceptat. Adam și Eva au văzut că erau goi și au început să se teamă. Negarea inconștientă a naturii lor animalice s-a instalat foarte repede. Pericolul de a fi dominați de porniri instinctuale foarte puternice și de a se întoarce la starea de inconștiență completă era într-adevăr foarte real. Rușinea și tabuurile legate de anumite părți ale corpului și de funcțiile corporale, mai ales de sexualitate, și-au făcut apariția. Lumina conștiinței lor nu era încă suficient de puternică pentru a se putea împrieteni cu natura lor animalică, pentru a-i permite acesteia să *existe* și chiar pentru a se bucura de acest aspect al ființei lor — cu atât mai puțin pentru a pătrunde mai adânc în ea și a descoperi acolo divinul ascuns, realitatea în iluzie. Așa că au făcut ce era necesar să facă. Au început să se disocieze de corpul lor. Acum se vedeau ca *având* un corp, în loc să considere că sunt corpul lor.

Când au apărut religiile, această disociere a devenit și mai pronunțată prin credința că „nu ești corpul tău". Nenumărați oameni din Est și din Vest au încercat de-a lungul timpului să îl găsească pe Dumnezeu, să găsească mântuirea sau iluminarea prin negarea corpului. Acest fapt a luat forma negării sentimentului de plăcere și mai ales a negării sexualității, forma postului și a altor practici ascetice. Oamenii și-au provocat chiar și dureri în încercarea de a slăbi trupul și a-l pedepsi, de vreme ce îl considerau păcătos. În creștinism, aceasta se numea mortificarea cărnii. Alţii au încercat să se elibereze de corp intrând în stări de transă sau căutând experienţe care să le permită decorporalizarea. Mulţi mai practică încă acest lucru. Chiar şi despre Buddha se spune că a practicat negarea corpului prin post şi prin forme extreme de ascetism timp de şase ani, dar nu a atins iluminarea până când nu a renunţat la aceste practici.

Fapt este că nimeni nu a ajuns la iluminare negându-şi corpul, luptând împotriva lui sau prin decorporalizare. Deşi o astfel de experienţă poate fi fascinantă şi vă poate oferi o imagine fugară despre starea de eliberare din forma materială, mereu veţi fi nevoiţi ca în final să vă întoarceţi în corp, unde are loc transformarea esenţială. Transformarea se produce *prin* corp, nu în afara lui. Acesta este motivul pentru care niciun maestru autentic nu a susţinut vreodată lupta împotriva corpului sau părăsirea acestuia, deşi discipolii lor, axaţi pe minte, au făcut-o deseori.

Din vechile învăţături despre trup, au supravieţuit numai anumite fragmente, de exemplu, afirmaţia lui Isus potrivit căreia „tot trupul vostru se va umple de lumină"; ele au mai supravieţuit şi ca mituri, cum ar fi credinţa că Isus nu şi-a părăsit niciodată corpul, ci a rămas una cu el şi s-a ridicat la „ceruri" cu el. Până în ziua de azi, aproape nimeni nu a înţeles aceste fragmente sau sensul secret al anumitor mituri, iar credinţa că „nu suntem corpul nostru" a continuat să fie universală, ducând la negarea corpului şi la încercarea de a scăpa de el. Astfel, nenumăraţi oameni care au încercat să găsească adevărul au fost împiedicaţi să atingă împlinirea spirituală şi să afle „calea".

Este posibilă recuperarea învăţăturilor pierdute despre semnificaţia corpului sau reconstruirea lor din fragmentele existente încă?

Nu este nevoie să facem asta. Toate învăţăturile spirituale provin din aceeaşi Sursă. În acest sens, există şi a existat întotdeauna un singur maestru, care se manifestă sub mai multe forme diferite. Eu sunt acel maestru şi veţi fi şi dvs. după ce veţi reuşi să accedeţi la Sursa interioară. Iar calea către aceasta o reprezintă corpul interior. Deşi toate învăţăturile spirituale provin din aceeaşi Sursă, după ce ele sunt exprimate în cuvinte şi scrise, nu mai reprezintă decât o colecţie de cuvinte — şi un cuvânt nu este decât un indicator, aşa cum am spus mai devreme. Toate aceste învăţături sunt indicatoare care arată drumul înapoi către Sursă.

Am vorbit deja despre Adevărul ascuns în corpul dvs., dar voi rezuma încă o dată învăţăturile pierdute ale vechilor maeştri — chiar dacă avem aici un alt indicator. Vă rog să vă străduiţi să vă simţiţi corpul interior în timp ce citiţi sau ascultaţi.

Rugăciune pentru corp

Ceea ce percepeţi ca pe o structură fizică densă, numită corp, supusă bolilor, îmbătrânirii şi morţii, nu este ceva real în ultimă instanţă — nu sunteţi dvs. Este o percepţie greşită a realităţii dvs. esenţiale, aflată dincolo de naştere şi de moarte, şi se datorează limitărilor minţii noastre, care, pierzând contactul cu Fiinţa, creează corpul ca dovadă a credinţei sale iluzorii în separare şi pentru a-şi justifica starea de frică. Dar nu întoarceţi spatele corpului, pentru că în acest simbol al efemerului, al limitării şi al morţii, pe care îl percepeţi ca fiind creaţia iluzorie a minţii dvs., se află ascunsă splendoarea realităţii esenţiale şi nemuritoare. Nu vă îndreptaţi atenţia în altă parte în căutarea Adevărului, pentru că el nu poate fi găsit în altă parte decât în corp.

Nu luptaţi împotriva corpului, pentru că astfel luptaţi împotriva propriei realităţi. *Sunteţi* corpul dvs. Corpul pe care îl puteţi vedea şi atinge este numai un voal subţire şi iluzoriu. În spatele lui se află corpul interior invizibil, poarta către Fiinţă, către Viaţa nemanifestată. Prin intermediul corpului interior sunteţi conectat inseparabil cu această Viaţă Unică nemanifestată — nenăscută, nemuritoare, etern prezentă. Prin corpul interior sunteţi una cu Dumnezeu pentru totdeauna.

§

Rădăcini interioare adânci

Cheia pentru a avea rădăcini interioare adânci este de a ne afla mereu în legătură cu corpul nostru interior — a-l simţi în orice moment. Acest sentiment se va adânci rapid şi vă va transforma viaţa. Cu cât vă conştientizaţi mai mult corpul interior, cu atât frecvenţa sa vibratorie va fi mai înaltă, ca o lumină ce devine mai intensă pe măsură ce întoarceţi mai mult comutatorul şi măriţi alimentarea cu electricitate. La acest nivel superior de energie, negativismul nu poate să vă mai afecteze şi tindeţi să atrageţi noi situaţii care să reflecte această frecvenţă superioară.

Dacă vă menţineţi atenţia asupra corpului cât mai mult posibil, veţi rămâne ancorat în clipa de faţă. Nu vă veţi pierde în lumea exterioară şi nici în propria minte. Gândurile şi emoţiile, temerile şi dorinţele, vor continua să existe într-o anumită măsură, dar nu vor mai prelua controlul.

Vă rog să analizaţi încotro este îndreptată atenţia dvs. în acest moment. Mă ascultaţi pe mine sau citiţi aceste cuvinte dintr-o carte. Acesta este punctul în care se concentrează atenţia dvs. De asemenea, sunteţi conştient periferic de alţi oameni, de mediul ambiant ş.a.m.d. Mai mult, poate că în timp ce citiţi sau ascultaţi cuvintele mele există şi o oarecare activitate mentală legată de conţinutul lor, vreun comentariu mental. Şi totuşi nu este nevoie ca vreuna dintre acestea să vă absoarbă *toată* atenţia. Încercaţi ca în acelaşi timp să intraţi în contact cu corpul dvs. interior. Păstraţi-vă o parte din atenţie îndreptată spre interior. Nu o lăsaţi să se concentreze toată în exterior. Simţiţi-vă corpul din interior, ca pe un câmp energetic unic. Este ca şi cum aţi asculta sau citi cu întreg corpul. Faceţi acest exerciţiu în zilele şi săptămânile următoare.

Nu vă cedaţi întreaga atenţie minţii şi lumii exterioare. Încercaţi neapărat să vă concentraţi asupra a ceea ce faceţi, dar simţiţi-vă corpul interior ori de câte ori este posibil. Rămâneţi înrădăcinat în el. Apoi observaţi felul în care acest lucru vă schimbă starea de conştiinţă şi calitatea performanţei în activitate.

De câte ori aşteptaţi ceva, oriunde v-aţi afla, folosiţi acest timp pentru a vă simţi corpul interior. Astfel, aglomerările de trafic şi cozile vor deveni foarte agreabile. În loc să vă proiectaţi mental în afara clipei de Acum, pătrundeţi mai adânc în prezent, intrând mai adânc în corpul dvs.

Arta intuirii corpului interior se va transforma într-un mod de viaţă total diferit, într-o stare de permanentă conectare cu Fiinţa şi va adăuga vieţii dvs. o profunzime pe care nu aţi mai cunoscut-o până acum.

Este uşor să rămâi prezent ca observator al minţii proprii când eşti profund înrădăcinat în corpul tău. Indiferent ce se întâmplă în exterior, nimic nu te mai poate tulbura.

Atâta vreme cât nu veţi fi prezent — iar locuirea corpului este mereu un aspect esenţial al acestei stări —, veţi continua să fiţi condus de minte. Scenariul înscris în mintea dvs., pe care l-aţi învăţat cu mult timp în urmă, condiţionarea propriei minţi, vă va dicta gândirea şi comportamentul. Poate că vă veţi elibera de ea pentru scurte intervale de timp, dar eliberarea va fi rareori de lungă durată. Acest lucru este adevărat mai ales atunci când ceva „merge prost" sau atunci când suferiţi o pierdere sau aveţi o supărare. Reacţia dvs. condiţionată va fi involuntară, automată şi predictibilă, alimentată de unica emoţie fundamentală afectată la baza stării de identificare cu mintea: frica.

Aşa că, atunci când vor apărea astfel de obstacole, pentru că apar întotdeauna, faceţi-vă un obicei din a intra imediat în trup, concentrându-vă cât puteţi de mult asupra câmpului energetic intern al corpului. Nu este nevoie să dureze mult, doar câteva secunde. Dar trebuie să faceţi asta chiar în momentul în care vă confruntaţi cu obstacolul. Orice amânare va permite apariţia unei reacţii mental-emoţionale ce poate prelua controlul. Când vă concentraţi asupra interiorului şi vă simţiţi corpul interior, deveniţi imediat calm şi prezent, pentru că vă retrageţi conştiinţa din minte. Dacă în această situaţie este nevoie de un răspuns, acesta va apărea de la nivelul profund la care vă aflaţi. Aşa cum Soarele este infinit mai strălucitor decât flacăra lumânării, tot aşa există infinit mai multă inteligenţă în Fiinţă decât în mintea dvs.

Atâta timp cât vă aflaţi într-un contact conştient cu corpul interior, sunteţi ca un copac adânc înrădăcinat în pământ sau ca o clădire cu o fundaţie adâncă şi solidă. Ultima analogie a fost folosită de Isus în parabola greşit înţeleasă a celor doi oameni care construiau o casă. Unul dintre cei doi oameni o construieşte pe nisip, fără fundaţie, iar, când vin furtunile şi inundaţiile, casa este luată de ape. Celălalt sapă adânc, până când ajunge la stâncă şi apoi îşi construieşte casa, pe care apele revărsate nu o pot muta din loc.

Înainte de a intra în corp, iartă

M-am simţit foarte incomod când am încercat să îmi mut atenţia asupra corpului interior. Am avut o senzaţie de agitaţie şi de greaţă. Aşa că nu am putut trăi lucrul despre care vorbiţi.

Ceea ce aţi simţit a fost o emoţie reziduală, de care probabil nu aţi fost conştient până când nu aţi început să fiţi mai atent la corpul dvs. Dacă nu îi acordaţi puţină atenţie la început, emoţia respectivă vă va împiedica să dobândiţi accesul la corpul interior, aflat la un nivel mai profund, în spatele său.

A-i acorda atenție nu înseamnă să începeți să vă *gândiți* la ea. Înseamnă să observați pur și simplu emoția, să o simțiți pe deplin și astfel să o recunoașteți și să o acceptați ca atare. Unele emoții sunt ușor de identificat: furie, frică, durere ș.a.m.d. Altele pot fi mai greu de etichetat — sentimente vagi de disconfort, greutate sau constrângere, la jumătatea drumului între o emoție și o senzație fizică. În orice caz, ceea ce contează nu este dacă puteți sau nu să îi atașați o etichetă mentală, ci dacă puteți aduce sentimentul cât mai mult în conștiință. Atenția este cheia transformării — și o atenție totală implică de asemenea acceptarea. Atenția este ca o rază de lumină — puterea concentrată a conștiinței care transformă totul în ea însăși.

Într-un organism complet funcțional, o emoție are o durată de viață foarte scurtă. Este ca un val sau ca o undă de moment la suprafața Ființei. Când nu sunteți în corpul dvs., totuși, o emoție poate supraviețui în dvs. timp de zile ori săptămâni întregi sau se poate alătura altor emoții cu o frecvență similară, care, după ce au apărut, au format corpul-durere, un parazit ce poate trăi în interiorul dvs. ani la rând, alimentându-se cu energia dvs., conducând la boli fizice și făcându-vă nefericit (vezi capitolul 2).

Concentrați-vă, așadar, atenția asupra simțirii emoției și verificați dacă mintea nu s-a atașat cumva de un tipar de suferință, ca, de exemplu, învinovățirea, autocompătimirea sau resentimentele — toate acestea alimentând emoția. Dacă este așa înseamnă că încă nu ați iertat. Lipsa iertării vizează deseori o altă persoană sau chiar pe dvs., dar poate viza la fel de bine o situație sau o stare de fapt — trecută, prezentă sau viitoare — pe care mintea refuză să o accepte. Da, lipsa iertării se poate manifesta chiar și cu privire la viitor. Aceasta denotă refuzul minții de a accepta incertitudinea, de a accepta că viitorul se află, în ultimă instanță, în afara controlului ei. Iertarea înseamnă abandonarea nemulțumirilor, și astfel renunțarea la durere. Ea se produce de la sine după ce realizați că pretenţiile dvs. nu fac decât să întărească un fals sentiment de sine. Iertarea înseamnă să nu mai opunem rezistenţă vieţii — să îi permitem să trăiască prin noi. Alternativele sunt durerea şi suferinţa, o restrângere a fluxului de energie vitală şi, în multe cazuri, îmbolnăvirea fizică.

În momentul în care iertaţi cu adevărat, vă retrageţi puterea de sub dominaţia minţii. Risipa iertării este chiar natura minţii, aşa cum sinele fals, construit de minte, nu poate supravieţui fără luptă şi conflict. Mintea nu poate ierta. Numai *dvs.* puteţi. Deveniţi prezent, intraţi în corpul dvs., simţiţi pacea şi liniştea vibrantă revărsate de Fiinţă. De aceea Isus a spus: „Înainte de a intra în templu, iertaţi."

Legătura cu nemanifestatul

Care este relaţia dintre prezenţă şi corpul interior?

Prezenţa este conştiinţă pură — conştiinţă care a fost retrasă din minte, din lumea formei. Corpul interior este legătura dvs. cu Nemanifestat, iar în cele mai profunde aspecte ale sale chiar *este* Nemanifestatul: Sursa din care se revarsă conştiinţa, aşa cum lumina se revarsă de la Soare. Conştiinţa corpului interior este amintirea conştientizată a originii sale şi întoarcerea la Sursă.

Nemanifestatul este acelaşi lucru cu Viaţa?

Da. Cuvântul *Nemanifestat* încearcă, printr-o definire negativă, să exprime Ceea ce nu poate fi spus, gândit sau imaginat. Indică ceea ce *este* spunând ceea ce *nu* este. *Fiinţa*, pe de altă parte, este un termen pozitiv. Vă rog să nu vă ataşaţi de niciunul dintre aceste cuvinte şi nu începeţi să credeţi în ele. Ele nu sunt mai mult decât simple indicatoare.

Aţi spus că prezenţa este conştiinţa retrasă din minte. Cine operează această retragere?

Dvs. faceţi asta. Dar pentru că în esenţă *sunteţi* conştiinţă, am putea la fel de bine să spunem că este o trezire a conştiinţei din visul formei. Asta nu înseamnă că propria dvs. formă va dispărea instantaneu într-o explozie de lumină. Puteţi continua să existaţi având forma dvs. prezentă şi fiind totuşi conştient de profunzimea fără formă şi fără moarte din dvs.

Trebuie să recunosc că toate acestea depăşesc cu mult puterea mea de înţelegere şi totuşi, la un nivel mai profund, mi se pare că ştiu despre ce vorbiţi. Este mai curând un sentiment decât altceva. Mă păcălesc singur?

Nu, nu vă păcăliţi singur. Ceea ce simţiţi vă va conduce mai aproape decât gândirea de cel care sunteţi cu adevărat. Nu pot să vă spun nimic ce să nu cunoaşteţi deja în adâncul sufletului. Ajungând la un anumit stadiu de conectare interioară, recunoaşteţi adevărul, când îl auziţi. Dacă nu aţi ajuns încă la acest stadiu, practicarea conştientizării corpului va produce profunzimea necesară.

Încetinirea procesului de îmbătrânire

Între timp, conştiinţa corpului interior aduce o serie de beneficii în plan fizic. Unul dintre acestea este o reducere semnificativă a procesului de îmbătrânire a corpului fizic.

În timp ce corpul exterior pare să îmbătrânească în mod obişnuit şi să se ofilească destul de repede, corpul interior nu se schimbă în timp; puteţi doar să îl simţiţi mai bine şi să pătrundeţi în el mai profund. Dacă acum aveţi 20 de ani, câmpul energetic al corpului interior va fi simţit la fel şi la 80 de ani. Vivacitatea lui va fi la fel de vibrantă. Imediat ce starea dvs. obişnuită nu mai înseamnă existenţă în afara corpului, prins în capcana minţii, ci existenţă în corp şi prezenţă „aici şi acum", corpul dvs. fizic se va simţi mai uşor, mai curat şi mai viu. Pe măsură ce în corp există mai multă conştiinţă, structura sa moleculară devine mai puţin densă. Mai multă conştiinţă înseamnă reducerea iluziei materialităţii.

Când vă identificaţi mai mult cu corpul interior atemporal decât cu corpul exterior, când prezenţa devine modul dvs. normal de conştiinţă, iar trecutul şi viitorul nu vă mai domină atenţia, nu mai acumulaţi timp în psihicul dvs. şi în celulele corpului. Acumularea timpului ca povară psihologică a trecutului şi a viitorului reduce foarte mult capacitatea celulelor de a se reînnoi. Aşa că, dacă vă locuiţi corpul interior, corpul exterior va îmbătrâni mult mai încet; şi chiar şi atunci când aceasta se va întâmpla, esenţa dvs. atemporală îşi va transmite strălucirea prin intermediul formei exterioare şi nu veţi da impresia unei persoane bătrâne.

Există dovezi ştiinţifice în acest sens?

Încercaţi şi veţi *fi* dvs. înşivă dovada.

Fortificarea sistemului imunitar

Atunci când veţi începe să vă locuiţi corpul, veţi observa alt beneficiu al acestei practici, vizibil în lumea fizică, şi anume o fortificare considerabilă a sistemului imunitar. Cu cât aduceţi mai multă conştiinţă în corp, cu atât sistemul imunitar devine mai puternic. Este ca şi cum fiecare celulă se trezeşte şi se bucură. Corpul iubeşte atenţia acordată. Este şi o puternică formă de autovindecare. Cele mai multe boli se strecoară pe nesimţite înăuntru atunci când nu sunteţi prezent în corp. Dacă stăpânul nu este acasă, aici se instalează tot felul de caractere dubioase. Când vă locuiţi corpul, oricărui oaspete nedorit îi va fi greu să pătrundă acolo.

Dar nu se fortifică doar sistemul imunitar fizic; şi sistemul imunitar psihic devine mai puternic. Acesta din urmă vă protejează de câmpurile energetice mental-emoţionale negative ale altor persoane, care sunt de altfel extrem de contagioase. Locuirea corpului nu vă protejează prin ridicarea unui scut, ci prin ridicarea frecvenţei vibratorii a întregului câmp energetic, astfel încât orice lucru care vibrează la o frecvenţă mai mică, de exemplu, frica, furia, depresia ş.a.m.d., există acum în ceea ce este de fapt o ordine diferită a realităţii. Toate acestea nu mai pătrund în câmpul conştiinţei dvs., iar, dacă se întâmplă asta, nu mai trebuie să le opuneţi niciun fel de rezistenţă, pentru că trec fără să lase urme. Vă rog să nu acceptaţi şi nici să respingeţi din start ceea ce vă spun. Testaţi informaţiile.

Există o tehnică simplă, dar foarte puternică de meditaţie pentru autovindecare, pe care o puteţi practica ori de câte ori simţiţi nevoia să vă fortificaţi sistemul imunitar. Este extrem de eficientă atât dacă o folosiţi chiar de la primele simptome ale bolii, cât şi în cazul bolilor care s-au instalat deja, cu condiţia să o folosiţi frecvent şi concentrându-vă intens. Ea va contracara orice întrerupere în câmpul dvs. energetic, produsă de o formă sau alta de negativism. Totuşi, nu este un substitut pentru practica permanentă a prezenţei în corp; altfel, efectul său va fi doar temporar. Iată despre ce este vorba.

Când aveţi câteva minute libere, mai ales seara la culcare şi dimineaţa la trezire, înainte de a vă ridica din pat, „inundaţi-vă" corpul cu conştiinţă. Închideţi ochii. Staţi întins pe spate. Alegeţi diferite părţi ale corpului asupra cărora la început vă veţi concentra foarte puţin timp: palmele, tălpile, braţele, picioarele, abdomenul, pieptul, capul ş.a.m.d. Simţiţi energia vieţii din interiorul acestor părţi cât puteţi de intens. Rămâneţi concentrat asupra fiecărei părţi timp de 15 secunde. Apoi lăsaţi-vă atenţia să traverseze corpul, ca un val, de câteva ori, de la picioare spre cap şi invers. Această traversare nu trebuie să dureze mai mult de un minut. După aceea, simţiţi-vă corpul interior în întregime, ca pe un câmp energetic unic. Păstraţi acest sentiment timp de câteva minute. În tot acest timp, fiţi prezent cu intensitate în fiecare celulă a corpului. Nu vă îngrijorați dacă mintea reușește ocazional să vă atragă atenția în afara corpului, pierzându-vă astfel în gânduri. Imediat ce ați observat că se întâmplă acest lucru, întoarceți-vă atenția asupra corpului interior.

Lăsați respirația să vă conducă prin corp

Uneori, când mintea mea este foarte activă, dobândește o asemenea forță, încât îmi este imposibil să-mi mut atenția de la ea și să-mi simt corpul interior. Acest lucru se întâmplă mai ales atunci când intru într-un tipar de îngrijorare sau de anxietate. Puteți să-mi sugerați ce să fac?

Dacă la un moment dat descoperiți că vă este greu să intrați în legătură cu corpul interior, este mai ușor să începeți prin a vă concentra asupra respirației. Respirația conștientă, care este de altfel o meditație foarte puternică, vă va aduce treptat în contact cu corpul. Urmăriți-vă respirația cu atenție, în timp ce aerul intră și iese din corp. Inhalați, simțiți cum abdomenul se dilată și se contractă ușor, la fiecare inspirație și expirație. Dacă vă este mai ușor să vizualizați, închideți ochii și imaginați-vă scăldat în lumină sau scufundat într-o substanță luminoasă — o mare de conștiință. Apoi inspirați această lumină. Simțiți cum această substanță luminoasă vă umple corpul, făcându-l și pe el luminos. Apoi treptat, concentrați-vă mai mult asupra a ceea ce simțiți. Acum sunteți în corp. Nu vă atașați de nicio imagine vizuală.

Folosirea creativă a minții

Dacă aveți nevoie să vă folosiți mintea pentru un scop anume, folosiți-o în conjuncție cu corpul interior. Numai dacă veți reuși să fiți conștient fără a avea gânduri vă veți putea folosi mintea în mod creativ, iar cea mai ușoară cale de a intra în această stare este prin corp. Ori de câte ori aveți nevoie de un răspuns, de o soluție sau de o idee creativă, încetați să gândiți pentru un moment, îndreptându-vă atenția asupra câmpului energetic interior. Conștientizați calmul. Când vă reluați șirul gândurilor, ele vor fi proaspete și creative. În orice activitate mentală, obișnuiți-vă să oscilați la fiecare câteva minute între gândire și un mod de ascultare interioară, un calm interior. Am putea spune: nu gândiți doar cu mintea, gândiți și cu corpul.

Arta de a asculta

Când ascultați o altă persoană, nu o ascultați doar cu mintea, ascultați-o cu tot corpul. Simțiți câmpul energetic al corpului dvs. interior în timp ce o ascultați. Acest sentiment deviază atenția de la gândire și creează un spațiu de calm, ce vă va permite să ascultați efectiv, fără intervenția minții. Îi acordați celui din fața dvs. un spațiu în care să existe. Este cel mai prețios dar pe care i-l puteți face. Majoritatea oamenilor nu știu să asculte pentru că cea mai mare parte a atenției lor este absorbită de gândire. Sunt mai atenți la gândurile lor decât la ceea ce spune celălalt și nu sunt deloc atenți la ceea ce contează într-adevăr: Ființa celeilalte persoane, Ființă aflată în spatele cuvintelor și al gândurilor. Desigur, nu puteți simți Ființa altei persoane decât prin intermediul propriei Ființe. Acesta este începutul realizării unificării, care este iubirea. La cel mai profund nivel al Ființei sunteți una cu tot ceea ce există.

Cele mai multe relații umane presupun în principal minți aflate în interacțiune, nu ființe umane ce comunică unele cu altele, ființe aflate în comuniune. Nicio relație nu poate înflori în acest fel. Acesta este motivul pentru care există atât de multe relații conflictuale. Când mintea vă conduce viața, conflictul, luptele și problemele sunt inevitabile. Legătura cu corpul interior creează un spațiu gol unde mintea nu există și în care o relație poate înflori.

CAPITOLUL VII

Porți către lumea nemanifestată

Să pătrundem şi mai adânc în corp

Îmi pot simți energia din corp, mai ales în brațe și în picioare, dar nu reușesc să merg mai departe, așa cum ați sugerat dvs. mai devreme.

Faceţi următorul exerciţiu ca pe o meditaţie. Nu este nevoie să dureze mult. Zece până la 15 minute sunt suficiente. Asiguraţi-vă mai întâi că nu există factori externi care să vă tulbure, cum ar fi soneria telefonului sau persoane care ar putea să vă întrerupă. Aşezaţi-vă pe un scaun, dar nu vă lăsaţi pe spate. Menţineţi-vă coloana vertebrală dreaptă. Aceasta vă va ajuta să rămâneţi vigilent. Sau luaţi poziţia dvs. favorită de meditaţie.

Asiguraţi-vă că aveţi corpul relaxat. Închideţi ochii. Respiraţi profund de câteva ori. Simţiţi-vă respiraţia în partea inferioară a abdomenului, ca şi cum ar fi acolo. Observaţi cum aceasta se dilată şi se contractă uşor, în timp ce aerul intră şi iese din corp. Apoi conştientizaţi întregul câmp energetic interior al corpului. Nu vă gândiţi la el, încercaţi să-l *simțiți*. Făcând aceasta, vă retrageţi conştiinţa din câmpul minţii. Dacă vi se pare utilă, folosiţi vizualizarea „luminii“ pe care am descris-o mai devreme.

Când vă veţi putea simţi clar corpul interior ca pe un câmp energetic unic, abandonaţi, dacă este posibil, orice imagine vizuală şi concentraţi-vă exclusiv asupra a ceea ce sunteţi.

Dacă puteţi, abandonaţi inclusiv orice imagine mentală aţi mai avea încă despre corpul fizic. Tot ceea ce rămâne este un sentiment de prezenţă sau de „fiinţare“ învăluitor, iar corpul interior este simţit ca şi cum nu ar avea graniţe. Apoi adânciţi-vă şi mai mult atenţia în acest sentiment. Deveniţi una cu el. Contopiţi-vă cu câmpul energetic, astfel încât să nu mai percepeţi vreo dualitate între observator şi observat, între dvs. şi corpul dvs. Distincţia dintre interior şi exterior se dizolvă şi ea acum, astfel încât nu mai există un corp interior. Adâncindu-vă şi mai mult în corp, transcendeţi în sus trupul.

Rămâneţi în această arie a Fiinţei pure cât timp vă simţiţi bine; apoi deveniţi din nou conştient de corpul fizic, de respiraţie şi de simţurile fizice, deschideţi ochii. Timp de câteva minute, priviţi ceea ce vă înconjoară într-un mod meditativ — adică, fără a ataşa mental etichete — şi continuaţi să vă simţiţi corpul interior în tot acest timp.

Accesul la această lume lipsită de forme este eliberator. Vă eliberează de legătura cu forma şi de identificarea cu ea. Este viaţa în starea ei nediferenţiată, dinainte de fragmentarea ei în multiplicitate. O putem numi Nemanifestatul, Sursa invizibilă a tuturor lucrurilor, Fiinţa din toate fiinţele. Este o lume a calmului şi a păcii profunde, dar şi a bucuriei şi a vitalităţii intense. Ori de câte ori sunteţi prezent, deveniţi într-o anumită măsură „transparent“ pentru lumină, pentru conştiinţa pură izvorâtă din această Sursă. Veţi realiza de asemenea că lumina nu este separată de fiinţa dvs., ci constituie însăşi esenţa dvs.

Sursa chi-ului

Oare Nemanifestatul este ceea ce în Orient se numeşte chi, un fel de energie vitală universală?

Nu, nu este. Nemanifestatul este *sursa* acestui chi. Chi este câmpul energetic interior al corpului dvs. Este puntea dintre eul dvs. exterior și Sursă. Se află la jumătatea drumului dintre manifestat, lumea formei, și Nemanifestat. Chi poate fi comparat cu un râu sau cu un flux de energie. Dacă vă concentrați conștiința din ce în ce mai adânc asupra corpului interior, urmați cursul acestui râu înapoi către Sursa lui. Chi este mișcare; Nemanifestatul este liniștire. Când ajungeți în punctul liniștirii absolute, care în același timp vibrează de viață, ați lăsat în urmă corpul interior și pe chi și ați ajuns la Sursa însăși: Nemanifestatul. Chi este legătura dintre Nemanifestat și universul fizic.

Așa că, dacă vă îndreptați atenția din ce în ce mai profund în corpul interior, s-ar putea să ajungeți în acest punct unic, în care lumea se dizolvă în Nemanifestat, iar acesta ia forma fluxului de energie chi, care devine apoi lumea. Acesta este punctul nașterii și al morții. Când conștiința dvs. este orientată spre exterior, își fac apariția mintea și lumea. Când este orientată spre interior, își dă seama de propria Sursă și se întoarce înapoi în Nemanifestat. Apoi, când conștiința revine în lumea manifestată, vă reluați identitatea de formă pe care temporar ați abandonat-o. Aveți un nume, un trecut, o situație de viață, un viitor. Dar, dintr-un punct de vedere fundamental, nu mai sunteți persoana dinainte: aveți o imagine a unei realități interioare care nu aparține „acestei lumi", deși nu este separată de ea, așa cum nu este separată nici de dvs.

Acum, adoptați următorul exercițiu ca practică spirituală zilnică: pe măsură ce avansați în viață, nu acordați niciodată 100% din atenția dvs. lumii exterioare și minții. Păstrați o parte din ea în interior. Am vorbit deja despre acest lucru. Simțiți-vă corpul interior chiar și atunci când vă angajați în activitățile zilnice, mai ales într-o relație cu o altă persoană sau cu natura. Simțiți liniștea din adâncul fiecăreia. Păstrați poarta deschisă. Este foarte posibil să fiți conștienți de

Nemanifestat pe tot parcursul vieţii. Îl veţi simţi ca pe un sentiment profund de pace undeva în fundal, ca pe o stare de liniştire ce nu vă părăseşte niciodată, indiferent ce se întâmplă în exterior. Deveniţi o punte între Nemanifestat şi manifestat, între Dumnezeu şi lume. Aceasta este starea de conectare cu Sursa pe care o numim iluminare.

Nu rămâneţi cu impresia că Nemanifestatul este separat de manifestat. Cum ar putea fi? El este viaţa ce animă orice formă, esenţa interioară a tot ceea ce există. Daţi-mi voie să vă explic.

Somnul fără vise

Dvs. faceţi o călătorie în Nemanifestat în fiecare seară, când intraţi în faza somnului profund, fără vise. Deveniţi una cu Sursa. De aici vă luaţi energia vitală ce vă susţine pentru o vreme atunci când vă întoarceţi în lumea manifestată, lumea formelor separate. Această energie este mult mai vitală decât mâncarea: „Omul nu trăieşte numai cu pâine." Dar în timpul somnului fără vise nu pătrundeţi în el în mod conştient. Deşi funcţiile corporale încă se păstrează, „dumneavoastră" nu mai existaţi în această stare. Vă puteţi imagina cum ar fi să intraţi în somnul fără vise păstrându-vă o conştiinţă deplină? Este imposibil de imaginat, pentru că această stare nu are conţinut.

Nemanifestatul nu vă eliberează până când nu pătrundeţi aici în mod conştient. Acesta este motivul pentru care Isus nu a spus: „Adevărul vă va elibera", ci: „Veţi cunoaşte adevărul şi adevărul vă va elibera." Acesta nu este un adevăr conceptual. Este adevărul vieţii eterne, de dincolo de formă, pe care ori îl cunoaştem direct, ori nu-l cunoaştem deloc. Dar nu încercaţi să rămâneţi conştient în timpul somnului fără vise. Este foarte puţin probabil să reuşiţi. Cel mult, aţi putea să rămâneţi conştient în timpul visului, dar nu mai mult de atât. Acest lucru se numeşte visare lucidă, care poate fi o stare interesantă şi fascinantă, dar nu eliberatoare.

Așa că folosiți-vă corpul interior ca poartă prin care să intrați în Nemanifestat și păstrați deschisă această poartă ca să rămâneți conectat la Sursă tot timpul. Pentru corpul interior nu contează dacă corpul dvs. fizic este tânăr sau bătrân, slab sau puternic. Corpul interior este atemporal. Dacă nu puteți încă să vă simțiți corpul interior, folosiți una dintre celelalte porți, deși, în ultimă instanță, ele sunt una. Am vorbit deja destul de mult despre unele, dar voi relua aici totul pe scurt.

Alte porți

Clipa de Acum poate fi considerată poarta principală. Este un aspect esențial al fiecăreia dintre celelalte porți, inclusiv al corpului interior. Nu puteți fi prezent *în corpul dvs.* fără a fi intens prezent în clipa de față.

Timpul și manifestatul sunt inexorabil legate întocmai ca prezentul atemporal și Nemanifestatul. Când dizolvați timpul psihologic prin conștiința intensă a momentului prezent, deveniți conștient de Nemanifestat atât direct, cât și indirect. În mod direct, îl veți simți sub forma iradierii și puterii prezenței dvs. conștiente — fără vreun conținut, doar prezență. Indirect, sunteți conștient de Nemanifestat în și prin lumea senzorială. Cu alte cuvinte, simțiți esența lui Dumnezeu în fiecare creatură, în fiece floare, în fiece piatră și vă dați seama de faptul că: „Tot ceea ce există este sfânt.“ Din acest motiv, Isus, vorbind în întregime din esența sau din identitatea sa cu Cristos, spune în *Evanghelia după Toma*: „Despicați o bucată de lemn; eu sunt acolo. Ridicați o piatră și mă veți găsi acolo.“

O altă poartă către Nemanifestat este creată prin oprirea gândirii. Acest proces poate începe cu un lucru foarte simplu, ca, de exemplu, respirația conștientă sau privitul unei flori, într-o stare de vigilență intensă, astfel încât să nu existe niciun comentariu mental în acest timp. Există multe feluri de a crea o întrerupere în fluxul nesfârșit al gândurilor. Meditația vizează tocmai acest lucru. Gândurile fac parte din lumea manifestată. Activitatea mentală continuă vă ține prizonier în lumea formei şi devine un ecran opac, ce vă împiedică să deveniţi conştient de Nemanifestat, conştient de esenţa divină atemporală şi lipsită de formă, aflată în dvs. şi în toate celelalte lucruri şi creaturi. Când sunteţi intens *prezent*, nu trebuie să vă mai preocupe găsirea unei modalităţi de oprire a gândirii, pentru că mintea se opreşte automat. Acesta este motivul pentru care am spus că prezentul este un aspect esenţial al tuturor celorlalte porţi.

Abandonarea — înlăturarea rezistenţei mental-emoţionale în faţa a ceea ce *există* — devine şi ea o importantă cale de acces către Nemanifestat. Motivul este simplu: rezistenţa internă vă izolează de ceilalţi, de dvs. înşivă, de lumea din jur. Ea amplifică sentimentul de separare, de a cărui supravieţuire depinde sinele fals. Cu cât sentimentul separării este mai puternic, cu atât sunteţi mai legat de lumea manifestată, de lumea formelor separate. Cu cât sunteţi mai legat de lumea formei, cu atât identitatea dvs. ca formă devine mai impenetrabilă. Poarta este închisă şi sunteţi izolat de dimensiunea interioară, dimensiunea profunzimii. În starea de abandonare, identitatea dvs. de formă slăbeşte şi devine, într-o anumită măsură, „transparentă", astfel că Nemanifestatul îşi poate trimite razele prin ea.

De dvs. depinde deschiderea acestei porţi în viaţa dvs., care vă va aduce accesul conştient către Nemanifestat. Stabiliţi contactul cu câmpul energetic al corpului interior, fiţi prezent intens, scăpaţi de identificarea cu mintea, abandonaţi-vă în faţa a ceea ce *există*; acestea toate sunt porţi ce pot fi folosite — dar nu este nevoie să folosiţi decât una.

Desigur, şi iubirea trebuie să fie una dintre aceste porţi?

Nu. Imediat ce una dintre porţi s-a deschis, iubirea este prezentă în dvs. prin „sentimentul-realizare" al unificării. Iubirea nu este o poartă; este ceea ce pătrunde *prin* poartă în această lume. Atâta timp cât sunteţi prins în capcana identităţii de formă, nu poate exista niciun fel de iubire. Sarcina dvs. nu este să căutaţi iubirea, ci să găsiţi o poartă prin care să poată intra iubirea.

Liniștea

Mai există și alte porți în afara celor pe care le-ați menționat?

Da, mai există. Nemanifestatul nu este separat de manifestat. Lumea este îmbibată de Nemanifestat, dar este atât de bine ascuns, încât aproape nimeni nu reușește să-l sesizeze. Dacă ați ști unde să căutați, l-ați găsi peste tot. În fiecare moment se deschide câte o poartă.

Auziți câinele care latră în depărtare? Sau mașina care trece? Ascultați cu atenție. Puteți simți prezența Nemanifestatului în ele? Nu puteți? Căutați-l în liniștea din care vin sunetele și în care se întorc. Acordați mai multă atenție liniștii decât sunetelor. Faptul că acordați atenție liniștii exterioare creează liniștea interioară; mintea se liniștește. Se deschide o poartă.

Fiecare sunet se naște din liniște, moare înapoi în liniște și în timpul vieții sale este înconjurat de liniște. Liniștea îi permite sunetului să existe. Este o parte intrinsecă, dar nemanifestată a fiecărui sunet, a fiecărei note muzicale, a fiecărui cântec, a fiecărui cuvânt. Nemanifestatul este prezent în această lume sub forma liniștii. De aceea s-a spus că niciun lucru din această lume nu este mai asemănător cu esența divină decât liniștea. Tot ce trebuie să faceți este să-i acordați atenție. Chiar și în timpul unei conversații, conștientizați pauzele dintre cuvinte, scurtele intervale de liniște dintre propoziții. În timp ce faceți acest lucru, dimensiunea liniștirii va crește în dvs. Nu puteți fi atent la liniște fără ca simultan să nu se facă liniște și în dvs. Liniște în afară, liniște în interior. Ați intrat în Nemanifestat.

Spațiul

Așa cum niciun sunet nu poate exista fără liniște, niciun lucru nu poate exista fără *nimic*, fără spațiul gol care îi permite să existe. Fiecare obiect fizic sau corp vine din nimic, este înconjurat de nimic şi în final se va întoarce în nimic. Nu numai atât, chiar şi în interiorul fiecărui corp fizic există mult mai mult „nimic“ decât „ceva“. Fizicienii ne spun că soliditatea materiei este o iluzie. Chiar şi materia aparent solidă, inclusiv corpul dvs. fizic, este aproape 100% spaţiu gol — atât de vaste sunt distanţele dintre atomi în comparaţie cu mărimea lor. Ba şi mai mult, chiar în interiorul fiecărui atom în cea mai mare parte există doar spaţiu gol. Ceea ce rămâne este mai mult o frecvenţă vibratorie decât particule de materie solidă, seamănă mai mult cu o notă muzicală. Budiştii ştiu acest lucru de peste 2 500 de ani. „Forma este vid, vidul este formă“, afirmă *Sutra Inimii*, unul dintre cele mai cunoscute texte vechi budiste. Esenţa tuturor lucrurilor este vidul.

Nemanifestatul nu este prezent în această lume numai ca linişte; el îmbibă întregul univers fizic ca spaţiu — din interior şi din exterior. Este o linişte care poate trece la fel de uşor neobservată. Toată lumea acordă atenţie lucrurilor din spaţiu, dar cine este atent la spaţiul însuşi?

Am impresia că vreţi să spuneţi că „vidul“ sau „nimicul“ nu este doar nimic, că el are o anumită calitate misterioasă. Ce este nimicul?

Nu puteţi pune o asemenea întrebare. Mintea dvs. a încercat să transforme nimicul în ceva. În momentul în care îl transformaţi în ceva, îl pierdeţi. Nimicul — spaţiul — este aparenţa Nemanifestatului sub forma unui fenomen exterior într-o lume percepută prin simţuri. Cam atât putem spune despre el şi chiar şi ceea ce am spus este un fel de paradox. Nu poate deveni un obiect al cunoaşterii. Nu vă puteţi face o teză de doctorat pe tema „nimicului“. Când oamenii de ştiinţă studiază spaţiul, îl transformă de obicei în ceva şi astfel pierd total din vedere însăşi esenţa sa. Nu este de mirare că ultima teorie despre spaţiu afirmă că el nu este gol deloc, că este umplut de o substanţă. Odată ce aveţi o teorie, nu este prea greu să găsiţi dovezi care să o susţină, cel puţin până când apare o altă teorie.

„Nimicul" poate deveni pentru dvs. o poartă către Nemanifestat numai dacă nu încercați să-l „apucați" sau să-l înțelegeți.

Nu asta facem acum?

Nu, deloc. Eu încerc să vă ofer câteva jaloane, ca să vă arăt cum puteți introduce dimensiunea Nemanifestatului în viața dvs. Nu încercăm să-l înțelegem. Nu este nimic de înțeles.

Spațiul nu are „existență". „A exista" înseamnă literalmente „a ieși în evidență". Nu puteți înțelege spațiul pentru că el nu iese în evidență. Deși spațiul în sine nu are existență, el permite tuturor lucrurilor să existe. Nici liniștea nu are existență și nici Nemanifestatul.

Ce se întâmplă dacă vă retrageți atenția de la obiectele din spațiu și conștientizați spațiul? Care este esența acestei camere? Mobila, tablourile ș.a.m.d. sunt *în* cameră, dar nu sunt camera. Pereții, podeaua și tavanul definesc limitele camerei, dar nici ele nu sunt camera. Care este deci esența camerei? Spațiul, desigur, spațiul gol. Nu ar exista nicio „cameră" fără el. Odată ce spațiul este „nimic", putem spune că ceea ce *nu* este acolo este mult mai important decât ceea ce este acolo. Așa că fiți atent la spațiul din jurul dvs. Nu vă gândiți la el. Simțiți-l, așa cum este. Fiți atent la „nimic".

În timp ce faceți acest lucru, în interiorul dvs. se produce o modificare a conștiinței. Iată de ce. Echivalentul interior al obiectelor din spațiu, ca mobila, pereții ș.a.m.d., reprezintă obiectele dvs. mentale: gânduri, emoții și obiecte ale simțurilor. Iar echivalentul interior al spațiului este conștiința care le permite obiectelor mentale să existe, așa cum spațiul le permite tuturor lucrurilor să existe. Deci, dacă vă retrageți atenția de la *lucruri* — obiectele din spațiu — automat vă retrageți atenția și de la obiectele mentale. Cu alte cuvinte, nu puteți în același timp să gândiți *și* să conștientizați spațiul — sau liniștea. Conștientizând spațiul gol din jurul dvs., deveniți simultan conștient de spațiul non-mental, al conștiinței pure:

Nemanifestatul. Astfel, contemplarea spaţiului poate deveni o poartă pentru dvs.

Spaţiul şi liniştea sunt două aspecte ale aceluiaşi lucru, ale aceluiaşi nimic. Ele sunt o exteriorizare a spaţiului interior şi a liniştii interioare, care este liniştirea: uterul de o creativitate infinită al întregii existenţe. Cei mai mulţi oameni nu conştientizează deloc această dimensiune. Nu există spaţiu interior, nu există liniştire. Sunt dezechilibraţi. Cu alte cuvinte, ei cunosc lumea, sau cred că o cunosc, dar nu-l cunosc pe Dumnezeu. Se identifică exclusiv cu forma lor fizică şi psihologică, neconştientizând esenţa. Şi, deoarece fiecare formă este extrem de instabilă, trăiesc cu frică. Această frică generează o percepţie extrem de greşită a lor înşişi şi a altor oameni, o distorsiune în perspectiva lor despre lume.

Dacă un dezastru cosmic ar duce la sfârşitul lumii noastre, Nemanifestatul ar rămâne total neafectat de acesta. *Cursul miracolelor* a exprimat foarte sugestiv acest adevăr: „Nimic real nu poate fi ameninţat. Nimic ireal nu există. În aceasta constă pacea lui Dumnezeu."

Dacă rămâneţi într-o legătură conştientă cu Nemanifestatul, apreciaţi, iubiţi şi respectaţi profund manifestul şi fiecare formă de viaţă din el ca pe o expresie a Fiinţei Unice de dincolo de formă. Ştiţi de asemenea că fiecare formă este făcută să se dizolve din nou şi că, în ultimă instanţă, niciun lucru exterior nu contează prea mult. Aţi „învins lumea", după cum spunea Isus — sau, în cuvintele lui Buddha, aţi „trecut pe malul celălalt".

Adevărata natură a spaţiului şi a timpului

Gândiţi-vă şi la acest lucru: dacă nu ar mai fi nimic în afara liniştii, ea nu ar exista pentru dvs.; nu aţi şti ce este. Numai când apare sunetul se naşte liniştea. Analog, dacă ar exista numai spaţiu fără niciun obiect în el, spaţiul nu ar exista pentru dvs. Imaginaţi-vă că sunteţi un punct al conştiinţei ce plutește în imensitatea spațiului — fără stele, fără galaxii, numai vid. Brusc, spațiul nu ar mai fi imens; nu ar mai fi deloc. Nu ar mai exista viteză, mișcare dintr-un loc în altul. Este nevoie de cel puțin două puncte de referință pentru ca distanța și spațiul să apară. Spațiul ia naștere în momentul în care Unu devine doi și „doi" devine „zece mii de lucruri", cum numește Lao zi lumea manifestată, spațiul devine din ce în ce vast. Astfel, lumea și spațiul apar simultan.

Nimic nu ar putea *exista* fără spațiu, și totuși spațiul este nimic. Înainte de nașterea universului, înainte de „Big Bang", dacă doriți, nu exista un imens spațiu gol care aștepta să fie umplut. Spațiul nu exista, nu exista niciun lucru. Exista numai Nemanifestatul — Unu. Când Unu a devenit „zece mii de lucruri", dintr-odată a început să existe spațiul și a permis existența a o mulțime de lucruri. De unde a venit el? A fost creat de Dumnezeu pentru a face loc universului? Sigur că nu. Spațiul este lipsa lucrurilor, așa că nu a fost niciodată creat.

Ieșiți din casă într-o noapte senină și priviți cerul. Miile de stele pe care le puteți vedea cu ochiul liber nu sunt mai mult decât o fracțiune infinitezimală din tot ceea ce există acolo. Peste 100 de miliarde de galaxii pot fi deja detectate cu cele mai puternice telescoape, fiecare galaxie fiind un „univers insular" cu miliarde de stele. Totuși, și mai uimitoare este infinitatea spațiului însuși, profunzimea și liniștea care-i permite acestei realități magnifice să existe. Nimic nu ar putea fi mai uimitor și mai maiestuos decât imensitatea și liniștea spațiului — și, cu toate acestea, ce este spațiul? Un gol, un imens gol.

Ceea ce nouă ne apare ca spațiu în universul nostru perceput prin intermediul minții și al simțurilor este însuși Nemanifestatul, exteriorizat. Este „corpul" lui Dumnezeu. Și cel mai mare miracol este că această liniște și vastitate care îi permit universului să *existe* nu se află numai acolo în spațiu — ci și în sinea dvs. Când sunteți total *prezent*, îl întâlniți sub forma spațiului interior nemental, aflat în nemișcare. În sinea dvs., este imens ca profunzime, nu ca întindere. Întinderea spațială este, în ultimă instanță, o percepție eronată a profunzimii infinite — un atribut al realității transcendente.

După Einstein, spațiul și timpul nu sunt separate. Nu înțeleg prea bine acest lucru, dar cred că el spune că timpul este a patra dimensiune a spațiului. O numește „continuumul spațio-temporal".

Da. Ceea ce percepeți în exterior ca spațiu și timp sunt, în ultimă instanță, iluzii, dar ele conțin un miez de adevăr. Ele sunt cele două atribute esențiale ale lui Dumnezeu, infinitatea și eternitatea, percepute ca și cum ar avea o existență externă în afara dvs. În sinea dvs., atât spațiul cât și timpul au un echivalent interior ce dezvăluie natura lor adevărată, dar și a dvs. În vreme ce spațiul este lumea non-mentală, de o profunzime infinită, aflată în nemișcare, echivalentul interior al timpului este prezența, conștiința eternei clipei de Acum. Amintiți-vă că nu există nicio diferență între ele. Când spațiul și timpul sunt realizate în interior ca Nemanifestat — prezență și absența minții — spațiul și timpul exterior continuă să existe pentru dvs., dar devin mult mai puțin importante. Și lumea continuă să existe, dar nu va mai fi capabilă să vă impună constrângeri.

Din acest motiv, scopul ultim al lumii nu se află în ea, ci în transcendența ei. Așa cum dvs. nu ați fi conștient de spațiu dacă el nu ar conține obiecte, lumea este necesară pentru ca Nemanifestatul să se realizeze. Poate că ați auzit proverbul budist: „Dacă nu ar fi iluzii, nu ar mai exista iluminare". Prin intermediul lumii și, în ultimă instanță, prin dvs., Nemanifestatul se cunoaște pe sine. Sunteți aici pentru a-i permite scopului divin al universului să se împlinească. *Atât de important sunteți!*

Moartea conștientă

În afară de somnul fără vise, despre care am vorbit deja, mai există o altă poartă involuntară. Ea se deschide pentru foarte scurt timp în momentul morții fizice. Chiar dacă ați ratat toate celelalte ocazii de realizare spirituală în timpul vieții, o ultimă poartă se va deschide pentru dvs. imediat după ce corpul a murit.

Există nenumărate relatări ale celor care au avut impresia vizuală a acestei porți sub forma unei lumini strălucitoare și apoi s-au întors din ceea ce este cunoscut sub numele de experiență a morții clinice. Mulți dintre ei au vorbit și despre un sentiment de beatitudine și pace profundă. În *Cartea tibetană a morților*, este descrisă ca „splendoarea luminoasă a luminii incolore a Nimicului", despre care se spune că este „eul nostru adevărat". Această poartă se deschide doar pentru foarte scurt timp și, dacă nu ați întâlnit deja dimensiunea Nemanifestatului în decursul vieții, este foarte probabil să o ratați. Cei mai mulți oameni poartă cu sine prea multă rezistență reziduală, prea multă frică, un atașament prea mare față de experiența senzorială, o identificare prea puternică cu lumea manifestată. Așa că, văzând poarta, se îndepărtează înfricoșați și apoi își pierd conștiința. Cele mai multe dintre lucrurile care se întâmplă după aceasta sunt involuntare și automate. În final, apare un nou ciclu al nașterii și al morții. Prezența lor nu a fost încă suficient de puternică pentru nemurirea conștientă.

Deci, trecerea prin această poartă nu înseamnă anihilare?

Ca și la celelalte porți, natura dvs. radiantă rămâne, dar nu și personalitatea. În orice caz, tot ceea ce este real sau valoros în personalitatea dvs. este natura dvs. adevărată, a cărei strălucire răzbate dincolo de iluzii. Ea nu se pierde niciodată. Nimic din ceea ce este valoros — niciun lucru *real* — nu se pierde vreodată.

Apropierea morții și moartea însăși, disoluția formei fizice, este întotdeauna o ocazie minunată pentru realizarea spirituală. Această ocazie este pierdută în mod tragic de cele mai multe ori, de vreme ce trăim într-o cultură care nu știe aproape nimic despre moarte, așa cum nu știe aproape nimic despre niciunul dintre lucrurile care contează cu adevărat.

Fiecare poartă este o poartă a morţii, moartea sinelui. Când treceţi prin ea, încetaţi să vă mai construiţi identitatea din forma psihologică înjghebată de minte. Atunci realizaţi că moartea este o iluzie, aşa cum identificarea dvs. cu forma era o iluzie. Moartea de fapt înseamnă sfârşitul iluziei. Este dureroasă numai atâta timp cât vă agăţaţi de iluzie.

CAPITOLUL VIII

Relații evoluate

Pătrundeţi în clipa de Acum, oriunde v-aţi afla

Am crezut întotdeauna că adevărata iluminare nu este posibilă decât prin iubirea adusă de relația dintre un bărbat și o femeie. Nu acesta este lucrul care ne face din nou compleți? Cum poate viața cuiva să fie împlinită până când nu se întâmplă aceasta?

Din experienţa dvs., acest lucru este adevărat? Vi s-a întâmplat dvs.?

Nu încă, dar cum ar putea fi altfel? Știu că se va întâmpla.

Cu alte cuvinte, aşteptaţi un eveniment *viitor* care să vă salveze. Nu este aceasta eroarea fundamentală despre care am tot vorbit? Mântuirea nu se află în alt timp sau spaţiu. Este aici şi acum.

Ce înseamnă această afirmație: „Mântuirea este aici și acum?" Nu înțeleg. Nici nu știu ce înseamnă mântuire.

Majoritatea oamenilor aleargă după plăcerile fizice sau diferite forme de gratificaţie psihologică deoarece cred că aceste lucruri îi vor face fericiţi sau îi vor elibera de un sentiment de frică sau de lipsă. Fericirea poate fi percepută ca un sentiment de trăire mai intensă, atinsă prin intermediul plăcerii fizice, sau ca un sentiment mai sigur şi mai complet al sinelui, atins printr-o formă sau alta de gratificaţie psihologică. Aceasta este căutarea mântuirii ce provine dintr-un sentiment de insatisfacţie sau de lipsă. Invariabil, orice satisfacţie pe care o va obţine o astfel de persoană este de scurtă durată, aşa că starea de satisfacţie sau de împlinire este de obicei proiectată din nou într-un punct imaginar, departe de aici şi acum. „Când voi obţine X sau mă voi elibera de Y — atunci îmi va fi bine.“ Acesta este cadrul mental inconştient ce creează iluzia mântuirii în viitor.

Adevărata mântuire este împlinirea, pacea, viaţa în toată plenitudinea ei. Înseamnă să fii tu însuţi, să simţi în interior acea stare de bine pentru care să nu existe o stare opusă, bucuria de a trăi care nu depinde de nimic altceva decât de ea însăşi. Această stare este resimţită nu ca o experienţă trecătoare, ci ca o prezenţă constantă. Într-un limbaj teist, aceasta înseamnă „să-l cunoşti pe Dumnezeu“ — nu ca pe un lucru exterior, ci ca pe esenţa proprie cea mai profundă. Adevărata mântuire este să ne cunoaştem pe noi înşine ca părţi inseparabile ale Vieţii Unificate din afara timpului şi a formei, Viaţă din care vine tot ceea ce există.

Adevărata mântuire este o stare de eliberare — eliberare de frică, de suferinţă, de acea stare percepută ca o lipsă sau o insuficienţă şi, din acest motiv, de orice dorinţă, nevoie, poftă sau ataşament. Este eliberarea de gândirea compulsivă, de negativism şi, mai presus de toate, de trecut şi de viitor ca nevoie psihologică. Mintea dvs. vă spune că nu puteţi ajunge acolo. Că ar trebui să se întâmple un anume lucru sau dvs. ar trebui să deveniţi aşa şi pe dincolo înainte de a fi liber şi împlinit. Vă spune, de fapt, că aveţi nevoie de timp — că este nevoie să găsiţi, să rezolvaţi, să faceţi, să realizaţi, să dobândiţi, să deveniţi sau să înţelegeţi un anumit lucru înainte de a vă putea elibera sau de a fi împlinit. Dvs. priviţi timpul ca pe un mijloc de a atinge mântuirea, când de fapt este cel mai mare obstacol în calea ei. Credeţi că nu puteţi ajunge acolo din poziţia în care vă aflaţi în acest moment pentru că încă nu sunteţi complet sau suficient de bun, dar adevărul este că aici şi acum este singurul punct din care *puteţi* ajunge acolo.

„Ajungeți" acolo realizând că *sunteți* deja acolo. Îl descoperiți pe Dumnezeu în momentul în care realizați că nu aveți nevoie să-l căutați. Așa că nu există *o singură* cale către mântuire: poate fi folosită orice stare, dar nu este nevoie de niciuna în mod special. Totuși, există un singur punct de acces: clipa de Acum. Nu poate exista mântuire în alt moment decât acum. Sunteți singur și fără un partener? Pătrundeți în clipa de Acum. Aveți o relație cu cineva? Pătrundeți în clipa de Acum.

Nimic din ceea ce ați putea face sau realiza vreodată nu vă va apropia mai mult de mântuire decât ceea ce există în prezent. Acest lucru poate fi greu de înțeles pentru o minte obișnuită să creadă că toate lucrurile valoroase se află în viitor. Niciun lucru pe care l-ați făcut vreodată sau care v-a fost făcut în trecut nu vă poate împiedica să spuneți „da" în fața a ceea ce *există* și să vă concentrați atenția mai profund asupra clipei de Acum. Nu puteți face acest lucru în viitor. Fie îl faceți acum, fie nu-l mai faceți deloc.

Relații de iubire/ură

Până în momentul în care aveți acces — și numai dacă reușiți aceasta — la frecvența conștientizată a prezenței, toate relațiile, mai ales cele intime, sunt profund viciate și, în ultimă instanță, disfuncționale. Ele pot părea perfecte pentru un timp, ca atunci când sunteți „îndrăgostit", dar invariabil această perfecțiune aparentă este distrusă prin apariția tot mai frecventă a certurilor, a conflictelor, a nemulțumirilor și a violențelor emoționale sau chiar fizice. Se pare că majoritatea relațiilor de iubire devin în scurt timp relații de iubire/ură. Iubirea se poate transforma atunci în atacuri înverșunate, sentimente de ostilitate sau de retragere completă a afecțiunii pe nepusă masă. Acest lucru este considerat normal. În aceste condiții, relația va oscila un timp, câteva luni sau câțiva ani, între polaritatea „iubirii“ și cea a urii și vă va da în egală măsură plăcere și suferință. Deseori, cuplurile devin dependente de aceste cicluri. Drama lor îi face să se simtă vii. Atunci când echilibrul dintre polaritatea pozitivă și cea negativă este pierdut, iar ciclurile negative, distructive apar cu o frecvență și o intensitate din ce în ce mai mare — situație la care se ajunge întotdeauna mai devreme sau mai târziu — nu mai durează mult și relația se destramă complet.

Puteți avea impresia că eliminarea ciclurilor negative sau distructive ar face ca totul să fie bine și relația ar înflori minunat — dar, din nefericire, acest lucru nu este posibil. Polaritățile sunt interdependente. Una nu poate exista fără cealaltă. Latura pozitivă conține deja în ea latura negativă, care nu s-a manifestat încă. Ambele sunt, de fapt, aspecte diferite ale aceleiași disfuncții. Mă refer la ceea ce se numește, în general, relație romantică — nu la iubirea adevărată, care nu are opus, pentru că se naște din afara minții. Iubirea ca stare continuă este totuși foarte rară — la fel de rară ca și ființele umane conștiente. Sunt totuși posibile momente scurte și fugare de iubire ori de câte ori apare o pauză în fluxul gândirii.

Desigur, partea negativă a unei relații este mai ușor de recunoscut ca fiind disfuncțională decât cea pozitivă. Așa cum este mai ușor să recunoști sursa negativismului la partener decât la tine însuți. Ea se poate manifesta sub multe forme: posesivitate, gelozie, control, retragere și resentimente nerostite, nevoia de a avea întotdeauna dreptate, insensibilitate și egocentrism, cereri emoționale și manipulare, nevoia de a te certa, de a critica, a judeca, a învinovăți sau a ataca, furie, răzbunare inconștientă pentru durerea produsă în trecut de un părinte, pierderea controlului și violență fizică.

Latura pozitivă constă în aceea că sunteți „îndrăgostit“ de partenerul dvs. La început această stare vă va produce o profundă satisfacție. Vă simțiți extrem de viu. Existența proprie a căpătat dintr-odată sens, pentru că cineva are nevoie de dvs., vă dorește și vă face să vă simțiți o persoană deosebită, iar dvs. faceți același lucru pentru ea sau el. Împreună, vă simțiți completi. Sentimentul poate deveni atât de intens, încât restul lumii să devină complet nesemnificativ.

Totuși, poate ați mai observat și că această intensitate este însoțită de o senzație de nevoie și de dependență. Puteți deveni dependent de celălalt. El sau ea are asupra dvs. efectul unui drog. Vă simțiți foarte bine când drogul este disponibil, dar simpla ipoteză sau gândul că el sau ea ar putea să nu mai fie acolo pentru dvs. poate provoca gelozie, posesivitate, încercarea de a manipula prin șantaj emoțional, culpabilizare și acuzații — teama de pierdere. Dacă cealaltă persoană vă părăsește, acest lucru poate da naștere celei mai intense ostilități sau celei mai profunde dureri și disperări. Într-o secundă, afecțiunea se poate transforma într-un atac crunt sau o suferință teribilă. Ce mai este iubirea acum? Poate iubirea să se transforme în opusul ei într-o secundă? A fost oare iubire sau o poftă și un atașament prin dependență?

Dependența și căutarea plenitudinii

De ce am deveni dependenți de celălalt?

Motivul pentru care relațiile de iubire romantică reprezintă o experiență atât de intensă și universal căutată este acela că ele par să ofere eliberarea dintr-o stare de frică, nevoie, lipsă și neîmplinire, ce are rădăcini profunde și face parte din condiția umană în starea sa neeliberată și neiluminată. Această stare are atât o dimensiune fizică, cât și una psihologică.

La nivel fizic, evident, nu sunteți complet și nici nu veți fi vreodată: sunteți fie bărbat, fie femeie, adică o jumătate din întreg. La acest nivel, nevoia de a fi complet — întoarcerea la uniune — se manifestă prin atracția dintre bărbați și femei, prin nevoia bărbatului de femeie și nevoia femeii de bărbat. Este aproape o nevoie irezistibilă de uniune cu polaritatea energetică opusă. Rădăcina acestei nevoi fizice este de natură spirituală: dorința de a pune capăt dualității, de a te întoarce la starea de plenitudine. Uniunea sexuală dă senzația cea mai apropiată de această stare la nivel fizic. Din acest motiv, este considerată experiența care oferă cea mai mare satisfacție în lumea fizică. Dar uniunea sexuală nu este mai mult decât o clipă trecătoare de plenitudine, o secundă de beatitudine. Atâta timp cât este căutată inconștient ca mijloc al mântuirii, persoana caută să pună capăt dualității la nivelul formei, nivel la care mântuirea nu este posibilă. Vi se oferă o imagine fugară, foarte tentantă a raiului, dar nu vi se permite să rămâneți mai mult timp aici și vă treziți din nou într-un corp separat.

La nivel psihologic, sentimentul de lipsă sau de neîmplinire este chiar mai mare decât la nivel fizic. Atâta timp cât vă identificați cu mintea dvs., aveți un sentiment al identității derivat dintr-o sursă externă. Adică obțineți o idee despre cine sunteți din lucruri care, în ultimă instanță, nu au nimic de-a face cu cine sunteți în realitate: rolul dvs. social, posesiunile, aspectul exterior, succesele și eșecurile, sistemul de credințe ș.a.m.d. Acest sine fals, construit de minte, se simte vulnerabil, nesigur și caută mereu lucruri noi cu care să se identifice și care să-i dea sentimentul că există. Dar nimic nu este vreodată suficient pentru a-i produce o satisfacție de durată. Temerile sale rămân; ca și sentimentul de lipsă și de nevoie acută.

Dar atunci apare această relație specială. Ea pare să fie răspunsul la toate problemele sinelui fals și pare să răspundă tuturor nevoilor sale. Cel puțin la prima vedere. Toate celelalte lucruri pornind de la care în trecut v-ați derivat sentimentul identității par acum relativ nesemnificative. Acum aveți un singur punct de interes care le înlocuiește pe toate celelalte, dă sens vieții dvs. și prin el vă definiți identitatea: persoana de care v-ați „îndrăgostit". Nu mai sunteți un fragment dislocat într-un univers nepăsător — sau cel puțin așa vi se pare. Lumea dvs. are acum un centru: persoana iubită. Faptul că centrul se află în afara dvs. și că din acest motiv aveți în continuare un sentiment de identitate derivat dintr-un obiect exterior nu pare să conteze prea mult la început. Ceea ce contează este că sentimentele subiacente, de neîmplinire, frică, lipsă și insatisfacție, atât de caracteristice stării de identificare cu mintea, au dispărut — sau nu? S-au dizolvat sau continuă să existe în spatele acestei realități superficiale numite fericire?

Dacă în relația dvs. ați avut parte atât de „iubire“, cât și de opusul ei — atacul, violența emoțională —, atunci e foarte probabil să confundați atașamentul sinelui fals și dependența cu iubirea. Nu puteți să vă iubiți partenerul la un moment dat, iar în următorul moment să îl atacați. Iubirea nu are opus. Dacă „iubirea“ dvs. are un opus, atunci nu este iubire, ci o puternică nevoie a sinelui fals de a avea un sentiment de identitate mai complet și mai profund, o nevoie pe care celălalt o satisface temporar. Este înlocuitorul pe care îl dă sinele fals pentru mântuire și pentru scurt timp aproape că ne simțim mântuiți.

Dar vine un moment când partenerul dvs. se comportă astfel încât nu vă mai satisface nevoile — sau mai curând nevoile sinelui fals. Sentimentele de durere, frică și lipsă, care sunt o parte intrinsecă a conștiinței sinelui fals, dar au fost acoperite de „relația de iubire“, ies acum din nou la suprafață. Ca în cazul oricărei dependențe, vă simțiți minunat când drogul este disponibil, dar invariabil vine un moment când drogul nu mai funcționează. Când acele sentimente dureroase reapar, le simțiți chiar mai intens și mai acut decât înainte. Pe deasupra, vă percepeți partenerul, ca fiind *cauza* acestor sentimente. Aceasta înseamnă că le proiectați în afară și îl atacați pe celălalt cu toată violența sălbatică a durerii dvs. Acest atac poate trezi durerea partenerului, și el sau ea vă poate răspunde la atac. În acest punct, sinele fals mai speră încă în mod inconștient că atacul său sau încercările sale de manipulare vor reprezenta o pedeapsă suficientă pentru a-l convinge pe partener să-și schimbe comportamentul, ca să-l puteți folosi din nou pentru a vă acoperi durerea.

Fiecare dependență apare dintr-un refuz inconștient de a accepta durerea și de a o lăsa în urmă. Fiecare dependență începe cu durerea și se sfârșește în durere. Indiferent de substanța de care sunteţi dependent — alcool, mâncare, droguri legale ori ilegale sau poate o persoană —, vă folosiţi de un lucru sau de o persoană pentru a vă ascunde durerea. Acesta este motivul pentru care în relaţiile intime, după ce euforia iniţială a trecut, apare atât de multă nefericire, atât de multă durere. Nu relaţiile provoacă durerea şi nefericirea. Ele *scot la lumină* ceea ce se află deja în dvs. Oricare dependenţă ajunge într-un punct în care nu mai produce rezultatul dorit şi atunci simţiţi durerea mai puternic ca oricând.

Acesta este unul dintre motivele pentru care oamenii încearcă mereu să scape de momentul prezent şi caută un fel de mântuire în viitor. Primul lucru pe care l-ar putea întâlni dacă s-ar concentra asupra clipei de Acum ar fi durerea proprie şi de acest lucru se tem ei. Dacă ar şti măcar cât de uşor este ca în clipa de Acum să obţină puterea care dizolvă trecutul şi durerea sa, realitatea care dizolvă iluzia! Dacă ar şti cât de aproape sunt de propria lor realitate, cât de aproape se află de Dumnezeu!

Nici evitarea relaţiilor cu scopul de a încerca să se evite durerea nu este o soluţie. Durerea este oricum prezentă. Există o mai mare probabilitate ca trei relaţii eşuate în tot atâţia ani să vă forţeze să vă treziţi decât trei ani trăiţi pe o insulă pustie sau închis în cameră. Dacă aţi putea aduce o prezenţă intensă în singurătatea dvs., acest lucru v-ar ajuta.

De la dependenţă la relaţii iluminate

Putem transforma o relaţie de dependenţă într-una autentică?

Da. Fiind prezent şi intensificându-vă şi mai mult prezenţa prin concentrarea intensă a atenţiei asupra clipei de Acum:

indiferent dacă trăiţi singur sau cu un partener, cheia este aceeaşi. Pentru ca iubirea să înflorească, lumina prezenţei dvs. trebuie să fie foarte puternică, astfel încât să nu mai pierdeţi controlul în favoarea celui ce gândeşte în sinea dvs. sau a corpului-durere şi să le confundaţi cu cel ce sunteţi cu adevărat. Cunoaşterea de sine, ca Fiinţă aflată în spatele celui ce gândeşte în sinele dvs., ca linişte în spatele zgomotului mental, ca iubire şi bucurie în spatele durerii, înseamnă eliberare, mântuire şi iluminare. A renunţa la identificarea cu corpul-durere înseamnă a aduce prezenţa în durere şi a o transforma astfel. A renunţa la identificarea cu cel ce gândeşte în sinea dvs. înseamnă a fi un observator tăcut al gândurilor şi comportamentului propriu, mai ales al tiparelor mentale repetitive şi al rolurilor jucate de sinele fals.

Dacă nu o mai investiţi cu „identitate“, mintea îşi pierde trăsătura compulsivă, în principal compulsia de a judeca şi astfel de a se opune realităţii existente, fapt ce duce la conflict, dramă şi dureri noi. De fapt, în momentul în care judecata încetează prin acceptarea *realităţii*, v-aţi eliberat de minte. Aţi făcut loc iubirii, bucuriei, păcii. În primul rând, trebuie să nu vă mai judecaţi pe dvs. înşivă; apoi să nu vă mai judecaţi semenul. Cel mai important catalizator al schimbării într-o relaţie este acceptarea completă a partenerului aşa cum este el, fără a simţi nevoia de a-l judeca sau de a-l schimba în vreun fel. Acest lucru vă duce imediat dincolo de sinele fals. În acest moment, toate jocurile mentale şi ataşamentele prin dependenţă iau sfârşit. Nu mai există victime şi făptaşi, acuzatori şi acuzaţi. Acesta este şi sfârşitul oricărei codependenţe, al atracţiei în tiparele inconştiente ale celuilalt care le permitea să existe mai departe. Atunci fie vă veţi despărţi — în iubire — fie veţi pătrunde mai profund în clipa de Acum împreună — în Fiinţă. Să fie chiar atât de uşor? Da, este chiar atât de uşor.

Iubirea este o stare a Fiinţei. Iubirea dvs. nu se află în exterior, ci adânc în dvs. Nu o puteţi pierde niciodată şi nici ea nu vă poate părăsi. Nu este dependentă de un alt corp, de o formă exterioară. Este liniştea prezenţei dvs., vă puteţi simţi realitatea atemporală şi lipsită de formă sub forma vieţii nemanifeste care vă animă forma fizică. Atunci puteţi simţi aceeaşi viaţă în profunzimea fiecărui om şi a fiecărei fiinţe. Priviţi dincolo de vălul formei şi al separării. Aceasta este realizarea unităţii. Aceasta este iubirea.

Ce este Dumnezeu? Viaţa eternă din spatele tuturor formelor de viaţă. Ce este iubirea? Simţirea prezenţei acestei Vieţi adânc în străfundurile dvs. şi ale tuturor fiinţelor. Identificarea cu ea. De aceea, orice iubire este iubirea lui Dumnezeu.

Iubirea nu este selectivă, aşa cum nici lumina soarelui nu este selectivă. Ea nu face o persoană să fie specială. Nu este exclusivistă. Exclusivismul nu este iubirea lui Dumnezeu, ci „iubirea“ sinelui fals. Totuşi, intensitatea cu care este simţită iubirea adevărată poate varia. Puteţi întâlni o persoană care să vă înapoieze dragostea cu mai multă claritate şi intensitate decât altele, iar, dacă această persoană are aceleaşi sentimente faţă de dvs., se poate spune că sunteţi amândoi într-o relaţie de iubire. Legătura care vă uneşte cu această persoană este aceeaşi legătură care vă uneşte cu persoana care stă lângă dvs. în autobuz, cu o pasăre, cu un copac, cu o floare. Numai gradul de intensitate este diferit.

Chiar şi într-o relaţie de dependenţă pot apărea momente în care răzbate ceva mai real, ceva care depăşeşte nevoile dvs. mutuale legate de dependenţă. Acestea sunt momentele în care intensitatea atât a minţii dvs., cât şi a aceleia a partenerului scade brusc, iar corpul-durere este temporar adormit. Aceasta se întâmplă uneori în timpul momentelor de intimitate fizică sau atunci când amândoi sunteţi martorii miracolului naşterii unui copil, în prezența morții sau atunci când unul dintre dvs. este grav bolnav — în orice situație care face mintea să devină neputincioasă. În asemenea momente, Ființa dvs., care se află de obicei îngropată sub minte, se dezvăluie și acest lucru face posibilă comunicarea autentică.

Comunicarea autentică este comuniune — realizarea unității, care este iubirea. De obicei, aceasta se pierde din nou foarte repede, cu excepția cazului în care puteți rămâne prezent suficient timp pentru a împiedica mintea să revină la vechile ei obiceiuri. De îndată ce mintea și identificarea cu mintea reapar, nu mai sunteți dvs. înșivă, ci vă identificați cu imaginea dvs. mentală și începeți să jucați din nou jocuri și roluri cu scopul de a satisface nevoile sinelui fals. Sunteți din nou o minte umană, care pretinde că este o ființă umană, interacționând cu o altă minte, jucând drama numită „iubire".

Deși sunt posibile scurte momente de iubire autentică, iubirea nu poate înflori dacă nu v-ați eliberat pentru totdeauna de identificarea cu mintea și prezența dvs. nu este suficient de intensă pentru a dizolva corpul-durere — sau dacă nu puteți măcar rămâne prezent ca observator. Corpul-durere nu mai poate atunci să pună stăpânire pe dvs. și să distrugă iubirea.

Relațiile ca formă de practică spirituală

Pe măsură ce identificarea cu sinele fals ca mod al conștiinței și toate structurile sociale, politice și economice se apropie din ce în ce mai mult de faza finală a colapsului, relațiile dintre bărbați și femei reflectă din ce în ce mai mult starea profundă de criză în care se află acum umanitatea. Pe măsură ce oamenii se identifică din ce în ce mai profund cu mintea lor, majoritatea relațiilor nu își mai au rădăcinile în Ființă și astfel se transformă în surse de durere, fiind dominate de probleme și conflicte.

Milioane de oameni trăiesc singuri sau își cresc singuri copiii, incapabili să stabilească o relație intimă sau nedorind să repete drama nebunească din relaţiile trecute. Alţii trec de la o relaţie la alta, de la un ciclu de plăcere-durere la altul, în căutarea zadarnică a satisfacţiei prin uniunea cu polaritatea energetică opusă. Iar alţii preferă compromisul şi continuă să rămână împreună, perpetuând o relaţie în care domină negativismul, de dragul copiilor, al siguranţei, al obişnuinţei, de teamă să nu rămână singuri sau în virtutea unui alt gen de aranjament de pe urma căruia „beneficiază" şi unul şi celălalt sau chiar în virtutea dependenţei inconştiente de descărcarea energetică a dramelor emoţionale şi a suferinţei.

Totuşi, fiecare criză reprezintă nu numai un pericol, ci şi o oportunitate. Dacă relaţiile energizează şi amplifică tiparele mentale ale sinelui fals şi activează corpul-durere, de ce să nu acceptăm acest fapt, în loc să încercăm să scăpăm de el? De ce să nu cooperăm cu el, în loc să evităm relaţiile sau să continuăm să urmărim fantoma partenerului ideal ca răspuns la problemele noastre sau ca un mod de a ne simţi împliniţi? Ocazia ascunsă în fiecare criză nu se manifestă până când nu sunt recunoscute şi acceptate complet toate datele unei situaţii. Atâta timp cât continuaţi să le negaţi, atâta timp cât încercaţi să scăpaţi de ele sau vă doriţi ca lucrurile să fi fost altfel, fereastra oportunităţii nu se deschide şi rămâneţi prins în capcana situaţiei respective, care va rămâne neschimbată sau va continua să se înrăutăţească şi mai mult.

Recunoscând şi acceptând faptele, dobândim şi un anumit grad de eliberare în raport cu ele. De exemplu, când *ştiţi* că există o lipsă de armonie şi conservaţi această observaţie, prin faptul că acum ştiţi acest lucru a apărut un nou factor, iar starea lipsei de armonie nu poate rămâne neschimbată. Când *ştiţi* că nu există pace într-o relaţie, conştiinţa acestui lucru creează un spaţiu de linişte, ce înconjoară lipsa de pace într-o îmbrăţişare afectuoasă şi iubitoare şi astfel transformă lipsa de pace în pace. Cât despre transformarea interioară, nu puteţi *face* nimic în privinţa ei. Nu vă puteţi transforma şi nu-l puteţi transforma nici pe partener într-o persoană diferită. Tot ce puteți face este să creați un spațiu în care să se producă transformarea, în care să pătrundă iubirea și grația divină.

§

Așa că, de câte ori o relație nu funcționează, ori de câte ori o relație scoate la iveală „nebunia" dvs. și a partenerului dvs., bucurați-vă. Ceea ce era inconștient este adus la lumină. Este o ocazie de a vă mântui. În fiecare moment, păstrați observațiile pe care le-ați făcut, mai ales pe acelea care se referă la starea dvs. interioară. Indiferent dacă este vorba despre gelozie, apărare, nevoia de a te certa, de a avea dreptate, un copil interior care cere iubire și atenție sau o durere emoțională de orice fel — indiferent despre ce este vorba, *recunoașteți* realitatea momentului și păstrați ceea ce ați conștientizat. Atunci relația va deveni pentru dvs. *sadhana*, o practică spirituală. Dacă observați la partenerul dvs. un comportament inconștient, păstrați ceea ce ați conștientizat în îmbrățișarea iubitoare a cunoașterii și nu reacționați. Inconștiența și cunoașterea nu pot coexista mult timp — chiar dacă această cunoaștere se referă numai la celălalt și nu la persoana care acționează inconștient. Forma de energie care se află în spatele ostilității și atacului găsește prezența iubirii absolut intolerabilă. Dacă reacționați în vreun fel la inconștiența partenerului, deveniți inconștient. Dar, dacă vă amintiți să vă *cunoașteți* reacția, nimic nu este pierdut.

Umanitatea este supusă unei presiuni teribile de a evolua, pentru că aceasta este singura ei șansă de supraviețuire ca rasă. Acest lucru va afecta fiecare aspect al vieții dvs. și mai ales relațiile intime. Niciodată până acum relațiile umane nu au fost atât de problematice și de pline de conflicte ca în prezent. Așa cum ați observat, poate, ele nu există pentru a vă face să vă simțiți fericit sau împlinit. În cazul în care continuaţi să urmăriţi scopul mântuirii prin intermediul unei relaţii, veţi suferi nenumărate deziluzii. Dar dacă acceptaţi faptul că relaţia există pentru a vă face *conştient,* şi nu fericit, atunci tocmai acest lucru vă *va* oferi mântuirea şi vă veţi alinia conştiinţei superioare care doreşte să ia naştere în această lume. Cei care continuă să se agaţe de vechile lor tipare vor avea parte de o durere, violenţă, confuzie şi nebunie din ce în ce mai mari.

Presupun că este nevoie de două persoane pentru ca o relaţie să devină un exerciţiu spiritual, aşa cum aţi sugerat. De exemplu, partenerul meu încă îşi mai pune în aplicare vechile tipare de gelozie şi control. I-am atras atenţia de multe ori, dar el este incapabil să realizeze acest lucru.

De câte persoane este nevoie pentru a vă transforma viaţa într-un exerciţiu spiritual? Nu contează dacă partenerul nu vrea să coopereze. Sănătatea mentală — conştiinţa — poate să apară în această lume prin dvs. Nu este nevoie să aşteptaţi ca lumea să devină mai puţin nebună sau ca o persoană să devină conştientă pentru a vă dezvolta spiritual. S-ar putea să dureze o veşnicie. Nu vă acuzaţi unul pe altul de inconştienţă. În momentul în care începeţi să vă certaţi, v-aţi identificat cu o poziţie mentală şi apăraţi nu numai această poziţie, dar şi sentimentul dvs. de sine. Sinele fals a preluat comanda. Aţi devenit inconştient. Uneori, poate fi bine să subliniem anumite aspecte ale comportamentului partenerului. Dacă sunteţi foarte vigilent, foarte prezent, puteţi face acest lucru fără implicarea sinelui fals — fără să învinovăţiţi, să acuzaţi sau să încercaţi să-i dovediţi celuilalt că greşeşte.

Când partenerul are un comportament inconştient, abandonaţi orice critică. Critica înseamnă fie confundarea comportamentului inconştient al unei persoane cu persoana respectivă, fie proiectarea propriei inconştienţe asupra altuia şi confundarea ei cu acea persoană. Abandonarea criticilor nu înseamnă că nu recunoaşteţi disfuncţia şi inconştienţa atunci când o vedeți. Înseamnă să „fiți cel care știe“ în loc să „fiți reacția“ și judecătorul. Atunci fie veți fi complet liber de orice reacție, fie veți reacționa rămânând conștient, păstrându-vă spațiul interior în care reacția este observată și în care i se permite să existe. În loc să vă luptați cu întunericul, aduceți lumina. În loc să reacționați la o iluzie, priviți iluzia și în același timp vedeți dincolo de ea. Când sunteți conștient creați un spațiu de prezență iubitoare, care le permite lucrurilor și oamenilor să existe așa cum sunt. Nu există catalizator mai mare pentru transformare. Dacă exersați această atitudine, partenerul nu va putea rămâne alături de dvs. *continuând* să fie inconștient.

Dacă amândoi sunteți de acord ca relația să devină un exercițiu spiritual, atunci cu atât mai bine. Vă puteți exprima sentimentele, gândurile și reacțiile unul față de altul chiar în momentul în care apar, pentru a nu crea un gol temporal, în care o emoție sau o durere neexprimată sau nerecunoscută să se poată deteriora și amplifica. Învățați să exprimați ceea ce simțiți fără să învinovățiți. Învățați să vă ascultați partenerul în mod deschis, nedefensiv. Acordați-i spațiu pentru a se putea exprima. Fiți prezent. Acuzarea, apărarea, atacul — toate aceste tipare care sunt făcute să întărească sau să protejeze sinele fals ori să satisfacă nevoile acestuia vor deveni inutile. Să acorzi spațiu altora — și ție însuți — este un lucru vital. Iubirea nu poate înflori fără el. Când ați eliminat cei doi factori care distrug relațiile: adică atunci când corpul-durere s-a transformat, iar dvs. nu vă mai identificați cu mintea și cu pozițiile mentale și partenerul dvs. a făcut la fel, veți trăi fericirea unei relații care înflorește. În loc să vă reflectați unul altuia durerea și inconștiența, în loc să vă satisfaceți nevoile mutuale și dependente ale sinelui fals, vă veți reflecta unul altuia iubirea pe care o simțiți adânc în interior, iubirea care vine odată cu conștientizarea faptului că sunteți una cu tot ceea ce există. Aceasta este iubirea care nu are opus.

Dacă partenerul este încă identificat cu mintea şi corpul-durere, în vreme ce dvs. v-aţi eliberat deja, aceasta va fi o dificultate majoră — nu pentru dvs., ci pentru partener. Nu este uşor să trăieşti cu o persoană iluminată sau, mai curând, este *atât* de uşor, încât sinele fals găseşte acest lucru extrem de ameninţător. Nu uitaţi că sinele fals are nevoie de probleme, conflicte şi „duşmani" pentru a-şi întări sentimentul de separare de care depinde identitatea sa. Mintea partenerului care nu s-a dezvoltat spiritual va fi profund frustrată, pentru că poziţiile sale fixe nu opun nicio rezistenţă, ceea ce înseamnă că vor deveni nesigure şi slabe, existând şi „pericolul" de a se prăbuşi cu totul şi de a duce la pierderea sinelui. Corpul-durere cere un feedback pe care nu îl primeşte. Nevoia de ceartă, de momente dramatice şi de conflict nu este satisfăcută. Dar atenţie: unele persoane care sunt retrase, insensibile, cu care nu poţi comunica sau care sunt rupte de sentimentele lor pot fi convinse şi pot încerca să îi convingă şi pe alţii că sunt dezvoltate spiritual sau cel puţin că „nu este nimic în neregulă" cu ele şi că tot răul vine de la partener. Bărbaţii tind să facă acest lucru mai des decât femeile. Îşi pot privi perechea ca fiind iraţională sau emotivă. Dar, dacă vă puteţi simţi emoţiile, nu sunteţi departe de corpul interior radiant, aflat chiar în spatele lor. Dacă trăiţi preponderent la nivel mental, distanţa este mult mai mare şi trebuie să aduceţi conştiinţa în corpul emoţional înainte de a putea ajunge la corpul interior.

Dacă nu există o emanaţie de iubire şi bucurie, prezenţă completă şi deschidere către toate fiinţele, atunci nu v-aţi dezvoltat spiritual suficient de mult. Un alt indicator este felul în care o persoană se comportă în situaţii dificile, complicate sau atunci când lucrurile „merg prost". Dacă „dezvoltarea dvs. spirituală" este o autoamăgire mentală, atunci viaţa vă va pune curând în faţă un obstacol care va scoate la iveală inconştienţa dvs. sub o formă oarecare — a fricii, furiei, a unei poziţii de apărare, a criticării, deprimării ş.a.m.d. Dacă aveţi o relaţie, multe probleme vor veni de la partener. De exemplu, o femeie poate fi pusă în dificultate de un partener indiferent sau apatic, cu care nu poate comunica și care trăiește aproape în întregime la nivel mental. Ea va fi afectată de incapacitatea lui de a o *auzi*, de a-i acorda atenție și spațiu (libertatea de a fi ea însăși), care se datorează lipsei lui de prezență. Absența iubirii în relație, care de obicei este simțită mai acut de femeie decât de bărbat, va declanșa trezirea corpului-durere al femeii și, prin intermediul lui, ea își va ataca partenerul — îl va învinovăți, critica, îi va arăta că greșește ș.a.m.d. Lucru care, la rândul său, devine o dificultate pentru el. Pentru a se apăra de atacul corpului-durere al femeii, pe care îl consideră total nejustificat, el va deveni și mai profund înrădăcinat în pozițiile sale mentale, pe măsură ce se justifică, se apără sau contraatacă și mai mult. În final, acest lucru poate activa propriul său corp-durere. Când ambii parteneri au ajuns să fie astfel controlați, este atins un nivel de inconștiență profundă, de violență emoțională, de atac și contraatac sălbatic, care nu se va reduce până când ambele corpuri-durere nu și-au făcut plinul cu energie, putând intra astfel în faza de somnolență. Până data viitoare.

Acesta este numai unul dintre infinitele scenarii posibile. S-au scris pe această temă multe cărți și ar putea fi scrise mult mai multe despre felul în care inconștiența iese la lumină în relațiile heterosexuale. Dar, așa cum am spus mai devreme, după ce ați înțeles cauza principală a disfuncționalității, nu mai aveți nevoie să explorați nenumăratele ei manifestări.

Să aruncăm din nou o scurtă privire asupra scenariului pe care tocmai l-am descris. Fiecare dificultate apărută aici este de fapt o șansă mascată de iluminare. În fiecare etapă de desfășurare a procesului disfuncțional, este posibilă eliberarea de inconștient. De exemplu, ostilitatea femeii ar putea deveni pentru bărbat un semnal pentru a abandona nivelul de identificare cu mintea, pentru a se trezi în prezent — în loc să se identifice din ce în ce mai mult cu mintea, să devină din ce în ce mai conștient. În loc să „devină“ corpul-durere, femeia ar putea deveni cunoscătorul care observă durerea emoțională în propria sa ființă, accelerând astfel puterea clipei de Acum și inițiind transformarea durerii. Aceasta ar înlătura proiectarea compulsivă și automată a durerii în exterior. Atunci ea ar putea să-și comunice sentimentele partenerului. Desigur, nu există nicio garanție că el ar asculta-o, dar astfel ar avea o mare șansă de a fi prezent și de a sparge ciclul nesănătos de aplicare involuntară a tiparelor mentale inconștiente. Dacă femeia pierde această ocazie, bărbatul ar putea să-și urmărească reacția mental-emoțională față de durerea ei, defensivitatea care îl împiedică să reacționeze. El ar putea atunci să privească trezirea propriului corp-durere și astfel să-și conștientizeze emoțiile. În acest mod, ar putea lua ființă un spațiu liber și liniștit de conștiință pură — cunoscătorul, martorul tăcut, observatorul. Conștiința nu neagă durerea și totuși este cu mult deasupra ei. Ea îi permite durerii să existe și totuși o transformă în același timp. Ea acceptă totul și transformă totul. Astfel, partenerei i-ar fi fost deschisă o ușă, prin care ea ar fi putut ușor să se alăture lui în acest spațiu.

Dacă sunteți în mod constant sau cel puțin predominant prezent în relația dvs., acest lucru va reprezenta cea mai mare dificultate pentru partener. El nu va fi capabil să vă tolereze prezența mult timp, atâta vreme cât rămâne inconștient. Dacă este pregătit, va intra pe ușa pe care ați deschis-o pentru el și vi se va alătura în această stare. Dacă nu este pregătit, vă veți separa ca uleiul și apa. Lumina este mult prea dureroasă pentru o persoană care dorește să rămână în întuneric.

De ce femeile sunt mai aproape de iluminare

Obstacolele în calea dezvoltării spirituale sunt aceleași pentru femei și bărbați?

Da, dar accentul se pune diferit. În general, pentru o femeie este mai ușor să-și simtă și să-și locuiască corpul, așa că ea este în mod natural mai aproape de Ființă și potențial mai aproape de dezvoltarea spirituală decât un bărbat. Acesta este motivul pentru care multe culturi vechi aleg instinctiv figuri sau analogii feminine pentru a reprezenta sau descrie realitatea transcendentă sau lipsită de formă. De multe ori, ea a fost privită ca un pântec care dă viață tuturor lucrurilor care au fost create, care le susține și le hrănește în timpul vieții lor în lumea formei. În *Tao Te Ching*, una dintre cele mai vechi și mai profunde cărți care au fost scrise vreodată, *Tao*, care ar putea fi tradus prin *Ființă*, este descris ca „prezentul etern, infinit, mama universului". Este natural ca femeile să fie mai aproape de Ființă decât bărbații, deoarece ele „întrupează" Nemanifestatul. Și mai mult, toate creaturile și toate lucrurile trebuie să se întoarcă în final la Sursă. „Toate lucrurile dispar din nou în Tao. El este singurul care durează." Deoarece Sursa este privită ca fiind feminină, acest lucru este reprezentat prin cele două părți, luminoasă și întunecată, ale arhetipului feminin în psihologie și mitologie. Zeița sau Mama Divină are două aspecte: ea dă viață și ia viața.

Când mintea a preluat controlul și oamenii au pierdut contactul cu realitatea esenței lor divine, ei au început să îl gândească pe Dumnezeu ca figură masculină. Societatea a devenit dominată de bărbați, iar femeia, supusă bărbatului.

Nu încerc să sugerez că ar fi bine să ne întoarcem la reprezentările feminine inițiale ale divinului. Unii oameni folosesc în prezent termenul de Mamă Divină în loc de Dumnezeu. Ei restabilesc astfel un echilibru între partea feminină și cea masculină, care s-a pierdut cu mult timp în urmă, și asta este foarte bine. Dar rămâne totuși o reprezentare și un concept, poate temporar util, ca o hartă sau un indicator folositor o vreme, dar care sunt mai mult un obstacol decât un ajutor atunci când sunteți pregătit să vă dați seama de realitatea din spatele tuturor conceptelor și imaginilor. Adevărat rămâne totuși faptul că frecvența energetică a minții pare să fie, în esență, masculină. Mintea opune rezistență, se luptă pentru control, folosește, manipulează, atacă, încearcă să înșface și să posede ş.a.m.d. Acesta este motivul pentru care Dumnezeul tradiţional este o figură patriarhală, învestită cu autoritate, ce deţine controlul, dominatoare şi de multe ori un bărbat mânios, de care ar trebui să ne temem mereu, după cum sugerează Vechiul Testament. Acest Dumnezeu este o proiecţie a minţii umane.

Pentru a depăşi mintea şi a vă reconecta cu realitatea mai profundă a Fiinţei aveţi nevoie de calităţi extrem de diferite: abandonarea, atitudinea necritică, o deschidere care să-i permită vieţii să existe în loc să i se opună, capacitatea de a păstra toate lucrurile în îmbrăţişarea plină de iubire a cunoaşterii. Toate aceste calităţi sunt mult mai strâns legate de principiul feminin. Dacă energia mentală este dură şi rigidă, energia Fiinţei este moale şi flexibilă şi infinit mai puternică decât mintea. Mintea conduce civilizaţia noastră, în timp ce Fiinţa guvernează viaţa pe Pământ şi în univers. Fiinţa este inteligenţa ale cărei manifestări vizibile formează universul fizic. Deşi femeile sunt potenţial mai aproape de ea, şi bărbaţii pot avea acces la aceasta în sinea lor.

În acest moment, marea majoritate a bărbaţilor şi femeilor încă se mai află în ghearele minţii: se identifică cu gânditorul şi corpul-durere. Desigur, acest lucru împiedică dezvoltarea spirituală şi înflorirea iubirii. Ca regulă generală, obstacolul major tinde să fie pentru bărbaţi mintea în plină activitate de gândire, iar pentru femei corpul-durere, deşi în anumite cazuri situaţia poate fi inversă, iar la unele persoane ambele obstacole să aibă o forţă egală.

Dizolvarea corpului-durere feminin colectiv

De ce corpul-durere este un obstacol mai mare pentru femei?

Corpul-durere are de obicei un aspect colectiv şi unul personal. Aspectul personal este reziduul acumulat al durerii emoţionale suferite în timpul vieţii. Corpul-durere colectiv este durerea acumulată în psihicul uman colectiv de-a lungul a 2 000 de ani, prin boli, torturi, războaie, crime, acte de cruzime, nebunie ş.a.m.d. Corpul-durere personal al fiecărui om participă la acest corp-durere colectiv. Există zone diferite în ce priveşte corpul-durere colectiv. De exemplu, anumite rase sau ţări în care apar forme extreme de conflict sau violenţă au un corp-durere colectiv mai puternic decât altele. Orice persoană care are un corp-durere puternic şi insuficientă conştiinţă pentru a se desprinde din identificarea cu el va fi forţată continuu să îşi descarce periodic durerea emoţională; ea ar putea foarte uşor să devină fie autorul, fie victima unor acte de violenţă, după cum corpul-durere propriu este predominant activ sau pasiv. Pe de altă parte, acest gen de persoană ar putea fi potenţial mai aproape de dezvoltarea spirituală. Acest potenţial nu este neapărat o realitate, desigur, dar, dacă vă aflaţi în capcana unui coşmar, veţi fi probabil mai puternic motivat să vă treziţi decât o persoană care trăieşte momentele plăcute şi neplăcute ale unui vis obişnuit.

În afară de corpul-durere personal, fiecare femeie are rolul ei în ceea ce ar putea fi descris drept corpul-durere colectiv feminin — dacă nu este total conştientă. Acesta este format din acumularea durerii suferite de femei, în parte prin subjugarea lor de către bărbaţi prin sclavie, exploatare, viol, naştere, avort etc. vreme de mii de ani. Durerea emoţională sau fizică ce pentru multe femei precedă şi coincide cu ciclul menstrual este corpul-durere în aspectul său colectiv, care se trezeşte din somnolenţă în acel moment, deşi el poate fi trezit şi în alte momente. El împiedică circulaţia liberă a energiei prin corp, a cărei expresie fizică este menstruaţia. Haideţi să rămânem la această idee un moment şi să vedem cum poate ea să devină o ocazie de dezvoltare spirituală.

Deseori, femeile sunt „stăpânite“ de corpul-durere în perioada menstruaţiei. Acesta are o încărcătură energetică foarte puternică şi vă poate atrage cu uşurinţă în identificarea inconştientă cu el. Atunci sunteţi activ posedată de câmpul energetic ce vă ocupă spaţiul interior şi pretinde că sunteţi chiar dvs. — dar, desigur, nu sunteţi deloc dvs. Vorbeşte prin dvs., acţionează prin dvs., gândeşte prin dvs. El va crea în viaţa dvs. situaţii negative, astfel încât să se poată hrăni cu această energie. Vrea mai multă durere, indiferent sub ce formă. Am descris deja acest proces, care poate fi violent şi distructiv. Este durere pură, durere trecută — şi nu sunteţi dvs.

Numărul femeilor care se apropie acum de starea de trezire completă este deja mai mare decât cel al bărbaţilor şi va fi din ce în ce mai mare în anii care vor veni. În final, bărbaţii s-ar putea să le ajungă din urmă, dar pentru un interval de timp considerabil va exista un decalaj între gradul de conştiinţă al celor două sexe. Femeile îşi redobândesc funcţia la care au dreptul prin naştere şi care din acest motiv le revine mai mult lor decât bărbaţilor: aceea de a fi o punte de legătură între lumea manifestată şi Nemanifestat, între fizic şi spirit. Principala dvs. sarcină acum, ca femeie, este să transformaţi corpul-durere astfel încât să nu se mai interpună între dvs. şi sinele dvs. adevărat, esenţa dvs. Desigur, trebuie să depăşiţi şi celălalt obstacol în calea dezvoltării spirituale — mintea gânditoare —, dar prezenţa intensă pe care o veţi genera când veţi lucra cu corpul-durere vă va elibera şi de identificarea cu mintea.

Primul lucru pe care trebuie să vi-l amintiţi este acesta: atâta timp cât vă construiţi o identitate din durere, nu vă veţi putea elibera de ea. Atâta timp cât o parte a sentimentului dvs. de identitate este investit în durerea dvs. emoţională, vă veţi opune inconştient sau veţi sabota orice încercare de a vă vindeca de durere. De ce? Pur şi simplu pentru că doriţi să rămâneţi intactă, iar durerea a devenit o parte esenţială a dvs. Acesta este un proces inconştient şi singurul mod de a-l depăşi este să îl aduceţi în conştiinţă.

A vă da brusc seama de faptul că sunteţi sau aţi fost ataşată de durerea proprie poate fi şocant. În momentul în care vă daţi seama de acest lucru aţi rupt ataşamentul. Corpul-durere este un câmp energetic, aproape ca o entitate, care a devenit temporar locatarul spațiului dvs. interior. O parte a energiei vitale a rămas blocată în această capcană, o energie care nu mai circulă. Desigur, corpul-durere există din cauză că în trecut s-au întâmplat anumite lucruri. Este trecutul viu din dvs. și, dacă vă identificați cu el, vă identificați cu trecutul. Atunci când vă identificați drept victimă, credeți că trecutul este mai puternic decât prezentul, credință contrară adevărului. Este credința că alte persoane și ceea ce v-au făcut sunt responsabile pentru felul în care sunteți azi, pentru suferința dvs. emoțională sau pentru incapacitatea de a fi cel/cea care sunteți în realitate. Adevărul este că singura putere care există este conținută în momentul prezent: este puterea prezenței dvs. Odată ce veți cunoaște acest lucru, vă veți da seama că numai *dvs.* sunteți responsabil pentru spațiul dvs. interior de acum — și nimeni altcineva — și că trecutul nu poate învinge puterea clipei de Acum.

Așadar, identificarea vă împiedică să rezolvați problema corpului-durere. Unele femei, care sunt deja destul de conștiente pentru a-și abandona identitatea de victimă la nivel personal, continuă să se agațe de o identitate colectivă de victimă: „Ce le-au făcut bărbații femeilor!“ Au dreptate — și în același timp greșesc. Au dreptate deoarece corpul-durere colectiv feminin a luat naștere, în principal, din cauza violențelor exercitate de bărbați asupra femeilor și, de asemenea, din cauza reprimării feminității pe întreaga planetă timp de milioane de ani. Ele greșesc în cazul în care o parte a sentimentului lor de identitate derivă de aici, închizându-se astfel într-o identitate feminină colectivă. Dacă o femeie continuă să nutrească ură, resentimente sau să condamne, ea își păstrează corpul-durere. Acest lucru îi poate oferi o identitate încurajatoare de solidaritate cu alte femei, dar o face prizoniera trecutului și îi blochează accesul deplin la esența și puterea ei adevărată. Dacă femeile îi resping pe bărbați, întrețin un sentiment de separare, întărind astfel sinele fals. Și cu cât sinele fals este mai puternic, cu atât sunteți mai departe de natura dvs. adevărată.

Așa că nu vă folosiți corpul-durere pentru a vă crea o identitate. Folosiți-l în schimb pentru a vă dezvolta spiritual. Transformați-l în conștiință. Unul dintre cele mai bune momente pentru a face aceasta este în timpul ciclului menstrual. Cred că, în anii care vor veni, multe femei vor pătrunde în starea de conștiință profundă în acest interval. De obicei, este o perioadă de inconștiență pentru multe femei, deoarece corpul-durere colectiv feminin preia controlul. Totuși, după ce ați atins un anumit nivel de conștiință, puteți inversa procesul, astfel încât în loc să deveniți mai inconștientă, să deveniți *mai* conștientă. Am descris deja procesul fundamental, dar aș vrea să îl mai parcurgem o dată, acum însă referindu-ne în mod special la corpul-durere feminin colectiv.

Când știți că se apropie perioada ciclului menstrual, înainte de a simți primele semne ale fenomenului, numit în termeni uzuali tensiune premenstruală, adică trezirea corpului-durere feminin colectiv, fiți foarte atentă și locuiți-vă corpul cât mai mult posibil. Când apar primele semne, trebuie să fiți suficient de vigilentă pentru a le „surprinde" înainte ca ele să pună stăpânire pe dvs. De exemplu, primul semn poate fi un sentiment brusc de iritare puternică, de furie sau un simptom pur fizic. Indiferent în ce ar consta, observați-l înainte ca el să pună stăpânire pe gândirea sau pe comportamentul dvs. Aceasta înseamnă pur și simplu să vă îndreptați atenția asupra lui. Dacă este o emoție, simțiți puternica încărcătură energetică din spatele ei. Recunoașteți corpul-durere. În același timp, deveniți observatorul; fiți atent la prezența conștientă și simțiți-i puterea. Orice emoție în care veți aduce prezența dvs. va slăbi curând și se va transforma. Dacă este un simplu simptom fizic, atenția pe care i-o acordați îl va împiedica să se transforme într-o emoție sau gând. Apoi continuați să fiți vigilentă și așteptați să apară următorul semn al corpului-durere. Când acesta apare, surprindeți-l și procedați la fel ca mai înainte.

Mai târziu, când corpul-durere s-a trezit complet din starea sa de somnolență, veți trăi o tulburare considerabilă a spațiului interior, care va dura poate câteva zile. Indiferent de forma pe care o ia, rămâneți prezentă. Acordați-i întreaga dvs. atenție. Observați tumultul din interior. Acceptați-i prezența. Păstrați această informație și deveniți cunoscătorul. Nu uitați: nu lăsați corpul-durere să vă folosească mintea și să pună stăpânire pe gândirea dvs. Urmăriți-l. Simțiți-i energia în corpul dvs. După cum știți, atenție deplină înseamnă acceptare completă.

Printr-o atenție susținută și, astfel, prin acceptare, apare transformarea. Corpul-durere se transformă într-o conștiință strălucitoare, așa cum o bucată de lemn se transformă și ea în flacără atunci când este pusă în foc sau lângă el. Menstruația va deveni atunci nu numai o expresie veselă și plăcută a feminității, ci și un moment sacru de transformare, în care dați naștere unei noi conștiințe. Natura dvs. adevărată va străluci prin ea, atât în aspectele sale feminine, ca Mamă Divină, cât și în aspectul său transcendent ca Ființă divină ce depășește dualismul masculin-feminin.

Dacă partenerul dvs. este suficient de conștient, vă poate ajuta în acest exercițiu pe care tocmai l-am descris, păstrând frecvența prezenței intense mai ales în acest interval. Dacă el rămâne prezent ori de câte ori recădeți în identificarea inconștientă cu corpul-durere, lucru care este posibil și se va întâmpla la început, veți putea foarte repede să vă alăturați lui în această stare. Adică, ori de câte ori corpul-durere preia temporar controlul, în timpul menstruației sau în alte momente, partenerul nu îl va confunda cu dvs. Chiar dacă acesta îl atacă, cum probabil o va face, el nu va reacționa ca și cum ați fi „dvs.“, retrăgându-se sau construind un fel sau altul de apărare. Își va păstra spațiul de prezență intensă. Nu mai este nevoie de niciun alt lucru pentru transformare. În alte momente, veți fi capabilă să faceți același lucru pentru el sau să îl ajutați să-și recâștige conștiința de sub dominația minții, atrăgându-i atenția către aici și acum ori de câte ori se va identifica cu gândirea.

În acest fel, un permanent câmp energetic de o frecvență înaltă și pură va lua naștere între dvs. Nici iluziile, nici durerea, nici conflictele, nimic din ceea ce este străin de *dvs.* și nu este iubire nu va putea supraviețui. Aceasta reprezintă împlinirea scopului divin, transpersonal al relației dvs. Devine un vârtej de conștiință, care va atrage multe alte persoane.

Renunțarea la relația cu sine

Când o persoană este deplin conștientă, mai simte nevoia unei relații de cuplu? Un bărbat se mai simte atras de o femeie? O femeie se mai simte incompletă fără un bărbat?

Indiferent de nivelul dezvoltării spirituale, sunteți încă bărbat sau femeie, așa că la nivelul identității formale nu sunteți complet. Sunteți numai o jumătate a întregului. Această stare de neîmplinire este simțită sub forma atracției dintre bărbați și femei, a atracției către polaritatea energetică opusă, indiferent cât de conștient ați fi. Dar în această stare de conectare interioară, simțiți atracția undeva la suprafața sau la periferia vieții dvs. Orice lucru care vi se întâmplă în această stare este resimțit ca marginal. Întreaga lume pare numai o îngrămădire de valuri sau de unde la suprafața unui ocean vast și adânc. Dvs. sunteți oceanul și, desigur, sunteți și valul, dar un val care și-a înțeles adevărata identitate de ocean și, comparată cu imensitatea și profunzimea oceanului, lumea valurilor și a undelor nu mai este deloc importantă.

Acest lucru nu înseamnă că nu mai aveți relații profunde cu alte persoane sau cu partenerul. De fapt, puteți avea relații profunde *numai* dacă sunteți conștient de Ființă. Venind din Ființă, sunteți capabil să vă găsiți centrul în spatele vălului formei. În Ființă, masculinul și femininul sunt una. Forma dvs. poate continua să aibă anumite nevoi, dar Ființa nu are niciuna. Este deja completă și întreagă. Dacă aceste nevoi sunt satisfăcute, este minunat, dar satisfacerea sau nesatisfacerea lor nu afectează în niciun fel starea dvs. profundă. Astfel încât este perfect posibil ca o persoană care a atins un nivel avansat de dezvoltare spirituală să aibă un sentiment de neîmplinire la nivelul superficial al ființei, în cazul în care nevoia de a-și satisface polaritatea masculină sau feminină nu este împlinită și în același timp să se simtă completă, împlinită și împăcată în interior.

În încercarea de a te dezvolta spiritual, homosexualitatea este un ajutor, un obstacol sau nu are nicio importanță?

Pe măsură ce vă apropiați de maturitate, incertitudinea orientării sexuale urmată de realizarea faptului că sunteți „diferit“ de alții vă poate forța să vă desprindeți din identificarea cu tiparele sociale condiționate de gândire și comportament. Aceasta va ridica automat și nivelul de conștiință deasupra celui de inconștiență al majorității, ai cărei membri preiau necritic toate tiparele moștenite. Din acest punct de vedere, homosexualitatea poate fi un ajutor. Condiția de marginal, de persoană care nu se potrivește cu restul grupului sau care este respinsă de grup, indiferent din ce motiv, face viața dificilă, dar vă oferă în același timp un avantaj din punctul de vedere al dezvoltării spirituale. Vă scoate din starea de inconștiență aproape forțat.

Pe de altă parte, dacă vă construiţi un sentiment al identităţii bazat pe homosexualitatea dvs., aţi scăpat dintr-o capcană pentru a cădea în alta. Veţi juca roluri şi jocuri dictate de imaginea mentală pe care o aveţi despre sine ca homosexual. Veţi deveni inconştient, inconsistent. În spatele măştii sinelui fals veţi fi foarte nefericit. Într-o atare situaţie, homosexualitatea va fi un obstacol. Dar veţi avea, bineînţeles, şi alte ocazii. Nefericirea profundă poate fi un stimul grozav pentru trezirea conştiinţei.

Nu este adevărat că trebuie să ai o relaţie bună cu tine însuţi şi să te iubeşti înainte de a putea avea o relaţie în care să te simţi împlinit cu o altă persoană?

Dacă nu vă puteţi simţi relaxat când sunteţi singur, veţi căuta o relaţie ca să vă mascaţi disconfortul. Şi puteţi fi sigur că disconfortul va reapărea sub o formă sau alta în relaţie şi probabil vă veţi considera responsabil pentru această situaţie.

Tot ce trebuie să faceţi este să acceptaţi în totalitate momentul. Atunci veţi fi în largul dvs. aici şi acum şi veţi avea o relaţie confortabilă cu sine.

Dar este neapărat necesar să aveţi o relaţie cu dvs.? De ce nu puteţi pur şi simplu *să fiţi* dvs.? Când aveţi o relaţie cu dvs., vă împărţiţi în două: „eu" şi „eu însumi", subiect şi obiect. Această dualitate creată de minte este cauza principală a problemelor şi a conflictelor din viaţa dvs. În starea de iluminare, *sunteţi* dvs. — „dvs." şi „sinele dvs." fuzionează. Nu vă criticaţi, nu vă plângeţi de milă, nu sunteţi mândru de dvs., nu vă iubiţi, nu vă urâţi ş.a.m.d. Ruptura produsă de conştiinţa autoreflexivă se repară, iar blestemul ei este înlăturat. Nu există niciun „sine" pe care să fie nevoie să-l apăraţi, să-l protejaţi sau să-l hrăniţi. Când aţi atins un anumit nivel de dezvoltare spirituală, există o singură relaţie pe care nu o mai aveţi: relaţia cu sine. Odată ce aţi renunţat la ea, toate celelalte relaţii vor fi relaţii de iubire.

CAPITOLUL IX

Dincolo de fericire și nefericire se află pacea

Binele superior, dincolo de bine și de rău

Există vreo diferență între fericire și pacea interioară?

Da. Fericirea depinde de condiții percepute ca pozitive; pacea interioară, nu.

Nu putem atrage numai circumstanțe pozitive în viață? Dacă atitudinea și gândirea noastră sunt mereu pozitive, am crea numai evenimente și situații pozitive, nu-i așa?

Știți într-adevăr ce este pozitiv și ce este negativ? Aveți o viziune de ansamblu? Au existat multe persoane pentru care limitările, eșecul, pierderea, boala sau durerea de orice fel s-au dovedit cei mai mari profesori. Astfel au învățat să renunțe la imaginile false despre sine și la scopurile și dorințele superficiale, dictate de sinele fals. Au dobândit profunzime, smerenie și compasiune. Au devenit mai reale.

Ori de câte ori vi se întâmplă un lucru negativ, există o lecție profundă ascunsă în acel eveniment, deși în momentul respectiv poate că nu o sesizați. Chiar și o boală scurtă sau un accident vă pot arăta ce este real și ce nu este real în viața dvs., ce contează și ce nu contează în ultimă instanță.

Dintr-o perspectivă superioară, condițiile *sunt* întotdeauna pozitive. Ca să fiu mai precis: ele nu sunt nici pozitive, nici negative. Sunt ceea ce sunt. Și când trăiți acceptând complet *starea de fapt* — singurul mod sănătos de a trăi — nu mai există „bine“ şi „rău“ în viaţa dvs. Există numai un bine superior — în care este inclus şi „răul“. Totuşi din perspectiva minţii există bine–rău, plăcere–neplăcere, iubire–ură. De aceea, se spune în *Cartea Genezei* că Adam şi Eva nu au mai avut voie să rămână în „rai“ după ce au „mâncat din pomul cunoaşterii binelui şi răului“.

Pentru mine totul sună a negare și păcălire de sine. Când mi se întâmplă un lucru groaznic, mie sau unei persoane apropiate — un accident, o boală, o durere de un anumit fel sau moartea — pot să mă prefac că nu este chiar atât de rău, dar realitatea că este un lucru rău rămâne, așa că nu înțeleg de ce trebuie să o neg?

Nu vă prefaceţi şi nu pretindeţi nimic. Permiteţi lucrurilor să fie aşa cum sunt, atâta tot. Atitudinea de a le „permite lucrurilor să fie aşa cum sunt“ vă va ajuta să depăşiţi mintea cu tiparele ei de rezistenţă ce creează polarităţi pozitiv–negativ. Este un aspect esenţial al iertării. Iertarea prezentului este şi mai importantă decât iertarea trecutului. Dacă iertaţi fiecare moment — îi permiteţi să existe ca atare —, atunci nu vor exista acumulări de resentimente care să necesite mai târziu iertarea dvs.

Nu uitaţi că aici nu vorbim de fericire. De exemplu, când o persoană iubită tocmai a murit sau vă simţiţi moartea aproape, nu puteţi fi fericit. Este imposibil. Dar puteţi fi împăcat. Poate că veţi plânge şi vă veţi simţi trist, dar dacă aţi abandonat rezistenţele, în spatele tristeţii veţi simţi o linişte, un calm profund şi o prezenţă sacră. Aceasta este emanaţia Fiinţei, este pacea interioară, binele care nu are opus.

Și dacă este o situație în care pot schimba ceva? Cum îi pot permite să existe, încercând în același timp să o schimb?

Faceţi ceea ce trebuie să faceţi. Între timp, acceptaţi situaţia *existentă*. Deoarece mintea şi rezistenţa sunt sinonime, acceptarea vă eliberează imediat de dominaţia minţii şi astfel vă reconectează cu Ființa. Ca urmare, motivațiile obișnuite ale sinelui fals pentru a intra în acțiune — frica, lăcomia, nevoia de control, de a apăra sau alimenta falsul sentiment de identitate — nu vor înceta să funcționeze. O inteligență mult mai puternică decât mintea are acum controlul și astfel, în acțiunile dvs., va pătrunde o altă calitate a conștiinței.

„Acceptați ceea ce vine spre voi țesut în tiparul destinului, căci ce ar putea fi mai potrivit pentru nevoile voastre?" Aceste cuvinte au fost scrise acum 2 000 de ani de Marcus Aurelius, unul dintre oamenii extrem de rari care au avut în același timp și puterea lumească, și înțelepciunea.

Se pare că cei mai mulți dintre oameni au nevoie de un anumit grad de suferință înainte de a-și abandona rezistențele și de a învăța să accepte — înainte de a ierta. Imediat ce fac acest lucru, se întâmplă unul dintre cele mai mari miracole: trezirea conștiinței Ființei prin ceea ce pare a fi răul, transformarea suferinței în pace interioară. Efectul ultim al tuturor relelor și suferințelor din lume este că ele îi vor forța pe oameni să realizeze cine sunt dincolo de nume și de formă. Astfel, ceea ce percepem ca fiind rău din perspectiva noastră limitată este, de fapt, o parte din binele superior care nu are opus. Totuși, acest lucru nu devine adevărat pentru dvs. decât prin iertare. Până când nu se întâmplă acest lucru, răul nu a fost recuperat și din acest motiv rămâne rău.

Prin iertare, care în esență înseamnă recunoașterea lipsei de realitate a trecutului și acceptarea momentului prezent așa cum apare, miracolul transformării se produce nu numai înăuntru, ci și în afară. Un spațiu liniștit de prezență intensă apare atât în dvs., cât și în jurul dvs. Oricine și orice intră în acest câmp al conștiinței va fi afectat de ea, uneori vizibil și imediat, alteori la niveluri mai profunde, schimbările vizibile apărând ulterior. Dizolvați dezacordurile, vindecați durerile, spulberați inconștiența — fără să *faceți* nimic — pur și simplu *existând* și păstrând frecvența prezenței intense.

§

Sfârşitul dramei vieţii dvs.

În această stare de acceptare şi pace interioară, chiar dacă nu le-am numi „rele", se mai pot produce evenimente care ar putea fi numite „rele" din perspectiva conştiinţei obişnuite?

Cea mai mare parte a lucrurilor aşa-zis rele care se întâmplă în vieţile oamenilor sunt cauzate de inconştienţă. Ele se creează singure sau, mai bine-zis, sunt create de sinele fals. Mă refer la lucrurile „dramatice". Când sunteţi total conştient, în viaţa dvs. nu se mai produc evenimente dramatice. Daţi-mi voie să vă reamintesc cum funcţionează sinele fals şi cum creează el dramele.

Sinele fals este mintea nesupravegheată ce vă conduce viaţa atunci când nu sunteţi prezent sub forma conştiinţei treze, ca martor tăcut. Sinele fals se percepe ca fragment separat într-un univers ostil, fără o legătură reală cu vreo altă fiinţă, înconjurat de alte forme de sine fals, ale altor oameni, pe care fie le vede ca pe nişte ameninţări potenţiale, fie încearcă să le folosească pentru atingerea scopurilor sale. Tiparele de bază ale sinelui fals sunt făcute să îi abată frica profund înrădăcinată sau sentimentul de lipsă. Ele sunt rezistenţa, controlul, puterea, lăcomia, apărarea, atacul. O parte din strategiile sinelui fals sunt extrem de inteligente, însă cu toate acestea nu rezolvă niciodată niciuna dintre problemele sale, pur şi simplu pentru că problema este însuşi sinele fals.

Când sinele fals al unei persoane întâlneşte un alt sine fals, într-o relaţie personală sau în cadrul unei organizaţii sau instituţii, mai devreme sau mai târziu se întâmplă lucruri „rele": drame de un fel sau altul, sub forma conflictelor, a problemelor, a luptelor pentru putere, a violenței fizice sau emoționale ş.a.m.d. Aici intră şi relele colective, ca războiul, genocidul şi exploatarea — toate cauzate de inconştienţa acumulată. În plus, multe tipuri de boli sunt produse de rezistenţa continuă a sinelui fals, care generează restricţii şi blocaje în circulaţia energiei prin corp. Când vă reconectaţi cu Fiinţa şi nu mai sunteţi condus de minte, încetaţi să mai creaţi toate acele lucruri. Nu mai creaţi şi nu mai participaţi la nicio dramă.

Ori de câte ori sinele fals al cuiva întâlneşte un alt sine fals, apar drame de un fel sau altul. Chiar dacă trăiţi complet singur, tot vă veţi crea o dramă proprie. Când vă este milă de dvs., începe drama. Când vă simţiţi vinovat sau anxios, este tot o dramă. Când lăsaţi trecutul sau viitorul să se suprapună prezentului, creaţi timp, timp psihologic — materialul din care se construiesc dramele. Ori de câte ori nu respectaţi momentul prezent, permiţându-i să existe aşa cum este, creaţi drame.

Cei mai mulţi oameni îşi iubesc drama vieţii lor. Povestea lor este identitatea lor. Sinele fals le conduce viaţa. Au investit în această poveste tot sentimentul identităţii lor. Chiar şi căutarea — de obicei fără succes — a unui răspuns, a unei soluţii sau a unui mod de vindecare devine o parte din ea. Şi lucrul de care se tem şi căruia i se împotrivesc cel mai mult este sfârşitul dramei proprii. Atâta timp cât *sunt* mintea lor, lucrul de care se tem şi căruia i se împotrivesc cel mai tare este propria lor trezire.

Când trăiţi într-o deplină acceptare a ceea ce este, aţi pus capăt dramelor în viaţa dvs. o dată pentru totdeauna. Nimeni nu mai poate nici măcar să se certe cu dvs., indiferent cât de tare se străduieşte. Nu vă puteţi certa cu o persoană care a devenit complet conştientă. O ceartă implică identificarea cu mintea şi o poziţie mentală, ca şi o rezistenţă şi o reacţie faţă de poziţia celuilalt. Rezultatul este că polarităţile opuse se energizează reciproc. Aceasta este mecanica inconştientului. Vă puteţi exprima părerea clar şi ferm, dar în spatele ei nu se va mai afla nicio forţă de reacţie, niciun fel de apărare sau atac. Aşa că nu se va transforma într-o dramă. Când sunteţi deplin conştient, încetaţi să mai fiţi în conflict. „Nicio persoană unificată cu sine nu poate nici măcar să conceapă conflictul", afirmă *Cursul despre miracole.* Aceasta se referă nu numai la conflictul cu alte persoane, ci, mult mai important, şi la conflictul cu sine, care încetează atunci când nu mai există contradicţii între cererile şi aşteptările minţii dvs. şi ceea ce *este.*

Efemeritatea şi ciclurile vieţii

Totuşi, atâta timp cât vă aflaţi în dimensiunea fizică şi sunteţi legat de psihicul uman colectiv, durerea fizică — deşi rară — mai este încă posibilă. Ea nu trebuie confundată cu suferinţa, cu durerea mental-emoţională. Orice suferinţă este creată de sinele fals şi apare ca urmare a rezistenţei. De asemenea, atâta timp cât vă aflaţi în această dimensiune, mai sunteţi încă supus naturii ei ciclice şi legii efemerităţii tuturor lucrurilor, dar nu mai percepeţi acest lucru ca „rău" — el *există* pur şi simplu.

Acceptând starea şi calitatea prezentă a tuturor lucrurilor, vi se dezvăluie o dimensiune mai profundă în spatele jocului contrariilor, ca o prezenţă durabilă, o linişte adâncă ce nu se schimbă, o bucurie fără nicio cauză, dincolo de bine şi de rău. Este bucuria Fiinţei, pacea lui Dumnezeu.

La nivelul formei, există naştere şi moarte, creaţie şi distrugere, creştere şi dispariţie a formelor aparent separate. Acest lucru se reflectă peste tot: în ciclul de viaţă al unei stele sau al unei planete, al unui corp fizic, al unui copac, al unei flori; în ridicarea şi prăbuşirea naţiunilor, a sistemelor politice, a civilizaţiilor; şi în inevitabilul ciclu câştig–pierdere din viaţa unei persoane.

Există cicluri ale succesului, când lucrurile se adună în jurul dvs. şi prosperaţi, şi cicluri ale eşecului, când lucrurile se spulberă sau se dezintegrează şi trebuie să renunţaţi la ele pentru a lăsa să apară lucruri noi sau pentru a le permite transformărilor să se producă. Dacă vă agățați de lucruri și vă opuneți în momentul respectiv înseamnă că refuzați să acceptați cursul vieții și veți suferi.

Nu este adevărat că ciclul ascendent este bun și cel descendent este rău, cu excepția evaluărilor mentale. Creșterea este de obicei pozitivă, dar nimic nu poate crește la infinit. Dacă această creștere, de orice fel, ar continua mereu, în final ar deveni monstruoasă și distructivă. Distrugerea este necesară ca să poată avea loc o nouă creștere. Nu se poate una fără alta.

Ciclul descendent este absolut esențial pentru realizarea spirituală. Trebuie să ai un eșec profund la un anumit nivel sau să trăiești o pierdere sau o durere profundă ca să te simți atras către dimensiunea spirituală. Sau poate că, la un moment dat, succesul însuși a devenit gol și lipsit de sens și astfel s-a transformat în eșec. Eșecul se află ascuns în fiecare succes și succesul în fiecare eșec. În această lume, adică la nivelul formei, toată lumea are „eșecuri" mai devreme sau mai târziu și, desigur, fiecare realizare ajunge în ultimă instanță un nimic. Toate formele sunt efemere.

Puteți continua să fiți activ, să vă bucurați exprimând sau creând forme și circumstanțe noi, fără să vă identificați cu ele. Nu aveți nevoie de ele ca să vă dea un sentiment de identitate. Ele nu sunt viața dvs. — numai situația dvs. de viață.

Energia dvs. fizică este și ea supusă ciclurilor. Nu poate fi întotdeauna la nivel maxim. Vor exista momente de energie slabă și momente de energie înaltă. Vor exista perioade când veți fi extrem de activ sau de creativ, dar este posibil să existe și momente când totul pare să stea pe loc și când aveți sentimentul că nu obțineți niciun rezultat, că nu realizați nimic. Un ciclu poate dura oricât, de la câteva ore la câțiva ani. Există cicluri mari și cicluri mici în interiorul acestora. Multe boli apar din împotrivirea față de aceste cicluri de energie scăzută, care sunt vitale pentru regenerare. Compulsia de a face și tendința de a deriva sentimentul valorii proprii și sentimentul identității din factori externi, cum ar fi realizările, sunt o iluzie inevitabilă atâta timp cât vă identificaţi cu mintea. În aceste condiţii devine foarte dificil sau chiar imposibil pentru dvs. să acceptaţi ciclurile negative şi să le permiteţi să existe. Astfel, inteligenţa organismului poate prelua controlul ca măsură de autoprotecţie, creând o boală pentru a vă forţa să vă opriţi, pentru ca regenerarea necesară să aibă loc.

Natura ciclică a universului este strâns legată de efemeritatea tuturor lucrurilor şi a situaţiilor. Buddha a făcut din aceasta partea centrală a învăţăturii sale. Toate condiţiile sunt extrem de instabile şi aflate într-un flux constant, sau, după cum spunea el, efemeritatea este o caracteristică a fiecărei stări, a fiecărei situaţii pe care o veţi întâlni în viaţă. Aceasta se va schimba, va dispărea sau va înceta să vă mai mulţumească. Efemeritatea are un rol central şi în învăţăturile lui Isus: „Nu adunaţi pentru voi comori pe pământ, unde moliile şi rugina distrug şi unde hoţii intră şi fură..."

Atâta timp cât o stare este evaluată de mintea dvs. ca fiind „bună", indiferent dacă este vorba de o relaţie, o posesiune, un rol social, un loc sau corpul fizic, mintea se ataşează de ea şi se identifică cu ea. Vă face fericit, vă face să aveţi un sentiment pozitiv faţă de propria persoană şi poate să devină o parte din dvs. sau din acela care credeţi că sunteţi. Dar nimic nu durează în această dimensiune în care moliile şi rugina distrug totul. Lucrurile iau sfârşit, se transformă sau suferă o schimbare de polaritate: aceeaşi stare care ieri sau anul trecut era bună a devenit brusc sau treptat rea. Starea care vă făcea fericit vă face acum nefericit. Prosperitatea de azi devine consumismul fără sfârşit de mâine. Căsătoria şi luna de miere fericite devin divorţul nefericit sau coabitarea nefericită de mâine. Sau o anumită stare dispare, şi absenţa ei vă face nefericit. Când o stare sau o situaţie de care mintea s-a ataşat şi cu care s-a identificat se schimbă sau dispare, mintea nu poate accepta acest lucru. Se va agăţa de starea care dispare şi se va opune schimbării. Este ca şi cum un membru ar fi smuls din corpul dvs.

Uneori, auzim despre oameni care și-au pierdut toți banii sau a căror reputație a fost distrusă, motiv pentru care s-au sinucis. Acestea sunt cazuri extreme. Alții, atunci când suferă o pierdere gravă de un fel sau altul, devin profund nefericiți și se îmbolnăvesc. Nu pot face diferența între ei înșiși și situația de viață în care se află. Am citit de curând despre o actriță renumită, care a murit la 80 de ani. Când frumusețea ei a început să pălească și să fie distrusă de bătrânețe, a ajuns la disperare și a început să ducă o viață extrem de retrasă. Și ea se identificase cu o stare externă: aspectul ei fizic. La început, această stare i-a creat un sentiment de identitate fericit, apoi unul nefericit. Dacă ar fi fost capabilă să intre în legătură cu viața atemporală și lipsită de formă din ea, și-ar fi putut urmări și accepta ofilirea formei exterioare în deplină liniște și pace sufletească. Mai mult, forma ei exterioară ar fi devenit din ce în ce mai transparentă față de lumina care izvora din natura ei adevărată atemporală, astfel încât frumusețea nu i s-ar fi diminuat, ci s-ar fi transformat pur și simplu în frumusețe spirituală. Totuși, nimeni nu i-a spus că acest lucru este posibil. Cel mai important mod de cunoaștere nu este încă accesibil tuturor.

Buddha ne-a învățat că fericirea este *dukkha* — un cuvânt din limba pali, care înseamnă „suferință“ sau „insatisfacție“. Este inseparabilă de opusul ei. Adică fericirea și nefericirea sunt, de fapt, una. Numai iluzia timpului le separă.

A privi lucrurile în acest fel nu înseamnă negativism. Înseamnă, pur și simplu, recunoașterea naturii lucrurilor, astfel încât să nu alergați după o iluzie tot restul vieții. Nu înseamnă nici că nu ar trebui să apreciați lucrurile sau stările plăcute. Dar a încerca să obțineți prin ele un lucru pe care acestea nu vi-l pot oferi — o identitate, un sentiment de permanență și împlinire — este o rețetă sigură de frustrare și suferință. Industria reclamei și societatea de consum s-ar prăbuși în întregime dacă oamenii ar progresa spiritual și nu ar mai încerca să-și găsească identitatea prin *lucruri*. Cu cât încercați mai mult să obțineți fericirea în acest fel, cu atât ea vă va ocoli mai mult. Niciun lucru din afară nu vă va satisface decât temporar și superficial, dar probabil că veți avea nevoie de multe deziluzii până când să realizați acest adevăr. Lucrurile și stările vă pot oferi plăcere, dar vă vor da și durere. Lucrurile și stările vă pot oferi plăcere, dar nu vă vor da *bucurie*. Nimic nu vă poate aduce bucurie. Bucuria nu are o cauză și vine din interior, întocmai ca bucuria Ființei. Este o parte esențială a stării interioare de pace, stare care a fost numită pacea lui Dumnezeu. Este starea dvs. naturală, nu un lucru pentru care trebuie să vă străduiți mult să-l obțineți sau să-l realizați.

Mulți oameni nu își dau seama niciodată că niciunul dintre lucrurile pe care le fac, le posedă sau le realizează nu le poate aduce „mântuirea". Cei care observă acest fapt devin deseori plictisiți de lume și depresivi: dacă nimic nu le poate oferi o satisfacție adevărată, pentru ce să te lupți, ce rost mai au toate? În Vechiul Testament profetul trebuie să fi ajuns la o astfel de conștiință când a scris: „Am văzut tot ce se face sub soare și priviți, totul este deșertăciune și sforțare în van". Când ajungeți în acest punct, sunteți la un pas de disperare — și la un pas de iluminare.

Un călugăr budist mi-a spus odată: „Tot ceea ce am învățat în cei 20 de ani de când sunt călugăr poate fi rezumat într-o singură propoziție: «Tot ceea ce apare dispare». Asta este tot ce știu". Desigur, voia să spună cam următoarele: am învățat să nu mă opun situației *prezente*; am învățat să-i permit prezentului să existe și să accept natura efemeră a tuturor lucrurilor și stărilor. Astfel, mi-am găsit liniștea.

A nu opune rezistență vieții înseamnă a fi atins starea de grație, de ușurință și iluminare. Această stare nu mai depinde de anumite stări sau calităţi ale lucrurilor, bune sau rele. Pare aproape paradoxal, şi totuşi, atunci când dependenţa interioară de o anume formă a dispărut, condiţiile generale de viaţă, formele exterioare, tind să se amelioreze foarte mult. Lucrurile, oamenii sau condiţiile de care credeaţi că aveţi nevoie ca să fiţi fericit vă vin acum fără să fie nevoie să faceţi vreun efort şi sunteţi liber să vă bucuraţi de ele şi să le apreciaţi — cât există. Toate aceste lucruri, desigur, vor dispărea, ciclurile vin şi se duc, dar, dacă dependenţa a dispărut, nu mai există frica de pierdere. Viaţa curge mai uşor.

Fericirea derivată dintr-o sursă secundară nu este niciodată prea profundă. Este numai o reflexie palidă a bucuriei Fiinţei, pacea vibrantă pe care o descoperiţi în interior atunci când vă abandonaţi pe sine. Fiinţa vă poartă dincolo de polarităţile opuse ale minţii şi vă eliberează de dependenţa de formă. Chiar dacă totul s-ar prăbuşi şi s-ar distruge în jurul dvs., tot aţi simţi un miez interior de pace profundă. Poate că nu veţi fi fericit, dar veţi fi împăcat.

Folosirea şi abandonarea negativismului

Orice rezistenţă internă este trăită ca negativism sub o formă sau alta. Orice formă de negativism *este* rezistenţă. În acest context, cele două cuvinte sunt aproape sinonime. Negativismul merge de la iritare sau nerăbdare până la furia feroce, de la o stare de deprimare sau supărare tăcută la disperarea suicidară. Uneori, rezistenţa declanşează corpul emoţional de durere, caz în care chiar şi o situaţie minoră poate provoca un negativism intens, ca furia, deprimarea sau suferinţa profundă.

Ego-ul crede că prin negativism poate manipula realitatea şi poate obţine ceea ce doreşte. Crede că prin negativism poate atrage o stare dezirabilă sau dizolva una indezirabilă. *Cursul miracolelor* subliniază faptul că, ori de câte ori sunteţi nefericit, există credinţa inconştientă că prin nefericire „plătiţi" lucrul anume pe care-l doriţi. Dacă „dvs." — mintea — nu credeţi în faptul că nefericirea duce la vreun rezultat, de ce o mai creaţi? Adevărul este, desigur, că negativismul nu duce la niciun rezultat. În loc să atragă o stare dezirabilă, el o împiedică să apară. În loc să dizolve starea indezirabilă, el o ţine pe loc. Singura sa funcţie „utilă" este că întăreşte sinele fals şi acesta este motivul pentru care acesta o iubeşte.

Odată ce v-aţi identificat cu o formă sau alta de negativism, nu mai vreţi să renunţaţi la ea şi, la un nivel inconştient profund, nu doriţi nici schimbări pozitive. Ele v-ar ameninţa identitatea de persoană deprimată, furioasă şi greu de mulţumit. Atunci veţi ignora, nega sau sabota lucrurile pozitive din viaţa dvs. Este un fenomen des întâlnit. Şi nebunesc în acelaşi timp.

Negativismul este ceva complet artificial. Este un factor de poluare psihică şi observăm că există o legătură profundă între otrăvirea şi distrugerea naturii şi negativismul amplu care s-a acumulat în psihicul uman colectiv. Nicio altă formă de viaţă de pe planetă nu cunoaşte negativismul, în afară de oameni, tot aşa cum nicio altă formă de viaţă nu batjocoreşte şi nu otrăveşte pământul care o susţine. Aţi văzut vreodată o floare nefericită sau un stejar stresat? Aţi întâlnit vreodată un delfin deprimat, o broască având probleme de respect faţă de sine, o pisică ce nu se poate relaxa sau o pasăre care să nutrească ură şi resentimente? Singurele animale care pot trăi ocazional ceva asemănător cu negativismul sau care dau semne de comportament nevrotic sunt cele care trăiesc în strânsă legătură cu mintea umană şi cu nebunia ei.

Urmăriţi orice plantă sau animal şi lăsaţi-le să vă înveţe acceptarea situaţiei date, abandonarea în faţa clipei de Acum. Lăsaţi-le să vă înveţe Fiinţa. Lăsaţi-le să vă înveţe integritatea — care înseamnă a fi o unitate, a fi tu însuţi, a fi real.

Lăsaţi-le să vă înveţe cum să trăiţi, cum să muriţi şi cum să *nu* transformaţi viaţa sau moartea într-o problemă.

Am trăit alături de mai mulţi maeştri Zen — toţi erau pisici. Chiar şi raţele m-au învăţat importante lecţii spirituale. Observarea lor este o meditaţie în sine. Cât de liniştite plutesc, într-o totală acceptare de sine, complet prezente în clipa de Acum, demne şi perfecte, aşa cum numai o fiinţă fără minte poate fi. Totuşi, din când în când, două raţe se iau la bătaie — uneori fără niciun motiv aparent sau poate pentru că una a invadat spaţiul personal al celeilalte. Lupta durează de obicei câteva secunde şi apoi raţele se despart, înoată în direcţii diferite şi dau cu putere din aripi de câteva ori. Continuă apoi să înoate liniştite, ca şi cum lupta nu ar fi avut niciodată loc. Când am observat acest lucru pentru prima oară, am realizat brusc că aceste bătăi din aripi eliberează un surplus de energie, împiedicând astfel rămânerea sa în corp şi transformarea în negativism. Aceasta este o inteligenţă naturală, şi accesul la ea este foarte uşor, pentru că animalele nu au o minte care să ţină în mod artificial trecutul în viaţă şi apoi să construiască o identitate în jurul lui.

O emoție negativă nu poate conține un mesaj important? De exemplu, dacă mă simt deseori deprimat poate fi un semn că ceva nu este în regulă cu viața mea și mă poate obliga să îmi analizez situația de viață și să fac anumite schimbări. Așa că am nevoie să ascult ce îmi spune emoția și nu să o resping ca fiind negativă.

Da, emoţiile negative recurente conţin uneori un mesaj, ca şi bolile. Dar orice schimbări veţi face, indiferent dacă ele sunt legate de muncă, de relaţiile personale sau de mediul ambiant, acestea sunt, în ultimă instanţă, doar o cosmetizare — dacă nu vin dintr-o modificare de conştiinţă. Modificarea nu poate însemna decât un singur lucru: o prezenţă mai intensă. Când aţi ajuns la un anumit grad de prezenţă, nu mai aveţi nevoie ca negativismul să vă spună de ce anume aveţi nevoie într-o situaţie de viaţă dată. Dar atâta timp cât negativismul *este* prezent, folosiţi-l. Folosiţi-l ca pe un fel de semnal care să vă reamintească să fiţi mai prezent.

Cum împiedicăm apariţia negativismului? Cum scăpăm de el după ce a apărut?

Aşa cum v-am spus, îl împiedicaţi să apară fiind total prezent. Dar nu vă descurajaţi. Există foarte puţini oameni pe pământ care îşi pot menţine o stare de prezenţă continuă, deşi unii sunt foarte aproape de acest lucru. În curând cred că vor fi mult mai mulţi.

Ori de câte ori observaţi că resimţiţi o formă sau alta de negativism, nu o consideraţi un eşec, ci un semnal util, care vă spune: „Trezeşte-te! Părăseşte-ţi mintea! Fii prezent!"

Există un roman al lui Aldous Huxley care se numeşte *Insula*, scris în ultimii săi ani de viaţă, când scriitorul devenise foarte interesat de învăţăturile spirituale. Este relatată povestea unui bărbat care a naufragiat pe o insulă pustie, izolată de restul lumii. Pe această insulă se află o civilizaţie unică. Lucrul neobişnuit aici este că locuitorii, spre deosebire de restul lumii, sunt sănătoşi la minte. Primul lucru pe care îl observă bărbatul sunt papagalii coloraţi, aşezaţi sus în copaci, care par să spună continu: „Atenţie! Aici şi acum! Atenţie! Aici şi acum!". Mai târziu, aflăm că locuitorii insulei îi învăţau aceste cuvinte ca să le reamintească continuu să fie prezenţi.

Aşa că, ori de câte ori simţiţi că negativismul apare în sinea dvs., indiferent dacă este cauzat de un factor extern, de un gând sau de un lucru pe care nu-l conştientizaţi, priviţi negativismul ca şi cum o voce ar spune: „Atenţie! Aici şi acum! Trezeşte-te!". Chiar şi cea mai mică iritare este semnificativă şi trebuie acceptată şi analizată; altminteri, se va produce o acumulare crescândă a reacţiilor neobservate. Aşa cum v-am mai spus, aţi putea renunţa la negativism odată ce vă veţi da seama că nu doriţi ca acest câmp energetic să se afle în interiorul dvs. şi că este inutil. Dar în acest caz asiguraţi-vă că îl abandonați complet. Dacă nu reușiți să îl abandonați, atunci acceptați existența lui și îndreptați-vă atenția asupra acestui sentiment, așa cum v-am arătat mai devreme.

O alternativă la abandonarea unei reacții negative este dizolvarea acesteia imaginându-vă că sunteți transparent la cauza externă a reacției. Vă recomand să exersați întâi cu lucruri minore, fără nicio importanță. Să presupunem că stați acasă, așezat confortabil în fotoliu. Brusc, auziți sunetul ascuțit al unei alarme auto din stradă. Iritarea crește. Care este scopul iritării? Niciunul. De ce ați creat-o? Nu dvs. ați creat-o, ci mintea dvs. A fost o reacție complet automată, inconștientă. De ce a creat-o mintea dvs.? Pentru că ea posedă credința inconștientă că rezistența, pe care o trăiți ca negativism sau nefericire de un anumit fel, va dizolva într-un fel această stare indezirabilă. Desigur, această credință este o iluzie. Rezistența pe care o creează, furia sau iritarea sunt în acest caz mult mai perturbatoare decât cauza inițială pe care încearcă să o elimine.

Toate acestea pot fi transformate în practică spirituală. Simțiți că deveniți transparent, ca și cum nu ați mai avea soliditatea corpului material. Permiteți-i zgomotului sau cauzei reacției dvs. negative să treacă pur și simplu prin dvs. Așa cum v-am mai spus, faceți mai întâi acest exercițiu cu lucrurile mici. Alarma de la mașină, câinele care latră, copiii care țipă, blocajul din trafic. În loc să construiți în dvs. un zid de rezistență, care să fie constant și dureros lovit de lucruri „ce nu ar trebui să se întâmple“, lăsați totul să treacă prin dvs.

Cineva vă spune ceva într-un mod nepoliticos sau cu intenția de a vă răni. În loc să aveți o reacție inconștientă și negativă, precum atacul, apărarea sau retragerea, lăsați totul să treacă prin dvs. Nu opuneți nicio rezistență. Ca și cum nu ar mai fi nimeni acolo care să se simtă rănit. *Aceasta* este iertarea. În acest fel, deveniți invulnerabil. Puteți să îi spuneți acelei persoane că are un comportament inacceptabil, dacă asta alegeți să faceți. Dar ea nu mai are puterea de a vă controla starea interioară. Dvs. deţineţi controlul — nu o altă persoană, nici mintea dvs. Indiferent dacă este vorba de o alarmă auto, o persoană agresivă, o inundaţie, un cutremur sau pierderea tuturor bunurilor materiale, mecanismul de rezistenţă este acelaşi.

Practic meditaţia, am fost la diferite seminare, am citit multe cărţi despre practicile spirituale, încerc să ajung la starea lipsei de rezistenţă — însă, în cazul în care mă întrebaţi dacă am ajuns la o pace interioară adevărată şi durabilă, răspunsul meu sincer va trebui să fie „nu“. De ce nu am găsit-o? Ce altceva pot să fac?

Încă o mai căutaţi în afară şi nu puteţi ieşi din starea de căutare. Poate că următorul seminar vă va aduce răspunsul, poate această tehnică nouă. Dacă mă întrebaţi pe mine, v-aş spune: nu căutaţi pacea. Nu căutaţi nicio altă stare în afara celei în care vă aflaţi acum; altfel, veţi construi singur conflictul interior şi rezistenţa inconştientă. Iertaţi-vă pentru faptul că nu sunteţi împăcat. În momentul în care veţi accepta *complet* lipsa dvs. de pace, ea se va transforma în pace. Orice lucru pe care îl acceptaţi pe deplin vă va duce acolo, vă va aduce pacea. Acesta este miracolul abandonării.

§

Poate că aţi auzit expresia „întoarce şi celălalt obraz“, pe care a folosit-o acum 2 000 de ani un mare maestru spiritual. El încerca să exprime simbolic secretul lipsei de rezistenţă şi de reacţie. În această afirmaţie, ca şi în toate celelalte, el era interesat numai de realitatea dvs. interioară, nu de comportamentul exterior din viaţă.

Cunoaşteţi povestea lui Banzan? Înainte de a deveni un mare maestru Zen, a încercat mulţi ani să atingă iluminarea, dar aceasta îi scăpa. Apoi, într-o zi, în timp ce se plimba prin piață, a auzit o conversație între un măcelar și clientul său. „Dă-mi cea mai bună bucată de carne pe care o ai“, a spus clientul. Iar măcelarul i-a răspuns: „Fiecare bucată pe care o am este cea mai bună. Nu există aici niciuna care să nu fie cea mai bună.“ Auzind aceste cuvinte, Banzan a atins iluminarea.

Văd că așteptați o explicație. Când veți accepta starea *prezentă*, fiecare „bucată de carne“ — fiecare moment va fi cel mai bun. Aceasta înseamnă iluminare.

Natura compasiunii

Depășind sfera contrariilor create de minte, veți deveni asemeni unui lac adânc. Situația externă de viață și tot ceea ce se întâmplă aici este suprafața lacului. Uneori calmă, uneori bătută de vânt și neuniformă, în funcție de cicluri și anotimpuri. În adâncuri, totuși, lacul este mereu netulburat. Dvs. sunteți întreg lacul, nu doar suprafața lui, și sunteți în contact cu propria profunzime, care rămâne absolut nemișcată. Nu vă opuneți schimbărilor, agățându-vă mental de orice situație. Liniștea dvs. interioară nu depinde de acest lucru. Rămâneți în Ființă — neschimbătoare, atemporală, nemuritoare — și satisfacția sau fericirea dvs. nu va mai depinde de lumea exterioară a formelor schimbătoare. Vă puteți bucura de ele, vă puteți juca, de asemenea, cu ele, puteți crea forme noi și aprecia frumusețea lor. Dar nu va fi nevoie să vă atașați de niciuna.

Când devii atât de detașat nu înseamnă că te îndepărtezi și de ceilalți oameni?

Dimpotrivă. Atâta timp cât nu sunteți conștient de Ființă, nu veți înțelege realitatea altor persoane, pentru că nu ați descoperit-o pe a dvs. Mintea va aproba sau va respinge forma lor, care nu include numai corpul, ci și mintea lor. Relațiile autentice devin posibile numai atunci când există conștiința Ființei. Venind din Ființă veți percepe corpul și mintea altei persoane ca pe un ecran în spatele căruia puteți simți realitatea ei adevărată, așa cum o simţiţi pe a dvs. Aşa că, atunci când vă veţi confrunta cu suferinţa sau cu comportamentul inconştient al altei persoane, rămâneţi prezent şi în contact cu Fiinţa şi astfel veţi putea privi dincolo de formă, simţind Fiinţa pură şi strălucitoare a celuilalt prin propria Fiinţă. La acest nivel, orice suferinţă este recunoscută ca iluzorie. Suferinţa este cauzată de identificarea cu forma. Uneori această înţelegere este însoţită de miracole ale vindecării prin trezirea conştiinţei Fiinţei în alţii — dacă aceştia sunt pregătiţi.

Aceasta este compasiunea?

Da. Compasiunea este conştiinţa unei legături profunde între dvs. şi toate celelalte fiinţe. Dar compasiunea are două laturi. Pe de o parte, deoarece încă mai sunteţi aici prin corpul dvs. fizic, împărtăşiţi vulnerabilitatea şi moartea formei cu toţi oamenii şi toate fiinţele vii. Data viitoare când veţi spune: „Nu am nimic în comun cu această persoană", amintiţi-vă că aveţi foarte multe în comun: peste câţiva ani — doi sau 70, asta nu contează foarte mult —, amândoi veţi fi cadavre în descompunere, apoi grămezi de praf, iar apoi nu va mai rămâne nimic. Aceasta este o realitate care ne trezeşte şi ne face să ne simţim umili, lăsând foarte puţin loc mândriei. Este un gând negativ? Nu, este un fapt. De ce să închideţi ochii în faţa lui? În acest sens, există o egalitate totală între dvs. şi orice altă fiinţă.

Unul dintre cele mai puternice exerciţii spirituale este meditaţia profundă asupra morţii formelor fizice, inclusiv a propriei fiinţe. Acest lucru se numeşte „moartea înainte de moarte". Pătrundeţi cât mai profund în acest exerciţiu. Forma dvs. fizică se dizolvă, nu mai există. Apoi vine un moment când toate formele mentale sau gândurile mor şi ele. Şi totuşi dvs. sunteţi încă aici — prezenţa divină din dvs. Radiind, complet trează. Niciun lucru real nu a murit vreodată, numai numele, formele şi iluziile.

§

Conştiinţa existenţei acestei dimensiuni nemuritoare, natura dvs. adevărată, este cealaltă latură a compasiunii. La un nivel profund, recunoaşteţi acum nu numai propria nemurire, dar prin ea şi pe aceea a tuturor fiinţelor. La nivelul formei, vă împărtăşiţi din moartea şi efemerul existenţei. La nivelul Fiinţei, împărtăşiţi viaţa eternă, strălucitoare. Acestea sunt cele două aspecte ale compasiunii. În compasiune, sentimentele aparent opuse, ca tristeţea şi bucuria, se contopesc într-un singur sentiment şi se transformă într-o pace interioară profundă. Aceasta este pacea lui Dumnezeu. Este unul dintre cele mai nobile sentimente de care sunt capabili oamenii şi are o mare putere de vindecare şi transformare. Dar adevărata compasiune, aşa cum am descris-o eu, este rară. O empatie profundă pentru suferinţa altei fiinţei umane necesită, bineînţeles, un grad înalt de conştiinţă, dar reprezintă numai o latură a compasiunii. Nu este completă. Adevărata compasiune depăşeşte empatia sau simpatia. Ea nu apare până când tristeţea nu se contopeşte cu bucuria, bucuria Fiinţei dincolo de formă, bucuria vieţii eterne.

Spre o ordine diferită a realităţii

Nu sunt de acord cu ideea că un corp are nevoie să moară. Sunt convins că putem ajunge la nemurirea fizică. Motivul pentru care corpul moare este acela că noi credem în moarte.

Corpul nu moare pentru că dvs. credeţi în moarte. Corpul există, sau pare să existe, deoarece credeţi în moarte. Corpul şi moartea sunt aspecte ale aceleiaşi iluzii, create de modul de conştiinţă dominat de sinele fals, care nu are conştiinţa Sursei vieţii şi se vede pe sine ca separat şi constant ameninţat. Astfel, creează iluzia că sunteţi un corp, un vehicul fizic dens, constant ameninţat.

A te percepe pe tine sub forma unui corp vulnerabil, care s-a născut şi peste puţin timp moare — aceasta este iluzia. Corpul şi moartea: o singură iluzie. Nu pot exista una fără alta. Vreţi să păstraţi o parte a iluziei şi să scăpaţi de cealaltă, însă acest lucru este imposibil. Fie o păstraţi pe toată, fie o abandonaţi în întregime.

Totuşi, nu puteţi scăpa de corp şi nici nu trebuie să faceţi acest lucru. Corpul este o percepţie incredibil de greşită a naturii dvs. adevărate. Dar natura dvs. adevărată este ascunsă undeva în această iluzie, nu în afara ei, şi astfel corpul este singurul punct de acces spre ea.

Dacă aţi vedea un înger, dar l-aţi confunda cu o statuie, tot ce ar trebui să faceţi ar fi să vă modificaţi felul de a privi şi să observaţi din nou mai atent „statuia de piatră", nu să începeţi să vă uitaţi în altă parte. Atunci aţi descoperi că nu a existat niciodată o statuie de piatră.

Dacă credinţa în moarte creează corpul, de ce animalele au corp? Un animal nu are sine fals şi nici nu crede în moarte...

Totuşi moare sau pare să moară.

Nu uitaţi că felul în care percepeţi lumea este o reflectare a stării dvs. de conştiinţă. Nu sunteţi separat de ea şi nu există nicio lume obiectivă în afara ei. În fiecare moment, conştiinţa dvs. creează lumea în care trăiţi. Una dintre cele mai importante observaţii intuitive oferite de fizica modernă este aceea a unităţii dintre observator şi observat: persoana care realizează experimentul — conştiinţa observatoare — nu poate fi separată de fenomenul observat. Un mod diferit de a analiza cauzele fenomenului observat ar fi un comportament diferit. Atunci când credeţi, la un nivel profund, în separare şi lupta pentru supravieţuire, vedeţi această credinţă reflectată peste tot în jur şi percepţiile dvs. sunt guvernate de frică. Locuiţi într-o lume a morţii şi a corpurilor care se luptă, se omoară şi se devorează unele pe altele.

Nimic nu este așa cum pare a fi. Lumea pe care o creați și o vedeți prin mintea care creează sinele fals poate părea un loc extrem de imperfect, chiar o „vale a plângerii“. Dar indiferent ce anume percepeți, totul este numai un fel de simbol, ca o imagine dintr-un vis. Este felul în care conștiința dvs. interpretează și interacționează cu dansul energiei moleculare din univers. Această energie este materia brută a așa-numitei realități fizice. O vedeți în termenii corpurilor, nașterii și morții sau ca pe o bătălie pentru supraviețuire. Este posibil un număr infinit de interpretări complet diferite, de lumi complet diferite și de fapt chiar există — toate depind de conștiința care percepe. Fiecare ființă este un punct focal al conștiinței și fiecare astfel de punct focal își creează propria lume, deși toate lumile sunt conectate. Există lumea umană, lumea furnicilor, lumea delfinilor ș.a.m.d. Există nenumărate ființe a căror frecvență de conștiință este atât de diferită de a dvs., încât probabil că sunteți la fel de puțin conștient de existența lor pe cât sunt ele de existența dvs. Ființele cu o conștiință înaltă, care sunt conștiente de legătura lor cu Sursa și cu celelalte ființe și lucruri, ar locui într-o lume care dvs. vi s-ar părea un rai — și totuși toate lumile sunt, în final, una singură.

Lumea noastră umană colectivă este creată în mare parte prin nivelul de conștiință pe care noi îl numim minte. Chiar și în interiorul lumii umane colective există diferențe majore, multe „sublumi“, în funcție de cel care percepe sau creează lumea respectivă. Deoarece toate lumile sunt conectate, când conștiința umană colectivă se transformă, natura și lumea animalelor vor reflecta această transformare. De aici și afirmația din Biblie, potrivit căreia în era următoare „apoi am pășit într-un câmp plin de tot felul de animale — leul, mielul, leopardul și lupul — stând toți la un loc într-o unire desăvârșită“. Aceasta indică posibilitatea unei ordini complet diferite a realității.

Lumea așa cum ne apare ea azi, după cum am mai spus, este în mare o reflectare a minții conduse de sinele fals. Frica fiind o consecință inevitabilă a iluziilor induse de sinele fals, lumea noastră este dominată de frică. Aşa cum imaginile dintr-un vis sunt simboluri ale stărilor şi sentimentelor interioare, la fel realitatea noastră colectivă este în mare parte expresia simbolică a fricii şi a straturilor profunde de negativism acumulate în psihicul uman colectiv. Nu suntem separaţi de lumea noastră, aşa că atunci când majoritatea oamenilor se vor elibera de iluzia sinelui fals, această schimbare interioară va afecta întreaga creaţie. Veţi locui efectiv într-o lume nouă. Este o schimbare a conştiinţei planetare. Un straniu proverb budist spune că fiecare copac şi fiecare fir de iarbă vor deveni în ultimă instanţă puncte de iluminare ale aceluiaşi adevăr. După spusele Sfântului Pavel, întreaga creaţie aşteaptă ca oamenii să atingă iluminarea. În felul acesta interpretez eu propoziţia: „Pentru că făptura aşteaptă cu nerăbdare descoperirea fiilor lui Dumnezeu“ [*Romani* 8, 19]. Sfântul Pavel continuă spunând că, prin aceasta, întreaga creaţie se va mântui: „Căci ştim că toată făptura împreună suspină şi împreună are dureri până acum“ [*Romani* 8, 22].

Ceea ce se naşte este o conştiinţă nouă şi, ca o inevitabilă reflexie a ei, o lume nouă. Acest lucru este prezis şi în Noul Testament, în *Apocalipsă* [21, 1]: „Şi am văzut cer nou şi pământ nou. Căci cerul cel dintâi şi pământul cel dintâi au trecut“.

Dar nu confundaţi cauza cu efectul. Sarcina dvs. principală nu este căutarea mântuirii prin crearea unei lumi mai bune, ci trezirea din identificarea cu forma. Atunci nu veţi mai fi legat de această lume, de acest nivel al realităţii. Vă veţi putea simţi rădăcinile în Nemanifestat şi astfel vă veţi putea elibera de ataşamentul faţă de lumea manifestată. Vă veţi putea bucura de plăcerile trecătoare ale acestei lumi fără să mai existe frica de pierdere, aşa că nu veţi mai simţi nevoia să vă agăţaţi de ele. Deşi veţi putea simţi bucuriile plăcerilor senzoriale, dorinţa şi nevoia de a simţi experienţele senzoriale nu vor mai exista, ca de altfel nici căutarea constantă a satisfacţiei prin gratificare psihologică, prin alimentarea sinelui fals. Veţi fi în contact cu ceva infinit mai mare decât orice plăcere, mai mare decât orice lucru manifest.

Într-un fel, nu veţi mai avea nevoie de lume. Nu veţi mai avea nevoie ca ea să fie altfel decât este.

Numai în acest moment veţi începe să aveţi o contribuţie reală la construirea unei lumi mai bune, a unei realităţi diferite. Numai în acest moment veţi fi capabil să simţiţi adevărata compasiune şi să îi ajutaţi pe ceilalţi la nivelul cauzei. Numai cei care au cunoscut transcenderea lumii pot crea o lume mai bună.

Poate vă mai amintiţi că am vorbit despre natura duală a adevăratei compasiuni, care este conştiinţa unei legături între moartea şi nemurirea împărtăşită. La acest nivel profund, compasiunea devine vindecare în sensul cel mai amplu. În această stare, influenţa dvs. vindecătoare se bazează în primul rând nu pe realizarea unui anumit lucru, ci pe simpla existenţă. Toţi cei cu care veţi veni în contact vor fi atinşi de prezenţa dvs. şi influenţaţi de pacea pe care o iradiaţi indiferent dacă sunt conştienţi de acest lucru sau nu. Când sunteţi complet prezent şi oamenii din jur manifestă comportamente inconştiente, nu mai simţiţi nevoia de a reacţiona la ele, aşa că nu le mai acordaţi niciun fel de realitate. Pacea dvs. interioară este atât de vastă şi de profundă, încât tot ceea ce nu este pace dispare în ea de parcă nici nu ar fi existat. Acest lucru rupe ciclul karmic de acţiune şi reacţie. Animalele, copacii, florile vor simţi pacea dvs. şi vor răspunde la ea. Veţi învăţa pe alţii numai existând, arătându-le pacea lui Dumnezeu. Deveniţi „lumina lumii", o emanaţie a conştiinţei pure, şi astfel eliminaţi suferinţa la nivelul cauzei. Eliminaţi inconştienţa din lume.

Asta nu înseamnă că nu îi puteţi învăţa pe alţii şi prin ceea ce faceţi — de exemplu, arătându-le cum să scape de identificarea cu mintea, cum să-şi recunoască tiparele inconştiente ş.a.m.d. Dar cel care *sunteţi* este întotdeauna o lecţie mult mai importantă şi cu o putere de transformare mult mai mare decât ceea ce spuneţi, chiar mai importantă decât ceea ce faceţi. Mai mult, recunoscând primatul Fiinţei şi astfel lucrând la nivelul cauzei, compasiunea dvs. se va putea manifesta simultan la nivelul acţiunii şi al efectului, alinând suferinţa ori de câte ori vă veţi întâlni cu ea. Când un om flămând vă va cere o bucată de pâine şi aveţi una, îi veţi da şi lui. Dar în timp ce îi daţi pâinea, chiar dacă interacţiunea este foarte scurtă, ceea ce contează în realitate este împărtăşirea Fiinţei, pentru care pâinea este doar un simbol. Prin ea are loc o vindecare profundă. În acest moment nu mai există un om care dă şi unul care primeşte, ei sunt una.

Dar nu ar trebui să mai existe foame şi foamete. Cum putem crea o lume mai bună fără să ne ocupăm de relele ca foamea şi violenţa, în primul rând?

Toate relele sunt *efectul* inconştienţei. Puteţi reduce aceste efecte ale inconştienţei, dar nu le puteţi elimina dacă nu eliminaţi cauza lor. Adevărata schimbare are loc în interior, nu în exterior.

Dacă vă simţiţi chemat să alinaţi suferinţa lumii, acesta este un lucru foarte nobil, dar amintiţi-vă să nu vă concentraţi numai asupra exteriorului; altfel, veţi avea parte de frustrare şi disperare. Fără o profundă schimbare interioară la nivelul conştiinţei umane, suferinţa lumii este un puţ fără fund. Aşa că nu lăsaţi compasiunea să devină unilaterală. Empatia cu durerea sau lipsa unei persoane şi dorinţa de a ajuta trebuie să fie echilibrate de o conştiinţă profundă a naturii eterne a vieţii şi a naturii iluzorii a tuturor durerilor. Lăsaţi pacea dvs. interioară să invadeze tot ceea ce faceţi şi veţi funcţiona simultan la nivelul efectului şi al cauzei.

Acest lucru este valabil şi dacă susţineţi o mişcare ce are drept scop să-i oprească pe oamenii profund inconştienţi să se distrugă pe sine, să-i distrugă pe alţii, planeta sau să provoace suferinţe cumplite altor fiinţe sensibile. Nu uitaţi: aşa cum nu vă puteţi lupta cu întunericul, tot aşa nu vă puteţi lupta cu inconştienţa. Încercând, polurile opuse se vor întări şi se vor înrădăcina şi mai adânc. Vă veţi identifica cu una dintre polarităţi, veţi crea un „duşman" şi astfel veţi fi cufundat din nou în inconştienţă. Creşteţi nivelul conştiinţei împrăştiind informaţii sau cel mult practicând rezistenţa pasivă. Dar asiguraţi-vă că nu aveţi nicio rezistenţă interioară, niciun pic de ură, niciun pic de negativism. „Iubiţi-vă duşmanii!", a spus Isus, lucru care, desigur, înseamnă „să nu aveţi duşmani".

Odată implicat în transformarea la nivelul efectului, este foarte uşor să vă pierdeţi în el. Rămâneţi treaz şi foarte, foarte prezent. Punctul dvs. central trebuie să rămână nivelul cauzal, scopul dvs. principal să fie explicarea dezvoltării spirituale, iar pacea, cel mai preţios dar făcut lumii.

CAPITOLUL X

Sensul abandonării

Acceptarea prezentului

Aţi vorbit de câteva ori despre „abandonare". Nu-mi place această idee. Sună fatalist, într-un fel. Dacă acceptăm întotdeauna lucrurile aşa cum sunt, nu vom mai face niciun efort pentru a le ameliora. Mi se pare că progresul constă tocmai în acest lucru, atât în sfera personală, cât şi în sfera colectivă, să nu acceptăm limitele prezentului şi să ne străduim să le depăşim şi să creăm ceva mai bun. Dacă nu am fi făcut acest lucru, am trăi şi acum în peşteri. Cum împăcaţi ideea de abandonare cu schimbarea lucrurilor şi rezultatelor?

Pentru unii oameni, abandonarea poate avea conotaţii negative, implicând înfrângerea, renunţarea, eşecul de a face faţă dificultăţilor vieţii, letargia ş.a.m.d. Adevărata abandonare, totuşi, este un lucru total diferit. Nu înseamnă să accepţi pasiv orice situaţie în care eşti implicat şi să nu faci nimic în această privinţă. Nici nu înseamnă să nu-ţi mai faci planuri sau să nu întreprinzi acţiuni pozitive.

Abandonarea este înţelepciunea simplă, dar profundă, ce constă în a te *supune* mai degrabă decât a te *opune* cursului vieţii. Singurul loc în care puteţi simţi cursul vieţii este clipa de Acum, aşa că a te abandona înseamnă a accepta momentul prezent necondiţionat şi fără rezerve. Înseamnă a renunţa la orice rezistenţă internă faţă de ceea ce *este*. Rezistenţa internă înseamnă a spune „nu" la ceea ce *există*, prin critică şi negativism emoţional. Devine extrem de pronunţată mai ales atunci când lucrurile „merg prost", adică atunci când există un decalaj între cererile sau aşteptările rigide ale minţii şi *realitate*. Aceasta este prăpastia durerii. Dacă aţi trăit suficient, ştiţi că lucrurile pot „merge prost" foarte des. Tocmai în acele momente trebuie să practicaţi abandonarea, dacă doriţi să eliminaţi durerea şi suferinţa din viaţa dvs. Acceptarea stării prezente vă eliberează imediat de identificarea cu mintea şi astfel vă reconectează cu Fiinţa. Rezistenţa *este* mintea.

Abandonarea este un fenomen pur interior. Nu înseamnă că la nivel exterior nu puteţi întreprinde nimic pentru a schimba situaţia. De fapt, nu situaţia în întregime trebuie să o acceptaţi atunci când vă abandonaţi, ci numai micul segment numit Acum.

De exemplu, dacă aţi fi împotmolit undeva în noroi, nu aţi spune: „Bine, mă resemnez să fiu împotmolit în noroi." Resemnarea nu este abandonare. Nu trebuie să acceptaţi o situaţie de viaţă indezirabilă sau neplăcută. Şi nici nu trebuie să vă minţiţi, spunând că nu este nimic rău în a fi împotmolit în noroi. Nu. Recunoaşteţi în totalitate dorinţa dvs. de a ieşi din această situaţie. Vă restrângeţi atenţia la momentul prezent, fără să îl etichetaţi în niciun fel. Aceasta înseamnă că nu există o judecată critică la adresa clipei de Acum. Deci nu există rezistenţă, negativism emoţional. Acceptaţi calitatea acestui moment. Apoi treceţi la acţiune şi faceţi tot ce puteţi pentru a ieşi din noroi. O astfel de acţiune eu o numesc pozitivă. Este mult mai eficientă decât acţiunea negativă, care vine din furie, disperare sau frustrare. Până când nu obţineţi rezultatul dorit, continuaţi să practicaţi abandonarea, evitând etichetarea clipei de Acum.

Daţi-mi voie să vă ofer o analogie vizuală pentru a ilustra ceea ce vreau să spun. Mergeţi noaptea pe o potecă, înconjurat de o ceaţă deasă. Dar aveţi o lanternă puternică, care trece prin ceaţă şi creează un spaţiu îngust în faţa dvs. Ceaţa este situaţia dvs. de viaţă, care include trecutul şi viitorul; lanterna este prezenţa dvs. conştientă; spaţiul clar din faţa dvs. este clipa de Acum.

Lipsa abandonării vă consolidează forma psihologică, scoica sinelui fals, şi astfel creează un puternic sentiment de separare. Lumea din jur şi mai ales oamenii încep să fie percepuţi ca o ameninţare. Apare compulsia inconştientă de a-i distruge pe ceilalţi judecându-i critic şi nevoia de a concura şi a domina. Chiar şi natura devine un duşman, iar percepţiile şi interpretările dvs. sunt guvernate de frică. Boala mentală pe care o numim paranoia este numai o formă puţin mai acută a acestei stări normale, dar disfuncţionale a conştiinţei.

Nu numai forma dvs. psihologică, dar şi forma fizică — corpul dvs. — se întăresc şi se rigidizează prin rezistenţă. Tensiunea creşte în diferite segmente ale corpului, iar corpul ca întreg se contractă. Circulaţia liberă a energiei vieţii prin corp, esenţială pentru o funcţionare sănătoasă, este foarte redusă. Exerciţiile asupra corpului şi anumite forme de terapie fizică pot fi utile în restabilirea circulaţiei acestei energii, dar dacă nu practicaţi abandonarea în viaţa de zi cu zi, aceste lucruri nu pot aduce decât o ameliorare temporară a simptomelor, deoarece cauza — tiparul rezistenţei — nu a fost dizolvat.

Există în dvs. ceea ce rămâne neafectat de condiţiile trecătoare, care formează situaţia de viaţă dată, şi numai abandonându-vă aveţi acces la el. Este viaţa dvs., însăşi Fiinţa — care există etern în domeniul atemporal al prezentului. Găsirea acestei vieţi este „singurul lucru necesar“ despre care vorbea Isus.

Dacă găsiţi că situaţia dvs. de viaţă este nesatisfăcătoare sau chiar intolerabilă, numai abandonându-vă într-o primă fază puteţi sparge tiparul inconştient de rezistenţă ce perpetuează această situaţie.

Abandonarea este perfect compatibilă cu acţiunea, cu iniţierea schimbării sau cu realizarea obiectivelor. Dar în starea de abandonare totală o energie complet diferită, de o calitate diferită, vă animă acţiunile. Abandonarea vă reconectează cu energia-sursă a Fiinţei, şi dacă ceea ce faceţi este inundat de Fiinţă, aceasta devine o celebrare plină de bucurie a energiei vieţii, care vă poartă şi mai adânc în prezent. Prin lipsa de rezistenţă, calitatea conştiinţei dvs., şi din acest motiv calitatea tuturor acţiunilor pe care le întreprindeţi, creşte infinit de mult. Rezultatele vor veni de la sine şi vor reflecta această calitate. Am putea numi acest lucru „acţiune de abandonare de sine“. Nu este o muncă, aşa cum ne-am obişnuit noi cu ea de mii de ani. Pe măsură ce tot mai mulţi oameni se vor trezi, cuvântul *muncă* va dispărea din vocabularul nostru şi poate că în locul lui va fi creat unul nou.

Calitatea conştiinţei dvs. din acest moment este elementul determinant al viitorului pe care îl veţi trăi. Aşa că abandonarea este cel mai important lucru pe care îl puteţi face pentru a produce schimbări pozitive. Orice acţiune pe care o întreprindeţi este secundară. Nicio acţiune cu adevărat pozitivă nu poate să provină dintr-o stare de conştiinţă din care lipseşte abandonarea.

Înţeleg că dacă mă aflu într-o situaţie neplăcută sau nesatisfăcătoare şi accept complet momentul aşa cum este, nu va exista suferinţă sau nefericire. Voi fi deasupra acestora. Dar tot nu înţeleg bine de unde vine energia sau motivaţia acţiunii pentru producerea schimbării, în condiţiile în care nu există o anumită cotă de nemulţumire.

În stare de abandonare, înţelegeţi foarte clar ce trebuie făcut şi treceţi la fapte, făcând câte un lucru pe rând şi concentrându-vă asupra fiecăruia. Învăţaţi de la natură: observaţi cum se împlineşte fiecare lucru şi cum se desfăşoară miracolul vieţii, fără nemulțumire sau nefericire. De aceea a spus Isus: „Luați seamă la crinii câmpului cum cresc, nu se ostenesc și nici nu torc."

Dacă situația dvs. generală este nesatisfăcătoare sau neplăcută, *separați-vă de ea* chiar în acest moment și abandonați-vă situației *existente*. Aceasta este lumina lanternei care străbate ceața. Starea dvs. de conștiință încetează atunci să mai fie controlată de condiții externe. Nu mai acționați pe baza reacției și a rezistenței.

Analizați datele concrete ale acțiunii. Întrebați-vă: „Pot să fac ceva pentru a schimba această situație, pentru a o ameliora sau a ieși din ea?" Dacă da, întreprindeți acțiunile potrivite. Concentrați-vă nu asupra celor 100 de lucruri pe care le veți face sau va trebui să le faceți la un moment dat, ci asupra singurului lucru pe care îl puteți face acum. Aceasta nu înseamnă că nu trebuie să vă faceți niciun fel de planuri. Poate că stabilirea unui plan de acțiune este lucrul pe care îl puteți face acum. Dar asigurați-vă că nu începeți să derulați în sinea dvs. „filme mentale", că nu vă proiectați în viitor, pierzând astfel clipa de Acum. Orice acțiune veți întreprinde, este posibil să nu își arate roadele imediat. Până când se vor vedea rezultatele — nu vă împotriviți situației existente. Dacă nu puteți întreprinde nimic și nici nu puteți ieși din situație, folosiți situația pentru a pătrunde mai adânc în starea de abandonare, în clipa de Acum, în Ființă. Când pătrundeți în această dimensiune atemporală a prezentului, schimbarea vine deseori în feluri ciudate, fără să fie nevoie să faceți mare lucru. Viața devine cooperantă, începe să vă ajute. Dacă factori interni ca frica, vinovăția sau inerția v-au împiedicat să faceți ceva, ei se vor dizolva în lumina prezenței conștiente.

Nu confundați abandonarea cu o atitudine de tipul „Nu mă mai deranjează nimic" sau „Nu îmi mai pasă". Dacă vă veți uita mai atent, veți descoperi că o astfel de atitudine este contaminată de negativism, sub forma resentimentelor ascunse, astfel încât nu este deloc o abandonare, ci o rezistență mascată. Când vă abandonați, îndreptați-vă atenția în interior pentru a verifica dacă a mai rămas vreo urmă de rezistență. Fiți foarte vigilent făcând acest lucru; altfel, un rest de rezistență poate continua să se ascundă într-un colț întunecat, sub forma unui gând sau a unei emoții nerecunoscute.

De la energia mentală la energia spirituală

A-ți abandona rezistențele pare mai ușor de spus decât de făcut. Tot nu înțeleg clar cum *să fac acest lucru. Dvs. spuneți că abandonându-mă situației, dar problema mea rămâne: „Cum anume?“*

Începeți prin a accepta că *există* o rezistență. *Fiți* acolo când se întâmplă, când apare rezistența. Observați cum este creată de mintea dvs., cum aceasta etichetează situația, pe dvs. înșivă sau pe ceilalți. Urmăriți procesul mental implicat. Simțiți energia emoției. Asistând la apariția rezistenței, veți înțelege că este inutilă. Fixându-vă întreaga atenție asupra clipei de Acum, rezistența inconștientă devine conștiință și acesta este sfârșitul ei. Nu puteți fi *și* conștient, *și* nefericit — *și* conștient, *și* negativist. Negativismul, nefericirea sau suferința, indiferent de formă, înseamnă existența unei rezistențe, iar rezistența este întotdeauna inconștientă.

Dar îmi pot conștientiza sentimentele de nefericire?

Ați alege să fiți nefericit? Dacă nu dvs. ați ales acest sentiment, cum a apărut el? Care este scopul său? Ce anume îl menține în viață? Spuneți că sunteți conștient de sentimentele dvs. de nefericire, dar adevărul este că vă identificați cu ele și mențineți viu procesul printr-o gândire compulsivă. Toate *acestea* sunt procese inconștiente. Dacă ați fi conștient, adică pe deplin prezent aici și acum, tot negativismul s-ar dizolva aproape instantaneu. Nu ar putea supraviețui în prezența dvs. Ci doar în absența dvs. Nici corpul-durere nu poate supraviețui mult timp în prezența dvs. Vă mențineți vie nefericirea, acordându-i timp. Acesta este sângele ei. Înlocuiţi timpul cu o conştiinţă intensă a momentului prezent şi ea va muri. Dar oare chiar doriţi ca ea să moară? V-aţi săturat într-adevăr de ea? Cine aţi fi fără ea?

Până când nu practicaţi abandonarea, dimensiunea spirituală este un lucru despre care citiţi, vorbiţi, vă entuziasmaţi, scrieţi cărţi, îl analizaţi, credeţi în el — sau nu, după caz. Nu contează. Până când nu vă veţi abandona, ea nu va deveni o realitate vie în viaţa dvs. Când faceţi aceasta, energia pe care o emanaţi şi care vă conduce viaţa are o frecvenţă vibratorie mult mai înaltă decât energia mentală care ne conduce lumea — energia care a creat structurile existente ale civilizaţiei noastre, politice, sociale şi economice, şi care se perpetuează continuu prin sistemele noastre educaţionale şi mass-media. Prin abandonare, energia spirituală pătrunde în această lume. Atunci nu mai există suferinţă, nici pentru dvs., nici pentru alţi oameni şi nici pentru vreo altă formă de viaţă de pe planetă. Spre deosebire de energia mentală, ea nu poluează pământul şi nu este supusă legii polarităţilor, care impune faptul ca nimic să nu existe fără opusul său, că nu poate exista bine fără rău. Cei care funcţionează pe baza energiei mentale şi care reprezintă încă marea majoritate a populaţiei de pe Pământ rămân în afara conştientizării existenţei acestei energii spirituale. Ea ţine de o ordine diferită a realităţii şi va crea o lume diferită când un număr suficient de oameni se vor abandona pe sine şi se vor elibera astfel de negativism. Dacă Pământul va supravieţui, aceasta va fi energia care îl va locui.

La această energie s-a referit Isus atunci când a făcut acele faimoase afirmaţii profetice în Predica de pe Munte: „Fericiţi cei blânzi; că aceia vor moşteni pământul." O prezenţă tăcută, dar intensă va dizolva tiparele inconştiente ale minţii. Ele mai rămân active un timp, dar nu vă vor mai conduce viaţa. Condiţiile externe cărora le opuneaţi rezistenţă tind şi ele să se schimbe sau să dispară rapid prin abandonare. Acesta este un puternic instrument de transformare a situaţiilor şi a oamenilor. Dacă condiţiile nu se schimbă imediat, acceptarea clipei de Acum vă va permite să vă ridicaţi deasupra lor. Oricum, sunteţi liber.

Abandonarea în relaţiile personale

Dar cum rămâne cu oamenii care vor să mă folosească, să mă manipuleze sau să mă controleze? Trebuie să mă abandonez lor?

Fiind izolaţi de Fiinţă, ei încearcă în mod inconştient să-şi tragă energia şi puterea de la dvs. Este adevărat că numai o persoană inconştientă va încerca să-i folosească sau să-i manipuleze pe ceilalţi, dar la fel de adevărat este că numai o persoană inconştientă *poate* fi folosită şi manipulată. Dacă vă opuneţi sau vă împotriviţi comportamentului inconştient al altor persoane, deveniţi şi dvs. inconştient. Dar abandonarea nu înseamnă să le permiteţi unor persoane inconştiente să vă folosească. Deloc. Este perfect posibil să spuneţi un „nu" ferm şi clar unei persoane sau să găsiţi ieşirea dintr-o situaţie păstrându-vă în acelaşi timp starea de lipsă de rezistenţă internă completă. Când spuneţi „nu" unei persoane sau unei situaţii, lăsaţi-l să vină nu dintr-o reacţie, ci din intuiţie, din conştiinţa clară a ceea ce este bine şi a ceea ce este rău pentru dvs. în momentul respectiv. Lăsaţi-l să fie un „nu" care nu provine dintr-o reacţie, liber de orice negativism şi care nu mai creează suferinţă.

S-a creat o situaţie neplăcută la locul de muncă. Am încercat să mă abandonez, dar îmi este imposibil. Apare mereu foarte multă rezistenţă.

Dacă nu vă puteţi abandona, faceţi ceva imediat: exprimaţi-vă punctul de vedere sau faceţi ceva pentru a schimba situaţia — sau ieşiţi din ea. Asumaţi-vă responsabilitatea pentru viaţa dvs. Nu vă poluaţi Fiinţa interioară, frumoasă şi strălucitoare şi nici Pământul cu negativism. Nu-i daţi nefericirii, indiferent de forma ei, un lăcaş în interiorul dvs.

Dacă nu puteţi face nimic, de exemplu, dacă sunteţi în închisoare, atunci aveţi două posibilităţi: rezistenţa sau abandonarea. Înlănţuirea sau eliberarea interioară de condiţiile externe. Suferinţa sau pacea interioară.

Lipsa de rezistenţă trebuie practicată şi în comportamentul exterior în viaţă, ca, de exemplu, lipsa rezistenţei la violenţă, sau este un lucru care ţine numai de viaţa interioară?

Nu trebuie să vă preocupe decât aspectul interior. Acesta este principal. Desigur, el va transforma şi comportamentul dvs. exterior, din relaţii ş.a.m.d.

Relaţiile dvs. se vor schimba profund prin abandonare. Dacă nu puteţi accepta ceea ce *este*, prin deducţie, nu veţi putea accepta pe nimeni aşa cum este. Îl veţi evalua, critica, eticheta, respinge sau veţi încerca să îl schimbaţi. Mai mult, dacă transformaţi mereu clipa de Acum într-un mijloc pentru atingerea unui scop viitor, veţi transforma fiecare persoană pe care o întâlniţi sau cu care intraţi în relaţie într-un mijloc pentru atingerea unui scop. Relaţia — fiinţa umană — va avea atunci o importanţă secundară pentru dvs. sau niciuna. Ceea ce puteţi obţine din relaţie este pe primul loc — un câştig material, un sentiment de putere, plăcere fizică sau o formă de gratificare a sinelui fals.

Daţi-mi voie să vă exemplific modul în care funcţionează abandonarea în relaţiile umane. Când vă aflaţi implicat într-o ceartă sau într-o situaţie conflictuală, poate cu partenerul sau cu o persoană apropiată, începeţi prin a observa cât de defensiv deveniţi când vă este atacată poziţia sau prin a simţi forţa agresiunii în timp ce atacaţi poziţia celuilalt. Observaţi cât de ataşat sunteţi de perspectiva şi opiniile dvs. Simţiţi energia mental-emoţională din spatele nevoii dvs. de a avea dreptate şi de a-i dovedi celuilalt că greşeşte. Aceasta este energia minţii conduse de sinele fals. O conştientizaţi recunoscând-o, simţind-o cât puteţi de mult. Apoi, într-o zi, în mijlocul unei certe, vă veţi da brusc seama că aveţi posibilitatea de a alege şi că puteţi hotărî să vă abandonaţi propriile reacţii — numai ca să vedeţi ce se întâmplă. Vă abandonaţi. Nu vreau să vă abandonaţi reacţia numai verbal, spunând: „Bine, tu ai dreptate", cu o privire care spune: „Sunt deasupra acestei inconştienţe copilăreşti." Aceasta nu ar însemna decât să deplasaţi rezistenţa la un alt nivel, mintea şi sinele fals fiind încă la conducere şi reclamându-şi superioritatea. Eu mă refer la abandonarea întregului câmp energetic mental-emoţional din interior, care lupta pentru putere.

Sinele fals este viclean, aşa că trebuie să fiţi foarte vigilent, foarte prezent şi complet sincer cu dvs. înşivă pentru a vedea dacă aţi abandonat într-adevăr identificarea cu o poziţie mentală şi v-aţi eliberat de minte. Dacă vă simţiţi brusc foarte uşor, clar şi profund împăcat, acesta este un semn inconfundabil că într-adevăr v-aţi abandonat. Apoi observaţi ce se întâmplă cu poziţia mentală a celuilalt, dacă nu o mai energizaţi prin rezistenţă. Când identificarea cu poziţiile mentale a fost eliminată, începe adevărata comunicare.

Dar ce puteţi spune despre lipsa de rezistenţă în faţa violenţei, a agresiunii şi a altor lucruri asemănătoare?

Lipsa de rezistenţă nu înseamnă neapărat să nu facem nimic. În sensul ei complet, înseamnă că nicio „acţiune" nu este declanşată de o reacţie. Nu uitaţi înţelepciunea profundă care stă la baza practicării artelor marţiale în Orient: nu te opune forţei adversarului. Cedează ca să învingi.

Spunând acest lucru, „a nu face nimic" când vă aflaţi într-o stare de prezenţă intensă este un factor de transformare şi vindecare foarte puternic pentru situaţii şi oameni. În taoism, există un termen numit *wu wei*, care este de obicei tradus prin „activitate fără acţiune" sau „a sta liniştit, fără să faci nimic". În China antică, acest lucru era considerat una dintre cele mai mari realizări sau virtuţi. Este radical diferit de inactivitatea din starea obişnuită de conştiinţă sau mai curând de inconştienţă, care vine din frică, inerţie sau indecizie. Adevărata „activitate fără acţiune“ implică lipsa de rezistenţă şi vigilenţă intensă.

Pe de altă parte, dacă se impune o acţiune, nu veţi mai reacţiona în virtutea minţii condiţionate, ci veţi răspunde situaţiei din prezenţa conştientă. În această stare, mintea este liberă de concepte, inclusiv de conceptul non-violenţei. Aşa că, cine poate prezice ce veţi face?

Ego-ul crede că puterea dvs. stă în rezistenţa pe care o opuneţi, când de fapt rezistenţa vă izolează de Fiinţă, singurul sediu al puterii adevărate. Rezistenţa este slăbiciune şi frică deghizată în putere. Ceea ce sinele fals vede drept slăbiciune este Fiinţa dvs. în puritatea, inocenţa şi puterea sa. Ceea ce este văzut ca putere este slăbiciune. Astfel, sinele fals are un mod de existenţă continuu rezistent şi joacă roluri contrafăcute pentru a ascunde acea „slăbiciune“ care este de fapt puterea dvs.

Până când nu apare abandonarea, rolurile inconştiente constituie cea mai mare parte a interacţiunilor umane. În abandonare, nu mai aveţi nevoie de apărările şi măştile sinelui fals. Deveniţi foarte simplu, foarte real. „Acest lucru este periculos“, spune sinele fals. „Vei suferi. Vei fi vulnerabil.“ Ceea ce sinele fals nu ştie, desigur, este faptul că numai prin renunţarea la rezistenţă, devenind „vulnerabil“, vă puteţi descoperi invulnerabilitatea adevărată şi esenţială.

Transformarea bolii în treaptă spirituală superioară

Dacă o persoană este grav bolnavă şi îşi acceptă total condiţia, abandonându-se bolii, nu îşi abandonează dorinţa de a se face bine? Hotărârea de a lupta cu boala nu ar mai exista, nu-i aşa?

Abandonarea înseamnă acceptarea interioară a stării de fapt fără rezerve. Vorbim despre *viaţa* dvs. — despre acest moment — nu despre condiţiile sau circumstanţele vieţii dvs., nu despre ceea ce eu aş numi situaţia dvs. de viaţă. Am mai vorbit deja despre asta.

În privinţa bolii, acesta este sensul său. Boala face parte din situaţia dvs. de viaţă. Prin urmare, are un trecut şi un viitor. Trecutul şi viitorul formează un continuum neîntrerupt, cu excepţia cazului în care puterea salvatoare a clipei de Acum este activată prin prezenţa conştientă. După cum ştiţi, în spatele diferitelor condiţii care formează situaţia dvs. de viaţă şi care există în timp, se află un lucru mai profund, mai important: viaţa dvs., Fiinţa din clipa de Acum atemporală.

Deoarece nu există probleme în clipa de Acum, nu există nici boală. Credinţa într-o etichetă pe care cineva o ataşează condiţiei dvs. menţine situaţia pe loc, îi dă putere şi o transformă dintr-un dezechilibru temporar într-o realitate aparent solidă. Îi dă nu numai realitate şi soliditate, ci şi o continuitate în timp, pe care nu o avea înainte. Concentrându-ne pe acest moment şi ferindu-ne să etichetăm mental situaţia, boala este redusă la unul sau mai mulţi factori, precum: durerea fizică, slăbiciunea, disconfortul sau neputinţa. *Acestea* sunt condiţiile cărora vă abandonaţi — acum. Nu vă abandonaţi ideii de „boală“. Lăsaţi suferinţa să vă forţeze să trăiţi în prezent, într-o stare de intensă prezenţă conştientă. Folosiţi-o pentru iluminare.

Abandonarea nu transformă ceea ce *există* deja, cel puţin nu în mod direct. Abandonarea vă transformă pe *dvs.* Când *dvs.* v-aţi schimbat, se schimbă şi lumea dvs. în întregime, pentru că lumea este o simplă reflectare. Am vorbit despre acest lucru mai devreme.

Dacă v-aţi uitat în oglindă şi nu v-a plăcut ce aţi văzut, ar trebui să fiţi nebun ca să atacaţi imaginea din oglindă. Este exact ceea ce faceţi când vă aflaţi într-o stare de neacceptare. Şi, desigur, dacă atacaţi imaginea, vă atacă şi ea la rândul ei. Dacă acceptaţi imaginea indiferent care este aceasta, dacă aveţi o atitudine prietenoasă faţă de ea, nu poate să *nu* devină şi ea prietenoasă cu dvs. Iată cum schimbaţi lumea.

Nu boala este problema. *Dvs.* sunteţi — atâta timp cât mintea şi sinele fals deţin controlul. Când sunteţi bolnav sau aveţi un handicap, nu simţiţi că aţi eşuat într-un anumit fel, nu vă simţiţi vinovat. Nu daţi vina pe viaţă pentru că v-a făcut o nedreptate, dar nu daţi vina nici pe dvs. Toate acestea înseamnă rezistenţă. Dacă aveţi o boală gravă, folosiţi-o pentru a progresa spiritual. Folosiţi orice lucru „rău" care vi se întâmplă pentru a vă dezvolta spiritual. Retrageţi timpul din boală. Nu îi daţi nici trecut, nici viitor. Lăsaţi-o să vă forţeze să deveniţi intens conştient de momentul prezent — şi observaţi ce se întâmplă.

Deveniţi un alchimist. Transformaţi metalul obişnuit în aur, suferinţa în conştiinţă, dezastrul în progres spiritual.

Sunteţi grav bolnav şi acum aţi devenit furios pentru tot ceea ce v-am spus? Atunci acesta este un semn clar că boala a devenit o parte din sentimentul dvs. de identitate şi că acum vă apăraţi identitatea — şi boala. Starea etichetată ca „boală" nu are nimic de-a face cu fiinţa dvs. adevărată.

Când apar dezastrele

În ce priveşte majoritatea încă inconştientă a populaţiei, numai o situaţie-limită are potenţialul de a sparge coaja dură a sinelui fals şi de a o forţa să se abandoneze şi astfel să-şi trezească conştiinţa. O situaţie-limită apare atunci când, printr-un dezastru, o revoltă de proporţii, o pierdere sau o suferinţă importantă, întreaga dvs. lume este distrusă şi îşi pierde sensul. Este o întâlnire cu moartea, fizică sau psihologică. Mintea şi sinele fals, creatorul acestei lumi, intră în colaps. Din cenuşile vechii lumi poate lua naştere o nouă lume.

Desigur, nu există nicio garanţie că o situaţie-limită va reuşi această transformare, dar potenţialul există mereu. Rezistenţa unor persoane faţă de starea de fapt chiar se intensifică într-o asemenea situaţie şi devine astfel o coborâre în iad. La alţii, poate exista numai o abandonare parţială, însă chiar şi aceasta le va da o anumită profunzime şi linişte care nu existau înainte. Părţi din carapacea sinelui fals sunt distruse, şi acest lucru permite unor mici breşe de linişte şi energie aflate în spatele minţii să strălucească prin ea.

Situaţiile-limită au produs multe miracole. Au existat criminali condamnaţi la moarte ce-şi aşteptau execuţia, care, în ultimele ore ale vieţii lor, au trăit lipsa sinelui fals, bucuria şi liniştea profundă aduse de aceasta. Rezistenţa internă faţă de situaţia în care s-au trezit a devenit atât de intensă, încât le-a produs o suferinţă insuportabilă, fără să mai aibă încotro să fugă sau ceva de făcut pentru a scăpa de ea, nici măcar un viitor proiectat de minte. Astfel, au fost forţaţi să accepte complet inacceptabilul. Au fost forţaţi să se abandoneze situaţiei. Au putut să intre în starea de graţie care vine odată cu mântuirea: eliberarea totală de trecut. Desigur, nu situaţia-limită face loc miracolului stării de graţie şi mântuirii, ci actul abandonării.

Aşa că, ori de câte ori apare un fel sau altul de dezastru sau o situaţie se „înrăutăţeşte“ extrem de mult — boală, handicap, pierderea casei sau a averii ori a unei identităţi sociale, ruperea unei relaţii personale, moartea sau suferinţa unei persoane apropiate sau chiar iminenţa propriei morţi — gândiţi-vă că mai există o perspectivă, că sunteţi la un pas de un lucru incredibil: o transformare alchimică completă a metalului obişnuit de durere şi suferinţă în aur. Acesta este pasul numit abandonare.

Nu vreau să spun că veţi fi fericit în astfel de situaţii. Nu veţi fi. Dar frica şi durerea se vor transforma în pace interioară şi linişte, care vin dintr-un loc foarte profund — din Nemanifestat. Este „pacea lui Dumnezeu care depăşeşte orice înţelegere“. Comparativ cu ea, fericirea este un lucru destul de superficial. Cu această pace radiantă vine conştiinţa — nu la nivel mental, ci în interior, la nivelul Fiinţei — a faptului că sunteţi indestructibil, nemuritor. Aceasta nu este o credinţă. Este o certitudine absolută, care nu are nevoie de dovezi externe dintr-o sursă secundară.

Transformarea suferinţei în pace

Am citit despre un filozof stoic din Grecia antică; la auzul veştii că fiul său a murit într-un accident, el a răspuns: „Ştiam că nu este nemuritor." Aceasta este abandonare? Dacă da, nu-mi doresc aşa ceva. Există anumite situaţii în care abandonarea pare artificială şi inumană.

Izolarea de propriile sentimente nu este abandonare. Dar nu ştim care a fost starea sa interioară când a spus aceste cuvinte. În anumite situaţii extreme, poate fi imposibil să vă acceptaţi prezentul. Dar întotdeauna aveţi o a doua şansă de a vă abandona.

Prima ocazie este să vă abandonaţi în fiecare moment realităţii prezente. Ştiind că nu poate fi anulat ceea ce *există* — pentru că *există* deja —, spuneţi „da" la ceea ce *există* sau acceptaţi ceea ce nu există. Atunci faceţi ce trebuie să faceţi, ceea ce vă cere situaţia. Dacă rămâneţi în această stare de acceptare, nu mai creaţi negativism, suferinţă şi nefericire. Trăiţi într-o stare a lipsei de rezistenţă, o stare de graţie şi lumină, liber de orice tensiune.

Ori de câte ori nu puteţi face acest lucru, ori de câte ori pierdeţi această şansă — fie pentru că nu creaţi suficientă prezenţă conştientă pentru a împiedica un tipar de rezistenţă habituală şi inconştientă să apară, fie pentru că starea este atât de dificilă, încât este absolut inacceptabilă pentru dvs. —, creaţi o formă de durere, o formă de suferinţă. Poate că vi se pare că situaţia creează suferinţa, dar în ultimă instanţă lucrurile nu stau aşa — rezistenţa dvs. este cea care creează suferinţa.

Acum aveţi o a doua şansă de a vă abandona: dacă nu puteţi accepta ceea ce se află afară, atunci acceptaţi ceea ce se află în *interior*. Dacă nu puteţi accepta condiţiile externe, acceptaţi condiţiile interne. Adică: nu vă opuneţi durerii. Lăsaţi-o să existe. Abandonaţi-vă suferinţei, disperării, fricii, singurătăţii sau oricărei forme îmbrăcate de suferinţă. Fiţi martorul ei, fără să o etichetaţi mental. Îmbrăţişaţi-o. Apoi veți vedea cum miracolul abandonării transformă suferința profundă în pace profundă. Aceasta este crucificarea dvs. Lăsați-o să devină învierea și înălțarea dvs.

Nu înțeleg cum se poate abandona cineva suferinței. Așa cum ați arătat, suferința este refuzul abandonării. Cum ne putem abandona lipsei abandonării?

Uitați de abandonare pentru moment. Când durerea este profundă, orice discuție despre abandonare vi se va părea oricum inutilă și lipsită de sens. Când durerea este profundă, este foarte probabil să simțiți o dorință puternică de a fugi de ea, în loc să vă abandonați ei. Nu doriți să simțiți ceea ce simțiți. Ce ar putea fi mai normal? Dar nu există scăpare, ieșire. Există multe evadări false — munca, băutura, drogurile, furia, proiecția, reprimarea ș.a.m.d. —, dar ele nu vă vor elibera de durere. Suferința nu scade în intensitate când o faceți să devină inconștientă. Când negați durerea emoțională, tot ceea ce faceți sau gândiți, inclusiv relațiile dvs., devin contaminate de ea. O difuzați, ca să spun așa, sub forma energiei pe care o emanați, iar ceilalți o detectează subliminal. Dacă sunt inconștienți, se pot simți obligați să vă atace sau să vă rănească într-un fel sau îi puteți răni dvs., proiectând inconștient durerea dvs. asupra lor. Veți atrage și manifesta tot ceea ce corespunde stării dvs.

Când nu există scăpare, există totuși o cale de *abordare* a problemei. Așa că nu întoarceți spatele durerii. Înfruntați-o. Simțiți-o complet. *Trăiți*-o — nu vă *gândiți* la ea! Exprimați-o, dacă este nevoie, dar nu creați un scenariu mental în jurul ei. Acordați toată atenția sentimentului, nu persoanei, evenimentului sau situației care pare să o fi produs. Nu lăsați mintea să folosească durerea pentru a vă crea în jurul ei o identitate de victimă. Compătimindu-vă și spunându-le altora povestea dvs., veți rămâne blocat în suferință. Deoarece este imposibil să scăpați de sentiment, singura posibilitate de a-l schimba este să vă adânciți în el; altfel, nimic nu se va schimba.

Aşa că acordaţi atenţie deplină sentimentelor şi abţineţi-vă de la etichetarea lor mentală. Pe măsură ce vă adânciţi tot mai mult în sentiment, fiţi extrem de atent. La început, vi se va părea un loc întunecat şi terifiant, iar, când veţi simţi dorinţa intensă de a fugi, observaţi-o fără să-i daţi curs. Continuaţi să vă concentraţi atenţia asupra durerii, continuaţi să simţiţi durerea, frica, groaza, singurătatea — sentimentul, oricare ar fi el. Rămâneţi vigilent, rămâneţi prezent — prezent cu toată Fiinţa, cu fiecare celulă a corpului. Făcând acest lucru, aduceţi o rază de lumină în întuneric. Aceasta este flacăra conştiinţei voastre.

În acest stadiu, nu mai este nevoie să vă faceţi griji în legătură cu abandonarea. Aceasta s-a produs deja. Cum? Atenția deplină este acceptare deplină, este abandonare. Acordându-i atenţie deplină, folosiţi puterea clipei de Acum, care este puterea prezenţei dvs. Niciun rest ascuns de rezistenţă nu poate supravieţui în ea. Prezenţa elimină timpul. Fără timp, suferinţa şi negativismul nu pot supravieţui.

Acceptarea suferinţei este o călătorie în moarte. Confruntarea cu durerea profundă, acceptarea ei, mutarea atenţiei asupra ei înseamnă a muri conştient. Când aţi murit de această moarte, realizaţi că nu există moarte — şi că nu aveţi de ce să vă temeţi. Numai sinele fals moare. Imaginaţi-vă o rază de soare care a uitat că este o parte inseparabilă a soarelui şi se păcăleşte singură, făcându-se să creadă că trebuie să lupte pentru supravieţuire, să creeze şi să se agaţe de o identitate diferită de cea a soarelui. Moartea acestei iluzii nu ar fi incredibil de eliberatoare?

Vă doriţi o moarte uşoară? Aţi prefera să muriţi fără durere, fără agonie? Atunci lăsaţi trecutul să moară în fiecare moment şi permiteţi luminii prezenţei dvs. să alunge prin strălucirea ei sinele greoi, legat de timp, care credeaţi că sunteţi „dvs.“.

§

Calea crucii

Există multe relatări despre oameni care spun că l-au găsit pe Dumnezeu prin suferință profundă și există și expresia creștină „calea crucii", care, presupun, se referă la același lucru.

Şi noi vorbim despre acelaşi lucru.

Stricto senso, ei nu l-au găsit pe Dumnezeu prin suferinţa lor, deoarece suferinţa implică rezistenţă. L-au găsit pe Dumnezeu prin abandonare, prin acceptarea totală a stării de fapt, poziţie pe care au fost forţaţi să o adopte prin suferinţa lor intensă. Probabil că la un anumit moment şi-au dat seama că suferinţa este creată de ei.

De ce este abandonarea echivalentă cu găsirea lui Dumnezeu?

Deoarece rezistenţa este inseparabilă de minte, renunţarea la rezistenţă — abandonarea — este sfârşitul dominaţiei minţii ca stăpân, sfârşitul impostorului care se dădea drept „dvs.", al ego-ului. Toate aprecierile şi tot negativismul se dizolvă. Lumea Fiinţei, care a fost ascunsă de minte, se deschide în acel moment. Brusc, apare o mare linişte în dvs., un sentiment incomprehensibil de pace. Şi în această pace se află o bucurie profundă. Iar în această bucurie se află iubirea. În centrul tuturor se află sacrul, incomensurabilul, cel ce nu poate fi numit.

Nu numesc acest lucru găsirea lui Dumnezeu. Cum am putea vreodată găsi ceea ce nu am pierdut, însăşi esenţa vieţii care există în dvs.? Cuvântul Dumnezeu este limitativ nu numai din cauza miilor de ani de percepţie şi folosire greşite, dar şi din cauză că implică existenţa unei alte entităţi în afara dvs. Dumnezeu este Fiinţa însăşi, nu o fiinţă. Aici nu poate exista o relaţie autentică subiect–obiect, nu există dualitate, dvs. *şi* Dumnezeu. Realizarea lui Dumnezeu este cel mai natural lucru din lume. Uimitor şi incomprehensibil nu este faptul că îl *puteţi* conştientiza pe Dumnezeu, ci că *nu* sunteţi conştient de Dumnezeu.

Calea crucii pe care aţi menţionat-o mai devreme este vechea cale a iluminării şi până de curând a fost singura. Dar nu o respingeţi şi nu îi subestimaţi eficacitatea. Ea încă mai funcţionează.

Calea crucii este o inversare completă. Ea înseamnă că lucrul cel mai rău din viaţa dvs., crucea, se transformă în cel mai bun lucru care vi s-a întâmplat vreodată, forţându-vă să depăşiţi lumea formală, să deveniţi Dumnezeu — pentru că şi Dumnezeu este un non-lucru.

În acest moment, pentru majoritatea inconştientă a oamenilor, calea crucii este încă singura cale. Ei se vor trezi numai printr-o suferinţă suplimentară, iar iluminarea ca fenomen colectiv va fi, lucru predictibil, precedată de transformări profunde. Acest proces reflectă funcţionarea anumitor legi universale ce guvernează dezvoltarea conştiinţei şi astfel au fost prezise de unii prezicători. Este descris, printre alte locuri, în Cartea Revelaţiei sau *Apocalipsa*, mascat de o simbolistică obscură şi uneori impenetrabilă. Această suferinţă nu este produsă de Dumnezeu, ci de oameni semenilor lor şi chiar lor înşişi, dar şi de unele măsuri de apărare pe care Pământul, care este un organism inteligent, le va lua pentru a se proteja de atacul violent al nebuniei umane.

Totuşi, există azi un număr din ce în ce mai mare de oameni în viaţă a căror conştiinţă este suficient de evoluată pentru a nu mai avea nevoie de suferinţă suplimentară înainte de a atinge iluminarea. Poate că şi dvs. sunteţi unul dintre ei.

Atingerea iluminării prin suferinţă — calea crucii — înseamnă a fi forţat să intri în împărăţia cerurilor împotrivindu-te. În final, vă abandonaţi pentru că nu mai puteţi îndura suferinţa, dar suferinţa ar putea continua mult timp până să se întâmple acest lucru. Iluminarea aleasă conştient înseamnă renunţarea la ataşamentul faţă de trecut şi viitor şi concentrarea asupra prezentului. Înseamnă a alege să rămâi în starea de prezenţă, şi nu în timp. Înseamnă a spune „da“ stării de fapt. Atunci nu mai aveţi nevoie de durere. De cât timp credeţi că veţi avea nevoie înainte de a putea spune: „Nu voi mai crea durere, nu voi mai crea suferinţă“? De câtă durere mai aveţi nevoie înainte de a putea face această alegere?

Dacă credeţi că aveţi nevoie de mai mult timp, veţi primi mai mult timp — şi mai multă durere. Timpul şi durerea sunt inseparabile.

Puterea de a alege

Ce se întâmplă cu toți acești oameni care aparent vor să sufere? Am o prietenă al cărei partener este agresiv fizic și care a avut o relație anterioară de același fel. De ce alege astfel de bărbați și de ce acum refuză să iasă din această situație? De ce atât de mulți oameni aleg efectiv suferința?

Îmi dau seama că verbul *a alege* este unul dintre termenii favoriţi ai adepţilor curentului New Age, dar în acest context nu este folosit foarte corect. Este o eroare să spunem că cineva îşi „alege“ o relaţie disfuncţională sau orice altă situaţie negativă de viaţă. Alegerea implică conştiinţă — un grad înalt de conştiinţă. Fără ea, nu aveţi posibilitatea de a alege. Alegerea începe în momentul în care scăpaţi de identificarea cu mintea şi de tiparele sale condiţionate, în momentul în care deveniţi prezent. Până când nu ajungeţi în acest punct, nu sunteţi conştient, din punct de vedere spiritual. Adică sunteţi forţat să gândiţi, să simţiţi, să acţionaţi în anumite feluri, în funcţie de condiţionarea mentală. Acesta este motivul pentru care Isus a spus: „Iartă-i, Doamne, că nu ştiu ce fac.“ Acest lucru nu are nicio legătură cu inteligenţa, în sensul convenţional al cuvântului. Am întâlnit multe persoane inteligente şi foarte educate care erau în acelaşi timp total inconştiente, adică complet identificate cu mintea lor. De fapt, dacă dezvoltarea mentală şi bagajul mai mare de cunoştinţe nu este contrabalansat de o dezvoltare corespunzătoare a conştiinţei, potenţialul nefericirii şi dezastrului este foarte mare.

Prietena dvs. este blocată într-o relaţie cu un partener abuziv şi nu este pentru prima oară. De ce? Nu are posibilitatea de a alege. Mintea, condiţionată fiind de trecut, încearcă mereu să recreeze ceea ce ştie şi îi este familiar. Chiar dacă este dureros, cel puţin este familiar. Mintea aderă întotdeauna la cunoscut. Necunoscutul este periculos, pentru că nu are niciun control asupra lui. Acesta este motivul pentru care mintea urăşte şi ignoră prezentul. Conştiinţa momentului prezent creează o breşă nu numai în fluxul gândirii, ci şi în cotinuumul trecut-viitor. Niciun lucru cu adevărat nou şi creativ nu poate pătrunde în această lume decât prin această breşă, prin acest spaţiu liber al posibilităţii infinite.

Aşa că prietena ta, identificându-se cu mintea, poate recrea un tipar învăţat în trecut, în care intimitatea şi violenţa sunt legate inseparabil. Alternativ, ea poate pune în aplicare un tipar mental învăţat în copilăria timpurie, conform căruia ea este lipsită de valoare şi merită să fie pedepsită. Este posibil şi să trăiască o parte importantă din viaţă prin corpul-durere, care caută mereu mai multă durere cu care să se alimenteze. Partenerul ei are şi el tiparele sale inconştiente, care le completează pe ale ei. Desigur, ea îşi creează singură situaţia, dar cine sau ce este cel care a creat-o? Un tipar mental-emoţional din trecut, nimic mai mult. De ce să facem din el un eu? Dacă îi veţi spune că şi-a ales singură starea sau situaţia, îi veţi întări starea de identificare cu mintea. Dar este tiparul său mental adevărata ei personalitate? Este sinele ei adevărat? Este identitatea ei adevărată derivată din trecut? Arătaţi-i prietenei cum să devină o prezenţă care îşi observă gândurile şi emoţiile. Vorbiţi-i despre corpul-durere şi despre cum se poate elibera de el. Învăţaţi-o arta conştientizării corpului interior. Arătaţi-i pe viu semnificaţia prezenţei. Imediat ce va fi capabilă să acceseze puterea prezentului şi astfel să rupă legătura cu trecutul ei condiţionat, va *avea* posibilitatea de a alege.

Nimeni nu *alege* disfuncţionalitatea, conflictul, durerea. Nimeni nu *alege* nebunia. Ele se întâmplă pentru că nu aveţi suficientă prezenţă pentru a dizolva trecutul, nu aveţi suficientă lumină pentru a alunga întunericul. Nu sunteţi aici în totalitate. Nu v-aţi trezit complet încă. Între timp, mintea condiţionată vă conduce viaţa.

Similar, dacă sunteţi unul dintre cei mulţi care au probleme cu părinţii, dacă mai nutriţi încă resentimente în legătură cu un anumit lucru pe care l-au făcut sau nu l-au făcut, atunci încă mai credeţi că au avut posibilitatea de a alege — că ar fi putut să se comporte diferit. Întotdeauna ni se pare că oamenii au avut posibilitatea de a opta, dar aceasta este o iluzie. Atâta timp cât mintea dvs. cu tiparele ei condiţionate vă conduce viaţa, atâta timp cât sunteţi mintea dvs., ce opţiuni aveţi? Niciuna. Nici măcar nu sunteţi acolo. Starea de identificare cu mintea este extrem de disfuncţională. Este o formă de nebunie. Aproape toată lumea suferă de această boală, în diferite grade. În momentul în care realizaţi acest lucru, nu mai puteţi avea resentimente. Cum aţi putea fi supărat pe boala cuiva? Singura reacţie potrivită este compasiunea.

Aceasta înseamnă că nimeni nu este responsabil pentru actele sale? Nu-mi place această idee.

Dacă sunteţi condus de minte, deşi nu aveţi posibilitatea de a alege, veţi suferi totuşi consecinţele inconştienţei dvs. şi veţi crea suferinţe suplimentare. Veţi duce povara fricii, a conflictelor, a problemelor şi a durerii. Suferinţa astfel creată vă va forţa, în final, să ieşiţi din starea de inconştienţă.

Ceea ce spuneţi despre alegere este valabil şi pentru iertare, presupun. Trebuie să fii total conştient şi să te abandonezi înainte de a putea ierta.

„Iertarea“ este un termen folosit de 2 000 de ani, dar majoritatea oamenilor au o imagine foarte limitată despre semnificaţia ei. Nu puteţi ierta într-adevăr pe cineva atâta timp cât sentimentul dvs. de identitate derivă din trecut. Numai având acces la puterea prezentului, care este puterea proprie, poate exista iertare autentică. Acest lucru lasă trecutul fără nicio putere. Când realizaţi în adâncul sufletului că niciun lucru pe care l-aţi făcut vreodată sau care v-a fost făcut nu poate atinge câtuşi de puţin esenţa radiantă a fiinţei dvs. adevărate, întregul concept al iertării devine inutil.

Şi cum ajung la această conştientizare?

Când vă abandonaţi stării de fapt şi deveniţi total prezent, trecutul încetează să mai aibă vreo putere. Nu mai aveţi nevoie de el. Prezenţa este cheia. Clipa de Acum este cheia.

Cum voi şti că m-am abandonat?

Când nu veţi mai simţi nevoia să puneţi această întrebare.

Cuprins

De același autor:

Editor: Grigore Arsene

CURTEA VECHE PUBLISHING

str. Aurel Vlaicu nr. 35, București, 020091
tel.: 021 260 22 87, 021 222 57 26
redacție: 0744 55 47 63
fax: 021 223 16 88
distribuție: 021 222 25 36
redactie@curteaveche.ro
www.curteaveche.ro